国家出版基金项目
NATIONAL PUBLICATION FOUNDATION
四川省巴蜀文化研究中心重點科研項目
巴蜀文化研究大家系列

〔清〕劉沅◎著
總主編◎譚繼和
總策劃◎施維
箋解 譚繼和 祁和暉

十三經恒解

卷之十

箋解本

《孝經直解》

附録一

《拾餘四種》《子問》《又問》《俗言》

附録二

《錫良奏折》《國史館本傳》

巴蜀書社

圖書在版編目（CIP）數據

十三經恒解（箋解本）/（清）劉沅著：譚繼和、祁和暉箋解
—成都：巴蜀書社，2016.1
ISBN 978-7-5531-0569-7

Ⅰ.①十… Ⅱ.①劉… ②譚… Ⅲ.①經學②《十三經》-注釋 Ⅳ.①Z126.2

中國版本圖書館 CIP 數據核字（2015）第 175942 號

十三經恒解（箋解本）

（清）劉　沅　著
譚繼和　祁和暉　箋解

出品人	林　建　侯安國
策劃編輯	施　維
責任編輯	張照華　張亮亮　肖　靜　封　龍 張紅義　王群粟　趙邦媛　童際鵬
出　　版	巴蜀書社
	地址：成都槐樹街2號　　郵編：610031
	總編室電話：（028）86259397
網　　址	www.bsbook.com
發　　行	巴蜀書社
	發行科電話：（028）86259422　86259423
經　　銷	新華書店
印　　刷	四川省南方印務有限公司
版　　次	2016年1月第1版
印　　次	2016年1月第1次印刷
成品尺寸	210mm×290mm
印　　張	218.5
書　　號	ISBN 978-7-5531-0569-7
定　　價	2000.00元（全10卷）

目　録

孝經直解

拾餘四種

十三經恒解

箋解本

卷之十

孝經直解

況正兵◎整理

叙

夫孝豈可以言盡哉？父母猶天地也，天地之恩不可盡，而父母又何有盡？然聖人必屢言之者，其事固人生之本，其理亦固有之良。而在上者不能孝其親以及人，則天下將無治化；在下者不能事其親如兩大，則民風必多乖違。是故反復而言之，分端而析之。《論語》《禮經》諸書，夫子之言孝者蓋不一矣。曾子以誠身之學，得一貫之傳，其請業於孝思者，亦不僅此。此經蓋曾子之門人所記，以其力行之無黍[①]，故特尊信其師傳，欲人味而踐之，尤冀其隅而反之也。志在《春秋》，行在《孝經》，固非夫子之言，而緯書誤認，反誣聖人。若夫字句之譌，古文今文之辨，按諸詞義，無大乖離，尤可無庸争論。夫孝之為言，非可以求諸口耳、拘於一途也。自天子至於庶人，各有當為之分，各有盡道之宜。此經綜其要義，明其大凡，雖文不滿千，而諸書教孝之言俱已該括，分章摘句，索垢求瘢，毋乃尋其流而昧其源乎？我朝孝治光昌，太和翔洽，固已道一風同，咸知罔極矣，而承學之士，拘於舊聞，不免疑竇，將使天性之實，誤於文字之傳。避譏古之誚者其事小，失聖人之真者其憂大。沅不佞，非能稍盡愛敬之文也，而服膺此書，頗亦有年。爰據鄙見，畧爲發明，名曰《直解》，以其直詁本文也；附以論辨，恐人昧於别擇也。不能身體而徒托空言，返諸此心，良多悚愧。顧及門講習，恒有欲從事於斯者，舉其梗概，以相質疑，其亦不肖區區之念也夫。

道光丁未年重陽日　雙流劉沅叙　時年八十

① 黍，恐作忝。

孝經直解附論辨

按：前人謂五經名經，皆後人尊之之詞，惟《孝經》係孔子自言，引緯書子曰吾志在《春秋》、行在《孝經》爲據。其説非也。孔子三歲喪父，弱冠喪母，自言事父未能，豈有自言行在《孝經》者乎？夫子言孝至多，不止此書，如《論語》《禮記》所載，亦見一斑。此書特與曾子問答數條，蓋曾子没而其門人彙記之，尊以爲經，漢儒寶之，遂流傳於後世。緯書又附會之，誣聖人矣。志在《春秋》，亦非夫子之言。夫子曰其義則某竊取之，未嘗自謂可法可傳也。知我者其惟《春秋》乎？罪我者其惟《春秋》乎？一介匹夫，私自删訂國史，方皇然畏罪之不暇，而自矜其志在是乎？我欲託諸空言，不如見諸行事二語，近是。蓋夫子之心，以平日講授，未見諸施行，恐門人以爲虚談，故删訂魯史，以明是非之公得志刑賞不踰乎此。其初本一家之言，其後遂公諸天下，即《論語》《詩》《書》等皆然也。聖人無自以爲聖人之心，此類安可不辨。

仲尼閒居，曾子侍坐。子曰：先王有至德要道，以順天下，民用和睦，上下無怨，女知之乎？曾子辟席曰：參不敏，何足以知之？子曰：夫孝，德之本也，教之所由生也。復坐，吾語女。身體髮膚，受之父母，不敢毁傷，孝之始也。立身行道，揚名於後世，以顯父母，孝之終也。夫孝，始於事親，中於事君，終於立身。《大雅》云：無念爾祖，聿修厥德。

居，居處。坐，侍坐。理得於身曰德，人人所共有，人人所必由，如大路然，故曰道。道德不可以言盡，孝爲之本，故曰至要。天下無無父母之人，即無不當孝親之人。己誠孝矣，而推以及人，爲之禮樂刑賞，使人人各盡子道，則天下之親心皆安，子心亦快，故曰順天下也。和睦無怨以孝，則仁心誠篤，施之於人，和順翔洽也。德之本，教之所由生。仁者，人也。親親爲大仁，孝之至，以義裁制，則教化乃行也。但孝親者，必先守身，故不毁傷爲始。立身行道，德立而身修，無行非道，無論窮達，皆能爲人師法，故後世猶揚其名。父母生安其孝，没榮其名，故曰孝之終也。既言守身爲本矣，而又以立身爲終者，事親竭誠者，事君亦必忠。然苟身有毫髮之未修，則所以事親、事君者，志雖美而事未必悉合乎道德，故引《詩》以聿修厥德終之。夫子之言舜大孝也，曰德爲聖人。蓋身者，父母之身，已爲聖人，親亦為爲聖人，孝莫大於是也。下文尊富饗保，又以其際遇之美言之，以明舜以德致此，益遂其尊親養親之志，時講多誤。此言念祖修德，亦此意也。

附　論

古文《孝經》仲尼閒居，曾子侍坐，吴草盧謂居、坐義重，删去閒坐二字。毛西河援據劉向《别録》載鄭目録注云：退朝而處曰燕居，避人曰閒居。侍有侍立、侍坐之分。侍立者曰侍側，顔淵、季路侍、閔子侍側是也；侍坐，子路、曾晳、冉有、公西華侍坐是也。此明明有曾子辟席及子曰復坐，何可無坐字？居是居處，不是坐。《曲禮》曰居不主奥，坐不中席，居坐二字彼此各出，則吴氏所改者非。其言甚是。今故仍從古本。

子曰：愛親者，不敢惡於人；敬親者，不敢慢於人。愛敬盡於事親，而德教加於百姓，刑於四海，蓋天子之孝也。《甫刑》云：一人有慶，兆民賴之。

此下五章，申明上文修德之義，而各就其分所當爲，以見孝之理同。其所推曁不同，職分所當爲，而爲之無愧，即所以爲孝也。愛，仁也。敬，義也。愛敬二字，得其正，行之誠且久，則無往不順。而天子尤教化之主，故言愛敬其親，自然仁義誠切，不敢惡於人、慢於人，而以此爲德，即以此立教，加於百姓，刑於四海，爲天子之孝。引《書》言一人有德，即爲天下大慶。舜盡事親之道，而瞽瞍底豫；瞽瞍底豫而天下化，天下之爲父子者定，即此意也。天子以安天下爲孝。欲安天下，非愛敬不可。愛敬天下，必自愛敬其親始。孟子言以仁存心，以禮存心，即可如舜。蓋愛敬之外，無所謂德，外此又何爲孝？特凡人之愛敬有限，惟天子能使天下皆被愛敬之澤耳。

在上不驕，高而不危；制節謹度，滿而不溢。高而不危，所以長守貴也；滿而不溢，所以長守富也。富貴不離其身，然後能保其社稷，而和其民人，蓋諸侯之孝也。《詩》云：戰戰兢兢，如臨深淵，如履薄冰。

在上，則其責任至重，方恐德之不修，有愧於爲上，而何敢驕乎？恃其高而驕者，必危。制，凡事有制，禮樂在其中矣。節，凡事有節，無過無不及在其中矣。二字以自修言。謹度，則謹修禮度以治人，高易危，滿易溢，如此則不危不溢，長守富貴。就凡人之情以勉，其保社稷而和民人，歆動之也。若聖人，戰戰兢兢，惟修其德而盡其職，豈爲富貴計哉？引《詩》言，以勖其修德勿懈。

非先王之法服不敢服，非先王之法言不敢道，非先王之德行不敢行。是故非法不言，非道不行；口無擇言，身無擇行。言滿天下無口過，行滿天下無怨惡。三者備矣，然後能守其宗廟，蓋卿大夫之孝也。《詩》云：夙夜匪懈，以事一人。

法服，非特謂臨朝涖政，即平居皆無奇衺也。法言，中理而可以爲法。德行，則兼一切言行動静而言。無擇言、無擇行，則理純而仁熟義精，此修德之極致。其愛敬之推暨不待言矣。卿大夫有宗廟，德修職盡，而宗廟以安，亦就其分以勖之。引《詩》言夙夜匪懈，非特效忠勤之謂，必德修而後爲事君之本。

資於事父以事母，而愛同；資於事父以事君，而敬同。故母取其愛，而君取其敬，兼之者，父也。故以孝事君則忠，以敬事長則順。忠順不失，以事其上，然後能保其禄位，而守其祭祀，蓋士之孝也。《詩》云：夙興夜寐，無忝爾所生。

資，憑藉而取之也。以事父之道事母，以事父之道事君，皆不外愛敬二字。愛敬兼全，而後爲孝、爲忠，不可分也。此經互文以申明其義，非愛母不敬、敬君不愛也。特愛敬必自孝始，故下文又推言忠順本於愛敬，愛敬本於事親，然後能保禄位而守祭祀。士卑，得近君時少，故引《詩》言夙夜修德，惟恐忝其所生爲士之孝道。

用天之道，分地之利，謹身節用，以養父母，此庶人之孝也。故自天子至於庶人，孝無終始，而患不及者，未之有也。

庶人之孝，亦豈外乎修德？使舜終於歷山，詎非大孝？特以名分卑微，所能爲者有限，所謂保禄位宗廟者，皆無之，則第以愛敬竭誠事親，有所推暨，亦不過如舜之讓畔等事，而修德之事，則無異也。故夫子渾言之，而曰用天之道，分地之利云云。天道、地利，主之者天子，分治者諸侯卿大夫士。庶人無官守之責，惟遵王制而勵德行。凡事順天理而行，即用天之道也。安耕鑿，守貧賤，即分地之利也。謹身則德修，節用則生計足，其職分所當爲者止此。夫子嘗言天之所生、地之所養，爲人爲大。全受全歸，不虧體辱親，可謂孝矣。故用天之道，分地之利，内該括許多道理，非謂庶人之孝不必修德也。使舜絶無尊富饗保之遇，豈不爲大孝？故結之曰自天子至於庶人。非孝則必有患，爲其德不修之故，非境遇不齊之故也。無終始，不恒其德，愛敬不竭誠也。自愛親者，不敢惡於人，至此本爲一章。自天子數句收束上文，故不復引經。後人因便讀析爲數章，亦無害於義，從之。

附　論

蔡邕《明堂論》引魏文侯《孝經傳》，《吕覽》亦引《孝經·諸侯章》，則此經由來久矣。後來有《孝經》古文、今文之分，紛紛聚訟，遂增許多辨説。按《漢書·藝文志》:《孝經·古文孔氏》一篇，二十二章。師古曰：劉向云古文字也。孔安國所傳者，《孝經》一篇，十八章，學者長孫氏、江氏、后氏、翼氏四家。古字即古文，今文蓋今字。是漢代古今文原並行，其分章不同，乃經師各以意分之，便於教授。其字句微有不同，亦傳寫偶有出入，非南轅而北轍者也。自朱子刊誤，以古文爲非，而删改之。又古文《孝經》與古文《尚書》同出於孔安國。吴澄不信古文《尚書》者，既倡言攻《尚書》，遂並古文《孝經》亦以爲僞，而又删改之。然其所删，實未爲是，如首章孔子閒居，曾子侍坐已見一斑。夫古今文《孝經》，漢代已並行班固之志矣，何以古文獨僞耶?《隋·經籍志》云河間人顔芝所藏《孝經》十八章，又有古文《孝經》長孫有《閨門》一章，其餘經文大較相似，篇簡缺解，又有衍出三章，並前合爲二十二章云云。夫顔芝所藏，既爲長孫氏、江翁、后蒼、翼奉等所學之書，則是漢代古文《孝經》矣，而何以云又有古文與《尚書》同出，豈非古文《孝經》至隋而有二本歟?即以《隋志》所載核之，自孔安國外，馬融、鄭眾、王肅、韋昭等十家，其間各自講授，以致文字錯出，固所不免。安國之本亡於梁，隋祕書監王邵得於京師，送與劉炫。炫乃叙其得喪，述其議疏，講於人間，漸聞朝廷，得與鄭氏《孝經》並立。人疑爲炫僞作，然古今文相較，特分章不同，古文多《閨門章》二十二字，其餘字句出入，無大關礙。炫誠妄作，何乃止此?故宋黄震《日鈔》辨之，而《欽定四庫全書目録》亦以爲其説持平，不但毛大可言之也。夫分章節句，乃讀書之常。古無今紙，大事書之於方，小事書之簡策。簡，竹簡，剖竹而書之；策，竹片，編册以韋聯屬之，亦名爲篇章。則文義顯然成章，可以稍節之也。節義亦然。然古人著書，不以此分得失。後人誦習，乃斤斤於句讀之間，恐其誤解，必分章節句，以便初學。若《論語》二十篇門人輯夫子之言，言不一端，則有章，策簡既多，則有篇，然不必向篇章求義也。曾子衍聖經爲傳五章，而朱子析爲十章。《中庸》本一章，而朱子析爲三十三章。《中庸》之三十三章，以文義幽奥，分科段以便初學，猶之可也。《大學》傳益以所本無紊其所已有，前人固已有議之者。而此書爲後人記夫子與曾子之言，尊以爲經，其義固大旨已舉。而其實孝之一字，廣大精微，非言可盡，此書所言，亦必隅反而後可爲實踐。朱子以仲尼閒居至而患不及者未之有也爲經，其下爲傳，按之本文不合，似可無庸。我世祖章皇帝《孝經注》用石臺本，不用孔安國本，亦不用朱子刊誤本，大聖人睿見，固非書生可窺。世宗憲皇帝又御纂《孝經集注》，蓋孝治覃敷，本躬行以垂訓教，不似儒生之徒索解於文字也。唐元宗命群臣集議，已復注之，又復爲之章名，如開宗明義等是。夫開宗明義，六經無是語也。文義可節，别爲一章，以便誦覽，原無不可，至别爲之名，而於聖人所言未能渾括，則豈免於妄作乎？故今但分章詁解，而不用章名，亦不區區拘古文今文之異同，但取其詞義曉然，人覽之而易知，庶知之而即力行之也。

曾子曰：甚哉！孝之大也。子曰：夫孝，天之經也，地之義也，民之行也。天地之經，而民是則之。則天之明，因地之利，以順天下。是以其教不肅而成，其政不嚴而治。先王見教之可以化民也，是故先之以博愛，而民莫遺其親；陳之以德義，而民興行；先之以敬讓，而民不争；導之以禮樂，而民和睦；示之以好惡，而民知禁。《詩》云：赫赫師尹，民具爾瞻。

曾子美孝之大，而夫子因推廣其義，以明教民不外乎孝。經，常也；義，宜也。天地衹此真理、真氣凝聚而至常不變，生物各宜。人得天地理氣之全，所以異於禽獸。而父母則人之天地也，孝衹是盡其愛敬之誠。仁也性也，即天地之真理、真氣也。若毫髮未孝，即於真氣、真理有損，誠能至孝，則可以無施不宜。故曰天之經、地之義、民之行，謂百行統於此也。凡人皆當如是，而爲民上者，尤民之表，故必知之極其精。則天之明，行之得其宜，因地之利，順天下者，孝本人心所同然，固有之理，故孝子無不聞之而生感也。君子篤於親，則民興於仁，是以其教不肅不嚴，而自成治化。先王，聖人而爲天子者。不曰孝而曰教者，王者立教必本於孝，不必改教爲孝也。博愛存於心，心先自盡。德義行於事，言行陳列。民之莫遺，亦以心言，其興行，亦以行言也。敬讓、禮樂，即德義中事。先之、導之，申上陳字，謂躬行以先之、導之，非但陳其法制而不以身教也。好惡，又承上敬讓禮樂言，如是則好之而有賞，反是則惡之而有罰，故民知禁。引《詩》言民具爾瞻，爲上者當自勉也。

子曰：昔者明王之以孝治天下也，不敢遺小國之臣，而況於公、侯、伯、子、男乎？故得萬國之懽心，以事其先王。治國者，不敢侮於鰥寡，而況於士民乎？故得百姓之懽心，以事其先君。治家者，不敢失於臣妾，而況於妻子乎？故得人之懽心，以事其親。夫然，故生則親安之，祭則鬼享之。是以天下和平，災害不生，禍亂不作。故明王之以孝治天下也如此。《詩》云：有覺德行，四國順之。

申明上文博愛之旨。恐人以博愛爲兼愛，而不知其由愛親而推也。不敢遺、不敢侮、不敢失，皆愛之故敬之也。諸侯、大夫、士，以天子之身爲則，天子本孝以爲教，而愛敬敷焉。其下皆能盡孝，亦以愛敬及於臣民，則太和翔洽，人各有懽心。戴其君如父母，而君孝父母之心，錫類不遺，天下被君之澤，祝其君之父母壽考安榮。故父母生安其榮養，没饗其至誠，天下和平。災害、禍亂，皆由人心乖戾而生，今孝治浹洽，人人各盡其孝，天下同安於孝，天理相孚，天氣協應，故無之也。引《詩》

言德行之大，無過於孝，故四國順之覺大也。

曾子曰：敢問聖人之德，無以加於孝乎？子曰：天地之性，人爲貴。人之行，莫大於孝。孝莫大於嚴父，嚴父莫大於配天，則周公其人也。昔者周公郊祀后稷以配天，宗祀文王於明堂以配上帝，是以四海之内，各以其職來祭。夫聖人之德，又何以加於孝乎？故親生之膝下，以養父母曰嚴。聖人因嚴以教敬，因親以教愛。聖人之教不肅而成，其政不嚴而治，其所因者本也。

德有全體一端之不同。子言孝治之美，曾子故問德何以無加於孝。性，天理也，在天爲太極，在人爲性。人爲萬物之靈，以其得此天性。天性之良，衹是愛敬誠篤。父母生成養教，而有毫髮愛敬之未誠，即不得爲人，故人之行，莫大於孝。獨言父者，母統於父也。嚴，尊嚴、敬畏之意。尊其父，欲其父之德可以配天，然必己德爲聖人，然後能諭親於道，使其親亦爲聖人。夫子言舜大孝，而曰德爲聖人，又言不誠乎身，不能事其親，即是此義。但德如聖人，可以無愧於孝矣，而尊親榮親境遇不可必，職分不可踰。惟周公德爲聖人，故制作之時，推此孝心光大前人之德，而郊祀后稷以配天，宗祀文王以配帝。天以氣象言，帝以主宰言，其實一也。后稷粒食生民，開萬世之利；文王六州歸化，與帝謂相通，非周公有德可以繼之，亦不能制禮樂以安天下，又安能合天下之懽心以事其先，故以明德莫加於孝。意夫子言武王、周公達孝，而此獨言周公者，周公人臣，凡諸侯以下至於庶人皆可學之。無論何人，有聖人之德，即至貧極賤，亦爲大孝，故不以天子言也。又恐人誤會嚴字，申明在親膝下，親尊如天，安得不嚴恭；凡人皆有此嚴敬其親之心，聖人因嚴而教之以致敬。皆親所生，而在親膝下則親之至矣。聖人因其有此親親之心而教之以愛，愛敬者，人心之良，皆自然而易爲。故以此教民，則不肅而成；本此立政，則不嚴而治。其所因而立教者，在天理根本之地也。

父子之道，天性也，君臣之義也。父母生之，續莫大焉。君親臨之，厚莫重焉。故不愛其親而愛他人者，謂之悖德；不敬其親而敬他人者，謂之悖禮。以順則逆，民無則焉。不在於善，而皆在於凶德，雖得之，君子不貴也。君子則不然，言思可道，行思可樂，德義可尊，作事可法，容止可觀，進退可度，以臨其民，畏而愛之，則而象之，故能成其德教，而行其政令。《詩》云：淑人君子，其儀不忒。

上文言德莫加於孝，其實孝必有德而後能嚴其親。因嚴字不易解，故此又申明之。言嚴親衹是愛敬其親，父子有君臣之義，所以爲嚴也。果能愛敬，則推之凡事皆然，故能成德教而行政令。父子之道，天性也，而嚴其親，即有君臣之義。父母生己，己又生子孫，接續而下，一氣相貫，皆此天性貫之，故曰續莫大焉。無君則無父母，何有吾身？君，國之主；父，家之主。在上臨己，有君而後得安耕鑿，有父而後得有此身。恩誼至厚，不愛敬其親而愛敬他人，則不順乎天性之自然當然，故曰悖德悖禮；而所謂愛敬者，似順而實逆也。民猶人也，善衹是天理，逆其天理之本然，即爲不善，而皆凶德，雖得之，自以爲得愛敬之道也。言行以下，約舉君子修德之事，言思可道，行思可法，德義可在，其中德義可尊，承上二句而束之也。作事可法三句，推及於臨民皆然，亦約舉德義可尊之數端。畏而愛，則而象，以此理本人人天性所同，既能躬行，下自感應也。引《詩》言君子其儀不忒，淑，善也，善者有德，德莫加於孝，首尾一氣相應之詞。

附　論

右二章本一章。今析爲二者，以夫子言孝爲德之大，德至如周公，乃爲大孝。然周公以聖人而爲相，武王、成王又畀以制作之權，故得申其孝思。不及周公之爵位者多矣，豈不難盡其孝思乎？故親生之以下，言愛敬其親，而德備於己，則不臨民亦孝子，而臨民更易成教。引《詩》言君子之儀不忒，明必自詣於淑人也。果如君子，即事業不如周公，亦周公之徒也。前人誤解，則似孝必爲周公所爲而後可，故特分章以明之。

子曰：孝子之事親也，居則致其敬，養則致其樂，病則致其憂，喪則致其哀，祭則致其嚴。五者備矣，然後能事親。事親者，居上不驕，爲下不亂，在醜不争。居上而驕則亡，爲下而亂則刑，在醜而争則兵。三者不除，雖日用三牲之養，猶爲不孝也。

居，平居。致，專致。謂無時無地不敬也。樂，愉色以養，己樂而親亦樂。憂則戰懼慎密，必求其瘥；哀則思慕哭踊，誠切如禮；祭必嚴恭寅畏，形聲相接。五者皆發於至情，而不失乎禮度，備之然後可以事親，此孝子之常也。下文又推廣言之。醜，類也。不驕、不亂、不争，即上文愛親者不敢惡，敬親者不敢慢之義，而各就其分位以言，又以亡與兵刑惕之。愛敬篤於親，而推之以及人，恂恂讓讓之不遑，而何驕亂與争？然非有德不能也。若三者不除，即爲虧體辱親，故雖日用三牲之養，亦爲不孝。上文言嚴父，而以周公爲法，恐人疑於無周公之位者，即難以全孝，故特即五者以見無人不宜然，而又反言以明之。

子曰：五刑之屬三千，而罪莫大於不孝。要君者無上，非聖人者無法，非孝者無親。此大亂之道也。

五刑，《虞書》之流、官、孝、贖、賊也。墨、劓、剕、宫、大辟，苗民之刑，後世習而用之，遂反以爲聖人之法。愚於《書經註》已詳之。百行以孝爲本，不孝則無天良，安能復爲真善，故五刑以不孝爲大罪。親生我而君師成我，孝者愛敬其君師如親，聖人即師也。目無君上，非議聖人，己不能孝，而反笑孝者，此爲天良盡滅，故曰大亂之道。上文言亡與兵刑，未盡其説，故此又申言之。凡修己治人之道，皆必君親師相需相輔而成。要君、非上、非聖，即爲不孝，故並言之，非以君親陪説也。

子曰：教民親愛，莫善於孝。教民禮順，莫善於悌。移風易俗，莫善於樂。安上治民，莫善於禮。禮者，敬而已矣。故敬其父，則子悦。敬其兄，則弟悦。敬其君，則臣悦。敬一人而千萬人悦，所敬者寡而悦者衆，此之謂要道也。

孝之事至多，愛敬二字，乃其本根。但愛必以敬，不敬則非嚴親之道，故又特申明敬字。悌亦孝中事也。愛親者，必能和順事兄，由孝而悌，孝悌之至，而天良之樂洋溢，則樂興。然樂易於流，必有禮以節之。禮以敬爲本，敬其父以及兄，即本其敬以事君，推之於無所不敬，皆由敬親而來，故爲要道。上文言至德要道，而此專言至道，以推暨者言也。下文乃申言至德。

子曰：君子之教以孝也，非家至而日見之也。教以孝，所以敬天下之爲人父者也。教以悌，所以敬天下之爲人兄者也。教以臣，所以敬天下之爲人君者也。《詩》云：愷悌君子，民之父母。非至德，孰能順民如此其大者乎？

家至而喻之，日見而督之，勢不及而理亦難通。君子惟自愛敬其親而已。敬又愛親之本，故專承上文敬字而言。孝子固必敬矣，然知爲人子，然後可以爲人父；知爲人兄，然後可以爲人弟；知爲人臣，然後可以爲人君。夫子既教人以孝，而又恐爲君父兄者不修其身，而徒責臣子與弟，故又言此。愷悌，和易也，愛敬即在其中。以愷悌恤民，愛敬孚而民以父母戴之。天下皆化於孝，非至德安能順民如此其大？因上章專言至道，恐人歧視道德，故申言此，而歸本於爲君父兄者，義尤周密。

子曰：君子之事親孝，故忠可移於君；事兄悌，故順可移於長；居家理，故治可移於官。是以行成於内，而名立於後世矣。

事親者，一毫不忍欺親，一毫不敢悖親，故事親孝者，必忠君也。敬長爲其近於悌者，循禮則必敬長上。家之難齊，甚於國。必修身，而又好而知其惡，惡而知其美，乃能齊家。家既齊矣，移於居官，何患不能治民理治也？孝悌理家，皆在家庭，而其理可推暨無窮。是以行成於内，而名立於後世。

附 論

此章申立身行道、揚名於後世之義，但其詞須善會，不可不身體力行，而但求名譽。蓋孝悌之事，祇是天理之良。父母生我、養我、成我，罔極之恩，即十分誠孝，豈能上酬萬一？幸而竭誠盡道，可以得父母之歡心，成父母之德行矣，則於心快然，天下無有可樂之事加乎此者。至於兄友其弟，弟敬其兄，亦祇愛親肫誠，自然手足之誼，欲稍違乎天理，而不忍不敢，豈欲以此求名哉？治家之法甚多，然果能至愛至敬，以此率人，齊之以禮，自無難和洽相安。居官亦本此，行之民，見其孝悌之行，已有所觀感矣；而又節之以禮，和之以樂，修明其政刑，如示諸掌耳。立名後世，聖人歆動凡人之詞，其實孝子何嘗有是心耶！後世誤解，則有藉孝悌之名以求知遇者，且有背膝下之養，甘求名位，以爲顯揚者。不知孝弟之至，通於神明，光於四海，衹是此心此理，充塞乾坤，有名成而人知之者，亦有名晦而人不知之者。然天地神明，固無不知之，所以德爲聖人，即是大孝。尊富饗保，舜特遭際獨隆，夫子歎其德至而遇亦豐，以爲修德者勸耳，豈謂孝者必如是而後可哉！夫子何嘗有美遇，而德已配天，豈得謂非大孝？若移孝作忠，人人皆能言之，而不知其所以然。不知衹是愛敬二字，造乎其極，天良純篤，一毫不忍悖，一毫不敢肆，則事親、事君皆然。有時終身匹夫純孝者，即君之忠臣；有時鞠躬盡瘁純忠者，即親之孝子也。故曰求忠臣必於孝子之門，而遇知己，受國恩，不幸至於顛危，則忠孝不能兩全，死於忠即死於孝也。後世史籍所載孝悌篤行之事至多，然孝者或未必忠，忠者或未必孝，非忠孝可以分途。而忠孝之理，析之未精，忠孝之實，行之未至，學者不察其爲世害何窮，故詳晰而附論之。

曾子曰：若夫慈愛、恭敬、安親、揚名，則聞命矣。敢問子從父之令，可謂孝乎？子曰：是何言與！是何言與！昔者天子有争臣七人，雖無道，不失其天下；諸侯有争臣五人，雖無道，不失其國；大夫有争臣三人，雖無道，不失其家；士有争友，則身不離於令名；父有争子，則身不陷於非義。故當不義，則子不可以不争於父，臣不可以不争於君。故當不義則争之，從父之令，又焉可爲孝乎？

從父之令，不問是非，惟父令則從之。争諍同，謂非義言行，必諫勸之，似與争論也。自天子至於庶人，皆必有争者，而親爲尤要。蓋人必欲其親爲聖人，而後可以全天之性，受天之眷，安榮壽考，全受全歸；若親有不義，則從容幾諫。《内則》所論、夫子所言，又敬不違等，是其遺法。從父之令，陷親於不義，反爲不孝。世俗往往昧此，所以多不孝歟？然非己有至德，又安能諭親於道？故曰不誠乎身，不能事其親。争臣争友，亦愛敬其君與友而然也。

子曰：昔者明王事父孝，故事天明；事母孝，故事地察；長幼順，故上下治。天地明察，神明彰矣。故雖天子，必有尊也，言有父也；必有先也，言有兄也。宗廟致敬，不忘先也；修身慎行，恐辱先也。宗廟致敬，鬼神著矣。孝悌之至，通於神明，光於四海，無所不通。《詩》云：自西自東，自南自北，無思不服。

人之形氣本於父母，而必得天地理氣之正，然後爲人。故事天如事親，亦事親如事天，此所以惟聖人爲能饗帝，惟孝子爲能饗親也。事父母孝，則其至誠肫摯之心已通天地。故事天明、事地察者，知受氣於天，成形於地，父母即天地，天地止此仁心團結而成者也。長幼之道，亦即孝思而推順者。愛敬相安，上下之治，不越乎此。既言天地，又言神明者，天地無聲臭，神明即其功化之昭著者。孝通天地，而神明有不相孚者乎？天子雖貴，不可加於父兄。父至尊，兄先導，推而至於祖考，親之所自來，故宗廟致敬，身與行與親一氣相關，故修慎不辱。天下人皆有父母，即皆得天地之理氣。孝悌之至而神明通、四海應。祇此天良真切，本愛敬以格幽明。引《詩》言無思不服，四海之廣，以一孝貫之，而有餘也。

子曰：君子之事上也，進思盡忠，退思補過，將順其美，匡救其惡，故上下能相親也。《詩》云：心乎愛矣，遐不謂矣。中心藏之，何日忘之？

此章申言事親孝忠可移於君意。事父事君，其愛敬同，而有隱無犯、有犯無隱不同。事親者成親之美，誠身諭道，從容幾諫；事君亦時時欲致君於堯舜，而進見之時少，盈廷之惑多，故將順匡救，不可後時。進思盡忠，凡有可成君之德者，無不爲；退思補過，凡君有纖芥之失，亦不安於心。要無非欲君有美無過。如是以忠君，而君感其誠，倚任寵錫，所以上下能相親也。遐，何也，謂爭諫也。引《詩》言心愛其君，念念不忘，則陳善閉邪，斷不容已。

附　論

此二章發明天地君親，一氣相通，至誠相感，其義尤爲精微廣大。蓋人惟不知父母即天地，又不知君之所以同於父母，故事親者服勞奉養，榮利顯揚而已；事君者感恩頌禱，不失恭順而已。豈知臣子必堯舜其君親？孝親之至者，即空山窮餓，亦可光神明而通四海；忠君之至者，即蒙難隕身，亦可格天地而動風雷。然其實祇由一念肫誠，不忍欺，不敢悖，擴而充之，念念皆然也。故天地神明，祖宗父母，一以貫之，知禘之説，治天下如示諸掌。其義如斯，讀者宜深思之。

子曰：孝子之喪親也，哭不偯，禮無容，言不文，服美不安，聞樂不樂，食旨不甘，此哀切之情也。三日而食，教民無以死傷生，毀不滅性，此聖人之政也。喪不過三年，示民有終也。爲之棺槨衣衾而舉之，陳其簠簋而哀戚之；擗踊哭泣，哀而送之；卜其宅兆，而安厝之；爲之宗廟，以鬼享之；春秋祭祀，以時思之。生事愛敬，死事哀感，生民之本盡矣，死生之義備矣，孝子之事親終矣。

孝子有千載其親之心，而世無不死之人，則不幸而喪親，哀戚安能忘，誠敬何可不至哉？聖人本一己之心，以推天下人之心，而制爲喪禮，非以爲文也。所以達其天性之良，不如是而不可；即如是，而猶恐有未可也。此章故特言之。偯，氣竭而聲不能續，哭泣不誠者似之。哀親之至，何暇問服食與聽樂。禮無容者，不以儀文爲重也。不文、不樂、不甘，非強而然，情專於哀，自不及此，情實也。然哀親固天性所宜，而毁身滅性，反爲不孝。聖人制禮，三日則食，哀毁弗至滅性，所以然者，何也？生死者數，不朽者禮，事天立命，以壽其親於無窮，必賴有身。身存而修德不懈，至於聖人，則親之靈且與天地無終極。子言舜之大孝，由其德爲聖人；又曰朝聞道，夕死可矣。義正如斯。若不知修德，而反藉口於毁不滅性、居喪不哀、爲禮不敬，是天地間之罪人耳，辨之戒之。喪不過三年，節其哀，所以全其禮也。古者居喪，不祭不作樂，故聖人制爲三年喪，使過者俯就，不及者仰企。無祭何以事先，無禮何以修德。示民有終，示之以哀親之終，使知喪禮於此終，非謂事親之道終於此也。子曰：孝子者，非終父母之身，終其身也。終其身不忘親，則視於無形，聽於無聲，將爲善，思貽父母令名；將爲不善，思貽父母羞辱。哀慕無時而忘，即父母無時而不在。大孝終身慕父母，此之謂也。棺，内棺；槨，外槨；舉，尊奉之意。奉而上之，尊而升之，皆曰舉也。方曰簠，圓曰簋，皆祭器。簠簋陳飲食以奠，而親實不能飲食，故哀戚之也。擗，拊心；踊，跳躍。哀傷之至，見於手足。宅，墓穴；兆，塋域也；安厝，猶安置。人死魂歸於天，魄降於地，骨肉有形，魂魄無形，即有形以安無形，而有德者山川之靈或鍾毓焉。人死爲鬼，鬼之爲言歸也。人生受氣於天，成形於地。延陵季子曰：骨肉歸復於土，命也；若魂氣，則無不之也。有德者體魄下藏，魂氣上升，則鬼也，即神也。常人則第委形而已。此以鬼言，爲凡爲人者言。宗廟以安其神，祭禮以盡其思，其實享者必思其人，祭者無不欲享，分言實一理也。生盡其愛敬，死盡其哀戚，非誠於孝者，不能本天理之良義禮文之節。

附　論

此章特以喪親言之，蓋人子無不欲壽其親，而修短氣數之常，《孟子》曰惟送死可以當大事，爲忽於居喪者言，非謂養生輕於送死也。苟養生而無愛敬之忱，送死安有哀感之實？切勿誤認此言。居喪之大畧，其中盡誠盡哀之事，不可勝言。《禮經》所載甚詳，然有不可用於今日者。又諸儒注解多謬，愚於《禮記》《儀禮》已詳言之，兹不具贅。内惟卜其宅兆而安厝之，在今日尤爲多歧，姑畧言之。天地一大鑪錘，人生無不物化，所恃者此心此理，盡其天理之當然，通於天命之所以然，則死而不死，形骸之蜕，其常事耳。然執是説也，輕蔑其親之體，而不慎重妥親，則天良澌滅，豈復爲人？西方禮教不興，天葬、水葬、火葬，數千載而猶然，良可痛恨。中國知葬祭之禮矣，而拘於繁文，惑於風水，以父母遺骸爲求富貴計，問山問水，擇年擇月，久淹親柩，生出許多變態。儒者知其非而斥之。又或不卜地而葬親，以致腐化飄零，存殁不安，豈非楚失而齊亦未爲得歟？夫地之有氣也，日月菁華所散著，亦一元至理所充周，故有德者必得吉地，乃眷西顧，此惟與宅，天作高山，太王荒之，其大概也。常人豈敢妄想若是？但吾親而存，瞻依膝下，凡所以愛親敬親者，無不可致也。不幸而没，音容不可復覩，形神不可復親，慟也何如？而地固在在風水，萬物無不腐朽也。厝親令速化，於心安乎！故必鄭重卜地，求諸神明，可以使朽體之稍安，腐化之稍遲，較爲恔於人心，豈爲一己之升沈、子孫之利禄哉？夫子言卜其宅兆而安厝之，事親之終也；又曰卜其宅兆魂體得安焉，蓋慎重其事，固屢言之。《周禮》墓大夫冢人等教民營宅兆，諸事以官董之，聖人固愛敬其親以及民，無不欲人知送死之大也。且周有定制，而今則任人子爲之，尤不難自盡，特過求妄想，則反爲大不孝。明者其細察之。

子曰：閨門之地，具禮已乎。嚴父嚴兄，妻子臣妾，猶百姓徒役也。

此章下有闕文，語義未了，姑就本文釋之，而附辨論於後。

具禮已乎，言閨門之禮至多，非徒具文。嚴，非嚴厲也。在父兄則方嚴莊嚴，嚴正自持；在子弟則嚴畏嚴憚。近人誤解，謂父嚴母慈，不知《易》言父母嚴君，即嚴正嚴憚之義也。爲人父，止於慈，中也養不中，才也養不才，安有徒嚴之理？以嚴自居，而自不修身，無以爲則，又不善教，無以爲訓，以此貽害者何窮？至於兄弟猶手足，友于兄弟，友，愛也。愛其父母，安得不愛兄弟？兄之所以當敬也，爲其年長而事親獨早，凡父母之美，兄先知之，或先行之，導其先路；其受父母之恩亦先於我，故曰兄弟有序，兄倡弟隨，是事兄者愛敬次於父母，而弟之敬兄、兄之友弟，道宜兩盡，非可互相責望也。子曰：兄弟怡怡。安有兄以嚴自居之理？妻子臣妾，猶百姓徒役，其分卑，而其視我身之善惡爲去就，則不可以其卑賤忽之。此蓋謂臨民而不知正身、齊家者言，惜未竟其説，亦簡策傳授失之也。前人紛紛辨説，亦何憒憒。

附 論

《孝經》有古文、今文之分，鄭眾所傳爲今文（舊謂鄭元所注，而《鄭志》不載，《漢書》載鄭眾，是也），孔安國所傳爲古文，原同行於世。自唐元宗注《孝經》，宋邢昺爲之疏，而今文盛行，古文遂廢。後儒遂以古文爲僞，而朱子又摘其字句不同者以疑之，作《孝經刊誤》一卷，於是訾古文者紛紛矣。然考之二書，其字句微有不同，特傳授誤寫之故，大致並不相遠。若《閨門》一章，則朱子《刊誤》亦取之，以其言無害義也。而乃有指爲僞者，歸其罪於劉炫，黄震《日鈔》曾詳辨之。而我朝《四庫全書目録》取之，則以古文爲僞者，可不攻而自破。故今亦録《閨門》一章，而明其爲闕文。學者玩其文義，自當瞭然。若分章之義，已見於前。朱子必删改經文，亦似不必，皆可以熟玩經文而知者也。

十三經恒解

箋解本

卷之十 附録一

拾餘四種

子問

又問

俗言

呂笑龍◎整理

自叙

先儒有云：大道不在多言，顧力行何如耳。力行之道，四子五經言之已詳，故愚作《恒解》，第就白文細繹。誠得其要，則聖人之事，皆人人可能之事矣。孔子云：述而不作。誠有無待於作者。方今聖聖相承，百度維昭，頒示諸書，咸臻美備。士子敬謹遵行，更無遺義。然則聖籍之外，均爲鱗爪，况復妄爲著作。愚本鮮躬行，又多鄙闇，因兒輩幼沖，門人或相問難，隨意應之，積久不覺成帙，渠等慮其煨燼，私付開雕，適足以重愚罪耳。然而家塾私言，便於覽記，亦尚可以姑存。顔曰《拾餘》，蓋拾前人之唾餘，且明其爲聖賢之餘義，想亦大雅君子所不禁也。

時道光乙巳春正月　止唐書　時年七十有八

恒　言

自　叙

聖人之言，非得已也。天理全在於人而人弗體備，遂賊性而遠於天。聖人亦人耳，而獨能全天理，故爲人倫之極。其德既配乎天，其心即如乎天，惟恐人之陷溺其性，而即其所得以示人。在上則爲訓誥典謨，在下則爲六經四子。君相師儒無二道，故無二説也。愚於四子五經，詳晰註之，名曰《恒解》，以其理爲人人所有之理，其事爲人人所能之事，則言亦人人所知之言耳。而門人猶或苦其文繁，時相質問，積爲是編，愚何能外聖言而别有發明哉？亦名之曰《恒言》而已。然家庭授受，一家之私言，非敢問世也。識者諒之。

道光八年長至　雙江劉沅自序

人道類

人爲三才之主，聖人祗是全人道即可配天，故特以人道弁首。

人者，天地之心也。非心何以爲人？非人何以爲天地？故曰：人爲貴。

人爲萬物之靈，靈於其心，實靈於其性。性即天理，無不善也。有不善者，心之爲情之雜也。

先天之心即性，後天之心雜情。嗜好生而性牿，非心之元也。未生曰先天，既生曰後天。

萬理函於性，萬事根於心。情者，心之用，得其正則性，否則賊，故君子正心。

聖人之心至虛至明而已，明故物來畢照，虛故舍己從人，而其原則由於存養之熟。

乾爲天，性也。坤爲地，命也。先天秉性命之正，泰易爲否，而性命分、七情擾，故復禮者先克己。私欲自陰質而含，故曰己，養先天之性，至於欲淨理純，而後己可化也。

程子曰：天道無心而成化，聖人有心而無爲。善夫。理純而從心不踰矩，有爲皆無爲也。

人有恒言曰天理良心，善夫。天之理即心之良，心之良始爲天之理也。

縱心而求合於理，不亦難乎？故敬慎爲聖學之本。敬兼動静，而静尤動之本也。静以清其源，動以察其幾，斯爲敬慎。《中庸》言慎獨而曰指視、屋漏，非畏天命乎？天人同此理，故即同此氣。不畏天命而能敬者，無之。不覩不聞之地，天命存焉。君子之敬天，謹於其微而已，非媚禱之説也。

一理也，而天地人莫不由之，故曰道。道不遠人，慎獨而致中和，人一天也。

道莫大於五倫，持五倫者，三綱也。正其綱者修其身，身修而天下可化，其原則歸於明師。

師不列於三綱，三綱非師不正。道之不明，無聖師也。聖必有師，君親而兼師道者，聖人也。三綱墜而孔孟興，所以補君親之缺。

責臣子以忠孝而君父不正其綱，可乎？唐虞三代之隆，三綱正而已。

三綱不容有二，故臣無二君，子無二父，妻無二夫，違之者悖。

弟兄宗族之子出繼者，其父母降爲伯叔，承祖之重，子無二父也。

夫婦，人倫之本、父子、君臣、長幼所由推。《易》曰：夫夫婦婦而家道正，正家而天下定矣。知天地之所以定，而夫婦可弗重乎？

未有無賢妻而能正其家、未有無賢母而能生賢子者也，閨門袵席之地而天命行焉。動静語默，一息不違乎正而後身脩，脩身而後夫綱立。

生而貞淑者，僅矣。無父母賢夫以導之，家道所以睽，而紀綱所以紊。《關雎》作自宫人，而後世以爲化始自太王至文王，其涵濡豈朝夕乎？

地道無成而有終。人知其無成也，不知其有終也。所以正其家者，何惑乎無本焉？

夫道若大路，然而不能踐者，弗知自責焉耳。孔子曰：知爲人子，然後可以爲人父；知爲人臣，然後可以爲人君；知事人，然後能使人。位三綱者，盍思焉？

天生物以養人而不能使之自養，予人以善性而不能使之自善，故立之君長。君亦不能一人理也，則必任賢臣。君臣有聖德，而禮樂制度精焉，人倫明焉，賢父師衆焉，天下之不由乎道者，鮮矣。

君、父一也，愛敬深焉，能無諭於道乎？禹之告舜也丹朱，舜之事瞍也怨慕，惟恐君父之不配天而已。惡臣子之違已者，惑焉。

聖人之仁民也，切矣，而不遇則惟獨善。然其忠君愛國，未嘗一日忘也。人君其可不知乎？

爲臣而致天下咸戴君之仁，爲子而致天下皆知父之德，至矣哉。容悦者，罪人也。

法久而必敝，隨時補救，非聖人而能之乎？培育賢才，所以儲長治久安之器也。

不知變通，變通弗善，謂爲不可變，不知其無聖賢也。哀哉。殷因於夏禮，周因於殷禮，所損益可知，損益豈能外禮乎？時中而已矣。

叔孫通固非制禮之才，而兩生亦迂儒耳，禮樂不可斯須去而待百年乎。漢初，先王猶有遺法，脩明而善導之，何至遂湮也。

天愛民而立之君，輔世長民莫如德。聖學廢而功烈卑，天亦無如何矣。侈受命之祥，陋也哉。

唐虞以前，邈矣。三代之興，皆由聖德。誤解湯武征誅，而使後世藉口，儒者不得不任其咎。

禮樂者，人心之良也。致中和，則循之而安且樂焉，其次亦可以寡過。

人心有自然之愛，而聖人導以禮樂，心失其正則奢淫生焉。非禮樂之難，所以正其心而脩其身者，難也。道在倫常，倫常本於心性。心性之功不純，倫常之理不精，故明德爲脩齊治平之本。

一理也，在天爲命，在人爲性。如木果生意曰仁，全備曰德，人所共由曰道，純一曰誠。

道始於君師，正其身以正天下，而仁義洽、教化行，故窮達同功。

唐虞三代皆聖人也，而隨時立法，各協乎中。後世之變多矣。然人性同則所以盡性，而適於中正者無弗同。泥古而不達於道，以致禮樂不興，民風不淳，責豈在於常流哉？

道非師不傳，五倫非道不立。漢祖唐宗，生質美矣，而無聖師輔之，是以倫紀乖而治術卑。人主可不急於求賢歟？

五臣、十亂皆聖賢而後成其至治，君豈必皆聖，任賢不惑亦可也矣。

良、平智士，魏、褚直者，皆非有孔孟之學也，故其輔治亦僅大賢。不枉道，三代下惟孔明而已。孔孟悲天憫人，終身不遇，豈嗚高哉？

孔子表逸民而自處於無可無不可，用舍行藏，以道爲歸而已。無聖人之學而不苟，祿亦豈可少哉？

淵明、子陵，後世賢者也。然靖節以節，子陵以清，與孔孟之卷懷有别。聖人曷嘗須臾忘天下哉？道屈則身不得不晦焉耳。

後世六德六行之法不脩，所以育才者無其本，而選舉非濫即苛。豈知聖賢無心於爵祿，而有志於君民，忠主庇民，非道不可。此孔子所以歎吾衰，孟子所以何不豫也。

聖人納天下於中和，而天理良心人人皆有，則賢才衆。閨門里巷之道，通於宫廷，外正心脩身而言賢能，曷以臻於蕩平哉？

明明德，致中和而已。明與致奚事？孔子十五志學，七十而後從心不踰，孟子言有諸己至於聖神，功豈朝夕哉？非師儒，其孰從而啓之？

周制，比閭、族黨皆有師。由庠序以漸登於學，咸以三物賓興之。後世難其法，不知其特，師道不立耳。

大學之禮詔於天子無北面，豈故屈己歟？天理人情之則，萬事萬理之微，惟聖者備之。尊賢則不惑，未嘗以身脩而廢斯義也。

人性無不善，君、親、師咸盡其道，而惑於習者寡矣。

古大學之教，天子之元子，諸侯之適，國之俊選，皆同其學，所以人情物理無貴賤，咸知而不能從政者，鮮矣。

君、父，天也。人無或非天者，而天實無可非也。且匪直無可非也，其生成養育至仁至多術，君父能不反身脩德以爲倡歟？

率土皆臣，則忠君愛國之忱，不必在朝而始然。孔孟不枉道者，何哉？愛君者，必以正，己不正而何以事君？膰肉不至，不脱冕而遂行，非懟然於君也。

今人亦知君恩至重，而不以仁義事君。孟子曰：不敬莫大乎是者也。

孔孟於今，豈不由科舉乎？不遇則亦已耳，必多方以求售者奚爲？

伊尹、孔明，其初皆無心祿仕，及感三聘之勤，則以死繼之。是故不枉道者，非徒愛其身，實欲與君成其治也。苟於進者難於退，甘於祿者私其身，朝廷曷貴焉？

求忠臣必於孝子之門，爲其天良不昧而已。不忍爲不仁，不敢爲不義，而忠孝有不至者乎？後世忠義之士多矣，而其進身之始，不無可議，君子節取之而已。

漢唐宋明之黨禍，君子傷之，然苟知明哲保身之義，亦何以至此？

事君則致其身，雖父母不遑顧矣，况其他乎？安得不難進而易退？

爵賞，勵世之大權也。小德役大德，小賢役大賢，是以貴貴。小人富貴，君子貧賤，則其世可知矣。

明季六君子，其亦賢乎？惜其未愼之於始矣。死而無益於君，非忠而過者歟？

聖人之潛見，上也，其次遠勢利，其次盡職守，又其次則肉食而已。

人主知道德不可以強致，而忠賢必不私其身家，則任官位事，非賢奚屬？君求治，民望治，而官吏便之。上下不交，否之所以成也。

聖人雖往，而其言行俱存，學之不已，德奚弗純？以聖人爲不可及而日趨下流，治術所以日敝。脩之於身而措諸天下無不宜，仁義而已矣。

一念勿欺，毫末必愼。馴至於理純天定，則獨善兼善一以貫之。

家之難齊甚於國，而脩身者猶必愼其好惡。好而知其惡，惡而知其美，至明也，而後施諸斯世無不宜。

好惡起於一念，而推諸刑賞，至明至公，非仁者能之乎？未有仁熟而義不精，亦未有義精而仁不熟者也。

道豈遠乎？事豈多乎？静全其天理，動協乎天則而已。愼動所以謹幾也，而非有以養其源，則不能静者，亦不能動也。安得人人而正其心乎？嗜欲誘之，習俗惑之，非志士奚能自立？

誠者，豈自成己而已乎？所以成物也。物不必皆成，而成之之念無稍息。聖人之心，所以如覆載也。

人倫日用，道之所以行，而其事不一。神而明之，變而通之，不違乎中，無時之今古，地之夷夏也。知之者，誰哉？

君親，天也，以事天者事之。孝親者，必篤於兄弟，愛君者，不私其妻子。夫婦以德爲諧，朋友以義爲交，其要則一誠而已。

五倫固無難正，而不然者，弗誠弗正耳。故學始於誠意正心。

人同此性，性同此善，而有惡者，習俗誘之，嗜欲惑之也。以情爲性，以聖爲天授，自君師誤之，亂是以生而道是以裂。五倫之遇多不齊，以誠、以敬、以讓，而變可弭。非純乎天理，奚由久而弗渝哉？

心性類

道該萬事，事悉由心而發。心性之理不明，倫理無由而正，故次人道。

萬事萬理具於心，而心有人心道心。道心天理，人心私欲。自天而之人，七情賊性；自人而之天，節情復性。以心爲性者，惑焉。

性本無爲，以心爲用，非心亦何以見性？然必寂然不動，感而遂通，始爲心之正而性之著。一心也，人心道心何以分？陰陽之氣，先天後天之理不同也。

《中庸》曰：中者，天下之大本；和者，天下之達道。中和皆性也，致中和者，心微矣哉。

静而一念不起，中也；動而萬理咸宜，和也；和本於中。養浩然之氣，漸臻於天理渾然，則不動心而性定，性定而施之萬事無不宜，故曰一以貫之。明心見性，盡其心者，知其性也。脩眞養性，萬物皆備於我，反身而誠也。僧羽譎傳，誣其本始，儒者騖事爲而昧心性，亦烏乎可？

一念而人禽判焉。愼獨者，必凜帝天，十目十手，相在屋漏，所由云也。近人諱言神天而求克己，是以私妄日紛，無由自戢，豈知君子必畏天命乎？

得天地之正氣而後爲人。未生以前，渾然粹然，性皆善也。既生以後，嗜欲生而七情擾，心不盡善也，故曰性相近。

原心與性之分，其必知天乎。天以陽施而地應之，天理無不善。氣質有濁清，生而心含陰滓，故孔子名之曰己。譬諸連抱之木，中有蝤蠐，欲去其蠹，必盡戕其材。所以養浩然之氣而後不動心也，孔子言克己即斯意焉，孟子始明示之耳。

乾爲性，坤爲命。得天地之正氣者惟人。先天性命合一，孟子曰性善者也。後天性轉爲情，命失其正，必復性而後全仁，孔子曰性相近者也。以有覺之心爲性，後世禪學則然，而儒者襲之，以爲道盡於是，舛矣哉。

有覺者心，無爲者性也。性即天，而後天之心，陰邪汩之。故存其心，養其性，功至密而效至神。

存有覺之心，養虛明之性。孔子曰求仁，孟子曰養氣，皆是道也。第非明師不傳，非恒久不得。

天地渾然，萬變生焉。成形成象之昭然者，非其本也。人性渾然，而萬化出焉，有能有爲之紛然者，亦非其原。

受氣於天，成形於地，人之性命各正者，在生初。開竅於質，生境於心，人之性情不齊者，在後起。佛曰見性，道曰還丹，吾儒復性之義而已。

萬事莫不由心，而心至難馴。強制者克伐怨欲不行，守空者不得於心，勿求於氣，皆非也。

萬物咸有以治之，而心不能自治，非養氣何以不動心？

静則渾然，動皆天則，斯爲不動心矣。其理爲致中和，其功則由養氣。

氣非後天之氣也，精神亦然。元精、元氣、元神，天之所以爲天，函於太極者也。凡精、凡氣、凡神，物之所以爲物，成於氣質者也。以養凡心爲了性，以養凡氣爲了命，道所以裂。

《大學》言心不言性，《中庸》言性不言心。然正其心者，性也。致其中和者，心也。性非心不靈，心非性不誠。一之者聖，二之者凡。

虚無者，性之本體，所謂上天之載也。養性以静，静極而中致焉，其象虚無，其理則至誠也。清淨者，純一之意，以爲蔑棄倫常，豈知其爲静存之要乎？

民受天地之中以生，精氣神所會，止其所而不遷，非虚無不能存心，非清淨則心不歸性。

孟子曰：有諸己，性來復也。動静交養，馴至於美大聖神，非久道何以知之？

人知心之靈可以應事，而不知性乃心之宰也。不復性而能正其心者，無之。

閑有覺之心，至於虚静，亦可以應事矣。然而天命之性未復，則所謂反身而誠者，無之，非聖功之全也。

人得天之理以爲性，得地之氣以成質，質重氣濁，性之存者，幾希。養浩然之氣，克己復禮，乃還先天之體。僅以治心爲學，豈知原憲之非仁哉？

心可制而不可治，治之者如遏横波，制之者如金在範。成湯以禮制心，慮善以動，動惟厥時之義，非治之也。

聖人之心，無爲而無不能爲，性定故也。然亦由學而至。以聖爲天授，不由師友，學術所以卑，而人心所以失其正。

孔子之時，禮樂猶存，故先示及門以禮，而後及於性與天道。孟子之時，禮崩樂壞，故惟教人以仁義，而特明養氣之功，易地則皆然也。

孔子曰求仁，孟子曰養氣，無二理也。有毫髮戾於中和，仁奚葆焉？故孔子愼許之。

顔子其幾於美者乎？三月不違，蓋未能光輝也。天假之年，化神奚弗企焉？

氣有精粗，無非理之所含，而其精者，則上天之載，無聲無臭，理之粹而性之體也。文王之純，合乎維天之穆，豈以跡象哉？故曰予懷明德，不大聲以色。

太虚無物而理氣充焉，萬物由斯出焉。聖人之心亦然。

儒者諱言虚無，慮人廢人倫也。然至理實無聲臭，而萬有含焉。人性亦無名象，而萬理統焉。

聖人之血氣心知，猶夫人也。惟全天之理，故能立人之極，寂然不動，感而遂通，天如斯，聖人亦如斯也。

理至虚無也，宰乎氣而人身有物則，麗於事而倫常有範圍，著於萬物而形色皆天性。以虚無養其本，以禮樂善其施，中而後能和，位育之功，由此其選也，而豈外日用以求虚哉？

惟理至虚，故其用至神。忠臣孝子一念之肫誠，而天地應焉。當其未著，孰由窺其心？故曰：夫微之顯，誠之不可揜如此夫。

誠者，實也。一元之理氣充周於六合者，莫能載，莫能破，所謂誠也，而實聲臭全無，故曰：夫微之顯。

誠，實也。凡言實則滯於物，言虚則入於幻。誠即道也，道不滯於物而亦不離乎物。《易》曰：一闔一闢謂之變，往來不窮謂之通，見乃謂之象，形乃謂之器。其以此夫。

闔闢者，天地之機也。機固不測，而其所由生，則動而無動，静而無静者，渾然一太極也。以爲虚則虚之至，以爲實亦實之至也。

人心之變化，其亦神乎？性定而有神化不測之名，性失而爲鬼蜮譸張之事。不盡其性，心曷由正哉？

聖人正其心以正人之心，而有禮樂法度，束之於規矩，變化其氣質，而更授以致中和之功，世所以安而俗是以淳。後世禮樂微矣，幸天理民彝不可得而泯，賢君父師正其身以善化之，猶懼其不終，矧縱任之乎？

人不知所謂聖賢矣，猶知有神天。入廟而生敬，盟詛而知懼，此天良也。畏天命，禮神明，非入德之徑乎？《大學》《中庸》所以言慎獨而云指視、屋漏也。

一陰一陽之謂道。鬼神，陰陽之靈。而人則秉陰陽理氣以生。故秉彝之良，敢欺大廷而不敢以問幽獨。

惟心含陰陽之氣，而因有理欲之途。克己復禮，返乎先天，理純乎陽氣之效，靈者皆得其正，則心也而性，人也而天，陰陽合德而剛柔有體矣。

漢儒多篤行，雖未盡符聖人，而去古未遠，實修猶有存焉。魏晋以降，浮靡甚而聖學亡。宋人振之，惜濂溪之學由僧海崖，以空空之心爲性，而不知盡性立命之實，故治心而不能復性。學者鶩於外，無以養其中，孔子志學而至從心不踰，孟子有諸己而至神化，其功夫次第，知之者罕矣。

元亨利貞，文王示人以占，而孔子譯之以四德，其旨不同。以爲仁義禮智已違孔子，而又以爲誠之通復。夫通復者，闔闢消長之義也，於元亨利貞何與哉？

元，始能以美利利天下，所以亨也。利貞則人之所以體乾元，故曰性情。

乾元一氣，統天而行。氣在即理在，天之所以爲天。氣雜而理雜，人之所以遠於天。聖人理極其純，氣極其粹，故曰：純亦不已。

天地類

人爲三才之貴。天地者，道之原也。不知天地，安知心性？故次天地。

天地未分，太極在天地之始，天地既分，太極在天地之中。天地一也，其氣浮沈於上下，而名曰天地，陰陽之成象者也。

天地無一息不交，太極之闔闢然也。分者其象，合者其氣，氣在而鬼神行乎其間。

陰之靈，陽之靈，氣也，而理寓焉。外理而言鬼神，俗之惑也。天地一神氣而已，惟人亦然。日月星辰，天之神光；風雲雷雨，天之散氣也；而其神氣之不可見聞者，則無聲無臭。人之百爲皆有跡，而理則宰於虛，神氣之元，性之實而天之命也。

天人一氣，人神一理，其原同，其事安有不同？而每歧視之者，未反身而誠也。

老子曰，人身百節有神靈，萬物皆備於我之義也，非大而化、化而神者不知。

人知心即神明矣，而莫知其原，是以自戕其性，自遠於天。天道神而莫測，理可以決之；人心靈而難制，性可以定之。憧憧往來，朋從爾思，心之動而無本者也，可謂性乎？

咸，感也，無心而感乃爲眞感。天地仁於物，聖人仁於民，一也。九四一爻，以有心而感，所以失之。而繫辭更申言其義。日月其天地之神乎，陰陽互爲其根而生化不窮，神之靈，氣之著也。

陰陽之著爲象者，日月固分；陰陽之含於虚者，日月自合，非至德其疇知之。

至清者天也，而地承之。地之質其形之累乎？累於形而氣有清濁，人之智愚所以判，而天氣固未嘗無，是以性善。

人何以配天？性之渾然粹然者，全而受、全而歸，則形不足累，而且神其功化，踐形所以爲聖也。

日月五行之精，散爲星辰，而其藏在地。人者，陰陽五行之秀也，故動於下而應於上。占步者，不脩人事而候吉凶，術斯以陋。

五星之變化，異於群星，以其爲陰陽之大用也。

天之不測在於地，地之大而神，皆天之大而神也。知之者希。

聖人觀天察地以利民，授民時矣，而亦示人以感應之機。天人無二理，神人無二情也。治民者不畏天而信術數，則天人合一之道不明。

天之時可測，天之神不可測也。聖人以誠合天，以敬事天，以不測者奉天，故曰：知我其天。

風雲雷雨皆氣也。而氣在即神在。神者氣之靈，可以形，可以無形。先儒未知神氣之不可分也，故滋惑焉。

一陽始於子而老於戌，至大壯而雷興，至乾而雷迅，天氣播而化功盛，剝則息矣。

雷固氣也，而神寓焉。震夷伯之廟，於是展氏有隱慝焉，左氏固以爲天惡隱惡也。迅雷必變，聖人豈僅謂爲天之氣乎？何儒者之多臆説焉？

人於天地間，藐然耳，一元之理氣備焉。斲其性，縱其情，覆載難容，則所以死之者多途，其斃於雷電水火者一端而已，然孰非自然之理哉？

布魯特無雨，以風候時，生長收藏，悉占風信。四海之外，氣候不齊，執一隅以測之，陋矣。

天理備於人事，天心視乎人心，略人道而言灾異，漢儒之誤也。

休咎亦豈無由？聖人以理勝之，故言天者，自民時而外，可以略之。

成天之功用者，地也。日月而外，風雷雨露，人物賦形，皆地爲之。未周知六合而僅以中夏言天地，則多迂滯。

中夏爲禮樂之邦，自羲農以來，聖人之功用宏也。而極地之博，中夏僅其一隅，執耳目以言天地，先儒所以多失。

人者，天地之心也，非人則天地之功用亦虛，故聖人爲天之肖子。

有人即皆有君長，其必材質殊也，故聖賢不擇地而生。孔子曰何陋，孟子曰舜文東西夷，蓋深知乎天心矣。後儒何以昧之？

春秋嚴夷夏，聖人之法在諸夏也。不然，夏未必優於夷。

理至粹而氣化不齊，後天所以遠於先天也。存後天之心，養先天之性，聖學所以配天。泥氣數以言天命，可乎？

邵子以數測天，而以易卦配古今，則輔相裁成之道，可以無庸，亦異乎聖人矣。而又以爲天地亦有盡時，惡知天地即太極哉？

周子曰：大《易》不言有無，言有無者陋。然太極而陰陽五行，生化不窮，自無之有，一本所以萬殊也；由萬物而窮理盡性，以至於命，自有而無，萬殊所以一本也。復，其有之機乎；剝，其無之象乎。周子以通復言誠，而不以有無言《易》，蓋諱其名而遂没其實。

萬物皆有形，形生於氣，氣載乎理，天地，理氣之原也。以形氣測天地，似是而多非。

有理而後有氣，有氣而後有質。聖人之踐形，以理化質。凡人之失性，以質累氣，質具而七情擾焉，性所以牿。變化氣質，而後可爲達天之學。

天地之功用在日月。日月之靈，其心性之實乎。知後天而不知先天，言性者所以不合乎天。授時莫精於我朝，妄言灾異者，斥之。聖矣哉。

天行健而其氣神焉，日月星辰統繫人物，從有象以窺無象，占候非難，而其神之變化則視乎人心。故事天之學，要也。

鬼神類

鬼神，一理而已。理粹則與鬼神合其吉凶，非心性外事也，故次天地。

子曰：神也者，妙萬物而爲言者也。其下乃以八卦言之。天地固在八卦之前，而云然者，一陰一陽，生化不測，而天地之功用以宏，神之靈以著。

人得天地之理氣而生，則陰陽之靈與性俱賦。質諸鬼神而無疑，理極其精，天不能外，故曰知天。

漠視鬼神者妄，泥視鬼神者愚，愚之至而邪誕出焉。不誠其身，與天日遠，安能不入於邪僻？

君子畏天命，則知鬼神體物不遺，而顧諟之功嚴焉。不畏天命，小人之所以無忌憚也。

五倫本乎天理，故忠孝節義，感天地而動鬼神。敬神者必由克己。

由祀典則有天地神祇人鬼之名，言脩身則有事天如神之學，至常也而至神，可弗知人神一理乎？

萬物皆天地之散氣，故鬼神悉在焉。人靈於物，必全天理而始貴，故君子與鬼神合德，小人爲鬼神所誅。

俗悖理而傷倫，愓以鬼神，不如範以物則。物則脩而天地位、萬物育，鬼神可知矣。

巫祝卜史，聖人以之事神，不敢謂己德之脩，無事於陳信者也，常人則實無其德，而惟事媚禱，淫昏且中之矣。

天視自我民視，天聽自我民聽，公是公非之良，天不能外也。若一己之私，拂人情之正，豈得謂然？

嘯梁瞰室，凡有精氣之物憑焉。君子脩其德以事天，而百怪弭焉。故曰：見怪不怪。

萬物之精，上爲星辰，故占候易中。然人心之變化，一念聖狂，天象可轉。故君子務寡過而正身心，不授權於術士。

聖王代天理物，其生不偶，則呵護之者亦宜。然事天以小心，不可恃才而肆。歷代言符瑞者，神其事、昧其原，遂爲世惑矣。

天地鬼神，一理而已。理備於身，建諸天地而不悖，質諸鬼神而無疑。

十干屬於天，干，幹也。十二支屬於地，支，枝也。作者其得天地之奧乎？陰陽五行盡於是，人物生化由於是。俗以推測休咎，於理爲爪鱗，君子不謂命也。

十二宫禽星有鼠、猴、龍、虎等名，非臆造也。天地初分，人物並産，陰陽五行之精，成象成形，一氣昭著。朱子之賢，應麟之博而不知，何耶？

大哉乾元，萬物資始。體之於身，天人一理，氣化不齊，要終原始，幽明之故，畢貫之矣。

星相醫卜一切術數，均可爲人倫日用之助。不求其本，則惑於鬼神，害於民義。人心邪妄，豈鬼神導之哉？

治道類

心性倫常、天地鬼神，皆賴君上建極以宰之，故次鬼神。

聖人事天如事親，動静食息，惟恐不得乎親，則毫髮違天心而不敢也，况宰萬物而代天工者乎？

亶聰明，作元后；人以爲天賦之優而已。耳順曰聰，燭照曰明，至聖足以有臨，由斯道也。漢祖唐宗豈弗英明？倫紀不立，治功不純，有質而無學焉耳。

學豈不由師乎？文王師鬻熊，武王師尚父，至德猶然，何況中下。《大學》之禮，詔於天子無北面，豈自屈辱歟？

世不皆聖君，而必不可無聖臣。尊賢則不惑，敬大臣則不眩，九經所以貴之也。

禮樂者，治世之具，而不必定襲前人也。因時制宜，本之君德，宜乎風俗人情，可大而可久，斯善。

叔孫通制禮，而兩生不肯行，曰：禮樂百年而後興。孔子欲往公山，曰：吾其爲東周。漢高豈不優於弗狃乎？

孔子生乎今，豈尚泥乎周制？正其倫紀，善其教化，選舉合乎人心風俗之宜而已。儒者談理而難以施行，蓋未聞時中之道乎？

治道盡於富，教而不富，何以教？井田不可行，均田之法豈可不知？彷六德六行以求賢，而又嚴爲制度，貴賤毋得侵越。匪才者雖多財，無所用之，則遷善者衆矣。

《洪範》五福不言貴，古無貴而不富之人也。大才受大祿，小才受小祿，君子在位，小人在野，三代盛時，所以朝無濫爵而野無遺賢。

王莽限民田而天下大亂，蘇威誦五教而民不信從，莽亂賊而威曲士也，無誠正脩齊之本，徒髣古道，可乎？懲之而以爲不必如斯，其惑彌甚。

王安石、宇文氏，曾彷周官矣，未嘗聞聖人之道，而以私智變法，安能協中？君子本身建極，酌人心風俗之宜，而準以天理。大賢以下，其可幾乎？

後世法制之善，優於古者至多，惟酌其宜而協乎中正，不必徒襲五帝三王也。

脩身則道立，而身何以脩？非明師不可也。三代下之治道不立，豈非聖學無人乎？

聖人非甚難爲，誠得其傳，則脩己治人，自衾影而推諸於天下無不宜。一以貫之，豈在遠求乎？

聖學無傳，即天地亦窮於功化。凡首出者，其材質非不過人也，而脩身之道弗講，則所以承天心而奠民生者，皆非。

六合豈無聖賢，不遇於時，則抱璞終焉。非破格以求，虛己而聽，安得共成至治？

培養深而崧嶽應，至仁足以享天心也。周自太王至於文王，干城腹心寓於野士，武王周公封建，所以小德役大德，小賢役大賢也。不然，安得多才而用之？

漢時近古，聖賢之遺意猶有存焉。賈生未爲純脩，而言論教之法，協於前人，惜其亦不見用也。

崛起之君，半多天授，而無學以陶成之，必不能如舜禹。繼世之君，即選賢師而非聖人之流亞，亦不能如成康。然則師道之立，其所繫豈細故歟？

後世貴貴而罕尊賢，名世遠引，史不及載者多矣，豈得謂運會使然歟？

賢士之憂國憂民，甚於有位，孔孟然也。其得天之道，即心天之心，非有所勉而然。上不及知，皆竊位之臣，階之爲厲。堯以不得舜爲己憂，舜以不得禹皋陶爲己憂，拔茅連茹，非恃一人之耳目也。

神宗之任安石，世宗之任嚴嵩，不亦專乎？以不賢爲賢，無脩身之道也。

君德莫大於知人，非正心脩身，賢否灼然，何以克知？三代下之昭烈，高宗不能過也，非生長微賤與賢士交遊者久乎？其言曰：勿以善小而不爲，勿以惡小而爲之。所由來可知矣。

後世惟光武、昭烈有學養之意。光武與子陵同學，昭烈與康成、元方等周旋，數人非上智也，而所得於居游者已然，況得名世之師友乎？

天下無生而聖人者也，必得明師友以陶成之，而後才美可全。三代上之賢君皆然，後世易之，故治功不立。

法積久而必敝，聖人因時勢而變通之。周公兼三王以施四事，禮樂明備矣。又使杞宋守夏殷，魯國存周制，蓋以爲後賢損益之資。自王安石妄爲而後世以變法爲諱，其誤亦復不少，可慨哉。

祖宗之法不可易者多，而日久宜變通者亦多，第非賢君相不可。拘泥與妄作同咎。

前人十得而有一失，子孫往往師其失而不師其得，是故貽謀不可不慎。

周以忠厚開基，忠厚者仁也，仁由脩齊而推。漢唐代秦隋，其得國近正，而家庭之咎及於子孫，失仁之本也。

天子與庶人無異學，造士與選士無二途。道德爲本，才藝爲輔，治己治人，一以貫之矣。

不凡之才，其先世必有隱德，而後鐘是人焉。惜其得志驕横，不由禮法，既負天心，亦隳祖德，卒亦不免於死亡也，曹操、司馬懿之流然。

聖人無意於天下，而天下歸之，唐虞三代其道同。後世力爭乎天下，而天下屈之，秦漢以下所以陋。

孔子曰：唐虞禪夏后，殷周繼其義，一也。自世誤解征誅而亂臣賊子皆藉口於湯武。孟子不言之乎：行一不義，殺一不辜，而得天下，夷惠不爲。况湯武也。

湯武革命，順乎天而應乎人。孔子言之，世猶不知其實。故聖人之心，知之者鮮矣。

孔子欲爲東周，謂脩明周公之法，比美於西周也，而豈更姓改物乎？輔魯以藩周，歸老於洙泗，孔子之志也。是義弗明，後世以聖人爲必受命，其誣不亦甚歟？

受命者受天眷顧，在下如孔孟，豈獨君相哉？誤解而謂文王受命聚訟棼如，可太息也。

非其君而天下歸仁，不得已應之，則得國正矣。後世其誰？秦隋無道，天下畔之，有誠欲安民者，布德行仁，天下應焉，可也。漢祖唐宗，惜其未聞斯義。

以善服人，不如以善養人。養之之道，豈外於仁義哉？仁至義精，而禮樂不興者，未之有也。

兵制不可以泥古，而以仁義結民心則同。文德脩而四裔皆悦，况宇下乎？

文與武殊途，民與兵異用，而治道裂，防維疏矣。

學術類

學術正而後治術隆，天人性命由此而貫，故次治道。

傅説始言學。學者，學聖人而已。聖人何異於人？能盡人道而已。文王止仁止敬五者，可類推焉。

道不外於五倫，而其難易常變，百出其途，惟聖人各盡其道，悉協乎中。學者，學此而已。

道著於人倫而其原在心。心弗正，身弗脩，倫何以盡？學、問、思、辨、篤行，務此而已。

静而養其未發之中，動而協於天理之和，動静交脩，其要在於誠敬，而其始終本末之功，則必由師授也。

上古開天明道之聖，半由生安。中古治功備而嗜味日繁，天亶神靈，造物亦靳之。刪書所以斷自唐虞，祖述所以止於堯舜也。

聖道必有聖師，孔孟所以重傳人，而鄒魯之賢綿延數百年，卒使六經大明於世。

漢興，孔孟已遥，經秦楚之兵火，深造者無人，傳經而少傳道，脩己治人、本末始終之學弗全，治功所以遂卑歟。

漢儒篤行，蓋猶沿規矩之道，而誠正脩齊，基於宥密、暨於天下者鮮能，則師傳之失也。

詞章之士，質多不凡，以爲聖學則精微可企，而靡有師傳，故技止於此，甚且有文無行，爲世害矣。

文武周公之遺至五代而始盡，聖人之流風遠矣。

文中子其亦賢乎？生聖學凋敝之日而能志道，惜其不遇聖人，又年少而早世也。

韓昌黎之方正而未聞道，其闢佛則有功於當時，蓋唐佞佛，實非佛之知己，士大夫卑陋，不容不懲也。

或稱曰顔子，或稱曰聖童，天質之美，世豈無人？而無聖師，則學弗極其至也。

才德兼備，無如孔明，惜曹魏之勢已成，絀於力而天已去漢，非學之不足也。

文字之學興而士鮮實行，非文之過，父師脩齊弗講之過也。

性外無道，道外無人，人各有道，各誠其身而已。以道爲獨得之奇，陋哉。

文以載道，道不外於天理人情。聖人，通情達理之至者也。故文而害於人心風俗，其文可燬。

學始於窮理，理具於心而著於事物。心之私欲不除，則智慧不生，故致知先格物。物，物欲也。初學格物，豈能淨盡？禮法要焉，賢父師身爲之則，而又束以規矩，言動合宜，持以敬静，可徐化於中行矣。

古人樂舞教於童蒙，琴瑟習於終身，所以化其亢戾者深。今之初學，惟恃禮法，而俗誘復多，則文行交脩，非賢父師不可也。

誦讀工書，豈非閑邪之具乎？非聖之言不入於耳目，言動之法，必準於中和，亦可以養成德器，而非賢父師不能。

古禮古樂，不合乎時宜矣。遵王章、循義理，實踐乎仁義之事，游泳於詩書之林，亦曷嘗不可以成德？

今天下咸知聖經矣。言之即思行之，勿爲不仁，勿爲不義，而更虚以下賢，人才豈不古若？

周制，德行道藝，人人習之，而閭黨悉有師，由鄉學升於國學，以瞽宗爲之師。蓋其德行已全，特恐氣質之偏難化，故教以神瞽，所謂成於樂也。樂教亡而奇邪多，學者所以難醇。

古禮不宜於今，而六德、六行、六藝則教士取士，非是無由髣之以行，善其補救，學何患不正？而人才何患不興？

十室有忠信，而士林尚浮夸，則學術不明，授受無本也。

科舉非不可行，而有言不必有德，知言尤爲不易。賢者未必求榮，不賢者工於藻飾，則得人難矣。

由邑而郡而學臣鄉舉，亦古人之意也。然防奸之密，無以處乎守道之儒。徵辟賢良不由資格，尤必變通之而始善。漢武好詞賦而天下趨之，延及末流，詩賦争工，流爲放浪，非詩之失愚，所以正其性情者無有也。

國家得百文士，不如得一忠賢。伊周訓誥，豈不能文？其襄成至治者奚在？學者可以興矣。

學之爲孝子焉，學之爲忠臣焉，念念不欺其君親者何人？則正心誠意，所以清其本原者亟矣。

漢承成周之遺，士猶敦品。曹氏父子篡逆而工於文，後代襲之，德行日薄，一二潛脩之士，不遇於時，是以風尚衰矣。才智非難，德行爲難，才德兼優，必由文行交飭，裁成變化。君、親、師三人，不得不任其責也。

高談性命，騖於文詞，而脩己治人，毫無實效，皆道之蠹也。脩己以敬，安人、安百姓，敬固非徒静而已。能静而不能動，禪學之非，以其守心而不盡性也。儒者懲其失而騖於博，女以予爲多學而識之者，予一以貫之，知者希矣。

性者心之宰，心者性之用，所以盡其心，始知其性；存其心，尤養其性。自天而之人，性所以汩；自人而之天，性所以復。學者必以是爲本。

古今事物之賾，其可以耳目窮乎？惟性無所不統。性，太極也。動而無動，静而無静者，天之所以爲天；泛應曲當，無爲而成者，聖之所以配天。

譚理則淪於虚，應事則滯於實，儒脩之所以入於禪學，而功名之所以不由心性。

忠孝節義多人矣。其天質之優，不必由學，而遂以爲君子不必學，則非。

載籍極博，以聖爲歸。無聖學而徒博，書亦誤人，豈必他術。聖人之言存，即其人存。體諸身心，極於神化，聖亦可爲。難其得師，尤難其有恒耳。

以忠恕之心，行仁義之事，聖可爲矣。而其原則由養浩然之氣。

浩然之氣，天之所以爲天，其體至静，其用至神，統天而無極，故狀之以浩然，實則無聲臭也。著於事物而有象，忠孝節義，特其一端。

學以希天爲至。畏天命以收放心，循天理以禁邪心，重天倫以永誠心，由下學而上達，不外乎是。

念念勿欺曰誠，事事不苟曰敬，常葆虛明曰静。自始至終，學以三言爲要。

存誠去僞，學之本也；體察事理，學之文也。騖詞章而重名利，内無以正其心，外無以善其行，學術斯壞。

聲名文物，聖人所以經緯五倫也。積久而本之則無，夫子所以思夏殷之禮。

忠質文豈可偏廢？春秋之文，非周公當日之文也。故孔子思夏殷而美郁郁周，非偏於文也，今其亦郁郁乎？學者以忠質爲文，奚必高談古制？

四裔其猶有質之意乎？因其俗而文之，甚易於治。中夏有喪其本原者矣，雖日從事於文，彌近理而大亂眞焉。

四海之外，不知中夏聖人者多矣。而其俗厚民安者不少，蓋亦有至人焉爲之經紀，特弗如中夏之全。學者耳目未周，概斥爲誕，而堯舜、文武之道習焉鮮能，孔子所以欲居九夷也。

本之存心養性，當乎天理人情，由修身以暨於天下，文質彬彬，學術正而治化隆矣。

百工技藝，凡有益於民生者，皆不可無。得大人以裁成之，齊治均平，無功弗集。專己自用，世有遺才，非學也。

文學類

文以載道，道非文不著。故次學術。

上天之載不可窺，而成象成形燦著於兩間者，皆文也。聖人之心不可見，而所言所行垂教於古今者，皆文也。即文以見道，本道以爲文，文其可忽乎？

萬物皆備於我，則萬物之文亦在於我，博文而約之以禮，文始得其中正。騖於文，疏於禮，則惑矣。

四子六經，天地之至文也，道盡於是。是之不學，而何以文爲？

自朝廷以暨於編氓，有心智即有文章，惟聖人博擇而折衷之。裨於人心風俗則貴，否則腐。

百官各盡其職，士民各脩其行，詩可也，書可也，百工技藝無不可也。文在而義理斯在，是以貴焉。

屈原作《騷》而繼風雅，誠於忠也，宋玉遜焉，况其他乎？子美作詩而爲史聖，篤於君也，餘人遜焉，况多妄乎？

人心有自然之天籟，觸物而形爲歌詠，聖人節之以禮樂，而勸懲寓焉。詩之爲教大矣。樂教衰而詩始雜，欲叶中和，不亦難乎？

《詩》三百篇，孔子皆絃歌之，蓋聖人正性情以正人性情，不必其詞之盡美。惜後世不得其傳也。

《詩》本於思，孔子以《唐棣》爲未思，而又曰：思無邪。不思則不得，思不正則淫，所以養其原者，可勿務歟？

古者詩皆入樂，秦後失傳。漢魏别爲樂曲，於義無關，至唐而第存其名焉耳。以《三百》較之，而其失自見。

人心風俗悉徵於詩，詩亡而美惡雜陳，欲人知所趨向，難矣。

無時不有詩，興觀群怨亦具焉，必以工拙時代差别之，則非採風之意也。

古詩十九首，其猶有風人之意乎？而得其解者希。曹氏父子詩非不工，然亂臣賊子，春秋所不容，而何取乎其才思？五代文敝之時，而《文心雕龍》優於《文賦》，安可以時代薄之？

詩之爲教最古，人各有性情，則各有可採，必苛求焉，則性情亦以時會而衰，豈通論乎？

惟詩爲性情之發，故聖人採風。第以歸之文人，政教風俗何以觀焉？

頌，頌也，於廟義主頌揚。雅，正也，朝廷有裨正教。風，雜出於民間而可以風。後世競新聲而雅頌之意亡，工雅頌之體者亦少，孔子正樂而獨曰雅頌得所，豈無意歟？

法令不可以箝人之口，輶軒廢而謏詞多，詩亡，所以《春秋》作也。後世忌諱日多，史失其實，詩傷於文，論古者奚由覈實？

自宋以前，忌諱猶少，故唐人詠時事者多質言。詩禁興而稗野復不入於正史，是非難據矣。

唐以詩取士，民間之作，往往達於天子，因而登進者多。惜其但取字句之工，無關激揚之意也。

詩降而爲詞曲，卑矣。至卑無逾於試律。

詞曲非盡卑也，俳優淫聲雜之，遂爲蕩情惑志之端。

言爲心聲，詩文，言之文者，而士尤四民之秀，故觀於斯而知天下之人心風俗。

漢武重詞賦而揚、馬興，踵事增華，關於風化者少。人心動而天籟隨，體物言情，歸於中正者亦希。

性情正而天機熟，文與詩皆足以風，不必病其爲理障也。若彷三百篇之意，譜入樂章，以時習之，安在不有裨於教化？

文章因風會爲轉移，惟道德之文不然。孔子繫《易》不若羲文之奥，然詞順而義精，解之實不易也。若《雜卦傳》尤其至簡者，烏可以時代别之？

孟子之文易曉而其義至精。前人謂孔明言教瑣碎，因與俗人言耳，孟子其亦然歟？

文宗左、史，詩首李、杜，而其得失參半，非肆力於六經，鮮辨瑕瑜也。

秦漢去古未遥，文多質厚，蓋聖人之遺澤猶有存焉。魏氏有文無行，益以齊梁後之草竊而文敝。昌黎以直質挽之，遂爲文宗，衡以聖言，亦未爲醇也。

昌黎以氣言文，不刊之論。然氣亦有辨天資與學力，而有道之文則尤理氣兼勝者也。

養浩然之氣至於不動心，無意爲文而文自工。以縱横之習例七篇，豈知孟子者乎？

行乎其所不得不行，止乎其所不得不止，是也。而自漢以後，傷煩之文多焉，如翦采矣。

文與詩皆限以律，則性情學養能自用其才者難。棄取弗慎，人心趨向乖焉，可無惕歟？

不以人廢言，以其可行也，豈謂無實而工藻飾者歟？

立德則甘讓於古人，立言必求知於後世，書籍所以日多，而人心所以日惑。

古者文與行合，今者文與行分。古者詢事考言，言足以興，非第以其工於言也。

才學淹富，而日用倫常弗踐其道。朱子曰，詞章記問之事難於《大學》而無用也。

詩文之至者，經紀人物，歌泣鬼神，詞章安可輕哉？惟以性情天理衷之而已。

人心不可以無所寄，寄於詩文，其趨正也，毋傷理，毋肆情，其不可以自樂乎？

所惡於文者，爲其賊道也。不然，奚罪焉？

天地萬物之情狀悉在於文，故不可不正其趨而慎其用。

技術類

技術亦道之餘也，第是非宜辨，故次詞章。

百工技藝有益於民生者，皆聖賢所留遺也，而必戒其偏與執。

古者四民合，故賢聖亦出於耕釣。後世四民分，故藝士不達於經綸。

農圃醫卜，民生攸賴，專於藝則小，達於理則大。

智者創，巧者述，至今而工密無以加矣。君子用其才，必欲善其道，是以淫巧蕩心之術禁焉。

醫卜星象及占候，其途多矣，道明於上而修身立德者衆，則以理定數，人心不惑於歧趨。

赳赳武夫，干城腹心寄焉，豫於德，不止優於材也。後世文武分途，何耶？

射以觀德，蓋養之於禮樂者有素，非取材於臨時也。

弧矢之利以威天下，聖人重焉，而武備不止於斯。武勇之途亦多矣，預養其材以輔仁義，故無譏焉。文德與武功異趨，而事變多，兵制難，其本原失也。

以力相勝，以術相先，人心日敝，風俗日頹。欲正其趨，豈不由於大學之道？

聖人無不通術數，而脩己治人必以心性倫常爲本。後世奇邪多而有用之術皆爲民害，源不清者，流不潔也。

占星望氣，藏往知來，皆由術數。神而明之，通變宜民，脩德事天，無非中正矣。

聖人不貴前知，作聖作狂在於一念，事天立命有至理焉。故老子曰：前識者，道之華而愚之首。

以凡事爲數定，則君相師儒、裁成輔相之道皆可無，庸惑之甚也。

稷契開養教之原，其得天故異。因是而言符瑞、昧脩身，爲世害矣。

命世之才，其生不偶，而縱心悖理，喪其所受者多，史傳猶或神其事，陋矣哉。

四靈爲畜，聖世之常，聖人不以爲意也。一夫不獲，是予之辜，而何貴鳳麟哉？

民安物阜，瑞之大者；志淫好辟，灾之大者。

技進乎道，術極於神，皆由品端而志壹也。故雖父子，不能以私授。

平地成天，神功本於至德。藝也，無非道也。不知聖學，則反以宛委岣嶁爲誣，而愚者又入於邪誕。

李冰治蜀，釃渠以利民，而於灌口則留深淘灘六字，天彭則爲誓水碑數言，數千載而水不滅碑堤，爲民之利，神功豈下於禹乎？

古有道者，非爲國爲民不施其術，異乎後人之妄誕矣。

有益於民生，無害於義理，君子皆節取之，故世無棄材，而亦未嘗得售其欺妄也。

談性命而無實用，薄材技而騖文詞，其弊同歸於賊道。

君子多乎哉，聖人恐人務多能也，而又曰執射、執御，惡夫無所能而徒博焉。

驕人以所能，限人以所不能，能者棄之，不能者怨之，殆哉。人各有能，因而獎誘裁成之，爲政可以不窮於用。

才德不易兼全，以德馭才，無地不可以成治化。

祭之去尸也，衣之去裳也，几席之弗陳於地，器具之弗限以古也。今之技巧，雖聖人何以加焉，正其本原，則一切皆禮樂之具也。

時宜類

理一也，而天下古今事勢萬端，以一理準萬事，經權常變，各得其中，非可言罄，故次以時宜。

天地初分，人物雜生，非有神靈首出之人，不能仰觀俯察，盡萬物之情。後世法制備矣，惟脩己以治人，其道約而該。惜歧説過多，中庸鮮能之者。

聖人遞生，中土之治功醇備矣，而情僞轉雜，不若四裔猶多質直，蓋嗜欲甚而天機淺也。

一元之氣，渾淪布濩而隨地賦形。天不能不授權於地，氣化之雜，所由來也。人物因之而殊，非聖人，其孰從而化裁之？

地維可紀者四大州，亞細亞也，歐邏巴也，利未亞也，亞墨利加也。無處無人，即必有人焉，以君長之，第不能如中夏之備耳。

中國居亞細亞之東南，彈丸而已，而聖人之化，則非此外可幾。

氣化以漸而開，輿圖以漸而廣，脩其身，善其化，非聖學不可，是以難其人也。

居中國，學聖學，而無以成己成人，耻也。

凡具人形，皆含天理，而無教化整齊之，天亦無如之何，是以聖人爲天肖子也。

官吏分職化民，至近如内屬之夷，久而未知倫理，非司牧者之過歟？

一年成邑，二年成聚，三年成都，如今部落酋長，因其俗而化裁之，民日遷善而不知也，後世不幾以爲煽亂乎？

既富方穀而後世遂生至難，何暇言禮樂？

亞墨利加，其地居地維十分之七，而今始通。天地之大，人物之繁，可勝紀乎？聖人不務廣地而惟自脩，以爲仁義之化，必由近以及遠，俟諸後人，功不必己出也。

聖人盡其性以盡人物之性，則贊化育之功，無處不可以施行。聖學罕傳，人遂多淪於異族也，悲夫。

生民有欲，無主乃亂。主之者多異材，特罕從事於聖學，故治功不純。

天地之所不足，惟聖人匡救之，道是以大，而聖學是以不可無傳。

區區於名法治内安外，詎能久乎？

人情各安其生而思亂者，未之有也。故治天下無多術。

聖人皆能敝蓰天下，伯夷、柳下惠行一不義，殺一不辜，弗爲也，何疑於湯武？

聖人視天下至重，故傳賢而不傳子，亦視天下至輕，故有天下而不與。

天下古今，耳目豈能周？而聖人一以貫之者，天理人情而已。人情衷於天理，天理定乎萬變，泥古而不宜今，多識而不反求，理學所以滋蠹。

君子之中庸也，君子而時中。孔子言之，孟子即以稱孔子時也，而必適乎中，乃協於天，否則小人之中庸耳。

天道大矣，而七政運行不差錙黍。聖人之廣大小心亦然，所以與天合德也。

渾然無爲，粹然至善，而事至物來，悉察之至精，施之至當，非恃一人之智也。凡才德皆爲我用，而不以我與，聖心如天，故其功化亦如天。

辨譌

理本人人所有，行之而當，亦人人所安，而不然者，異説亂之也，故次以辨譌。

人皆得天理而生，則人皆可聖賢。孔子曰：知之一，成功一。孟子曰：皆可爲堯舜。以聖賢爲天授，不知聖人特全人之道耳。

人之異於禽獸者幾希，庶民去之，君子存之。存之始爲人，去之則爲物。以聖爲不可學，是不欲人爲人乎？

以聖爲難能，拘泥古禮法之過也。孔子以禮樂教人，乃一王之制。使生於今，必由王章，麻冕可從，拜上不可從而已。力行仁義，何必談古衣冠哉？

所以爲聖人者，隨其所值之時，所居之位，而皆盡其道，可以爲法當時，傳於後世。自堯舜至於孔孟，事不同而心理則一。如世儒之論，則聖人高渺而難幾。

忠孝至聖人而極，伊周之權專矣，委曲成就君德，太甲成王，克配湯武，曷嘗有毫髮寵利之嫌哉？誤解大德受命，似盛德之士，君不得而臣，父不得而子者，不亦傎歟？

才多而德少，才易而德難，培養深厚，立賢無方，不能者胥勸，賢者彙征矣，謂人才爲天授者非。

聖人無異於人，本無可異也。孟子曰：以仁存心，以禮存心，如舜而已矣。此豈難知難行者歟？

自堯舜至成周，而治世之法備。《周官》所載，固周公兼帝王而時可者，然非以爲後皆可行也。故命杞宋守其先王，魯亦存其方策。《儀禮》出而迂窒生，聖人之法幾如畫餅，可慨也夫。

後世治法，豈能越聖人之範圍？而善世宜民，變通協一，必俟聖流，故必儲其材以救弊。

聖賢不擇地而生，知中夏而不知外域，見聞之陋也。聖人何以無所不知，無所不能？貴賤各有其職，窮達各有其宜，能盡其道焉耳。若事物之賾，材技之長，豈能悉優哉？

聖人如黄金。耕、稼、陶、漁，此舜無爲而治。此舜也，匹夫而爲天子，亦能以天下與人。

堯舜性之，湯武反之，言其用功之始耳，及其成功則一，豈有毫髮之私哉？亂臣賊子藉口於湯武，魏晋且藉口於唐虞，亦解經者貽之戚也。

三代而下，惟漢、明乘危亂之勢，非在廷之臣，而實以安民爲心，未之能也。其餘半多篡竊，何由議聖人之道乎？

行一不義，殺一不辜，而得天下不爲，無欲之至也。得百里而君之，皆能以朝諸侯、有天下，道大之至也。不思其實，第尊孔子而薄夷、惠，奚由學聖乎？

隘與不恭，爲學夷、惠而誤者言也。伯夷不念舊惡，柳下不以三公易介，曷嘗隘與不恭也。

夷、惠遜於孔子，在秉質毫髮之間。孟子巧力之喻，人罕知矣，而隨聲附和，何益於實修？

禮樂法度，非常人可議，而仁義者，天性之良，人皆可爲也。不忍爲不仁，不敢爲不義，入德奚俟遠求乎？

原所以不忍、不敢之由，豈徒畏人知哉？畏天命也。明明在上，赫赫在下，不畏天命而能慎獨者，無之。

俗以天道爲高遠，神明爲恍惚，則恣其心之所之，人欲肆而天理滅矣。

得天之理以爲人，則覆載本吾一氣。聖人事天如事親，毫髮違天理而弗爲也。故《大學》《中庸》言慎獨，而曰：十目、十手、相在屋漏。

天何言哉？神氣風霆，風霆流形，庶物露生，無非教也。孝子事親，視於無形，聽於無聲，事天如親者，固將通乎無聲無臭之本原，而况日監在兹，臨下有赫乎？

常人求鬼神於渺冥，而不求之此心，所以妄也。而必謂鬼神爲無，何以解於體物不遺？常人求禍福於僥倖，而不求禍福於心理，所以惑也。而必謂禍福爲非，何以解於餘慶餘殃？

有畏禍之心可以入道，有敬神之志可以事天。不求衾影之安而務浮華之事，幾何不入於小人。

小人不知天命而不畏也，小人而無忌憚也。彼以天道爲無知，良心爲可昧，清夜自思，未必帖然也，牿亡之久而安焉，賊己賊人，可勝慨歟？

聖學不外於敬，程子之言善哉，而未知天命之在人心，又何以敬？曰：己知即人知也。然畏人知而不爲，豈自慊之道乎？

慎獨所以敬其動也，而非静何以知動。静而無爲，動而有覺，心也。必養浩然之氣，始不動心，則以有覺之心爲性者誤。

《易》曰：大哉乾元，萬物資始，乃統天。夫乾元之統天而行者，即氣即理。上天之載，性之本也。浩然之氣於斯養之，而不動心亦於斯。

知覺運動之靈，人物所同。乾元之性，人之所獨。分言之曰仁、義、禮、智、信，合言之曰太極之靈，渾然粹然，無貳無雜，非後起所能與也。

知覺之心，佛道曰識神。天命之性曰元神。性不可見，著而爲五常、四端，其驗也。心雜陰滓而性實元陽，養氣不動心，去私存理之純，而形色皆天性也。

明心見性，盡其心者，知其性也，而僧流則以養後天之心爲了性。修眞養性，養其性以事天也，而羽流則以養後天之氣爲立命。

先天之性，後天之心，相需而不可離，以性定情則聖，以情亂性則狂。盡其性者，與天通，孔子所以言天生德於予也。曷由而純乎性？曰誠、曰敬、曰静、曰不息。

致知者不外於學問思辨，明乎善而後可以誠身，眞知而篤行之，即爲誠意，意之動皆誠，則行無弗誠矣。有不必學問思辨行者不必爲，夫子特申言之。事物之賾，固非可窮，窮之而亦無益於人倫日用，何云物物而格之哉？

聖人之法制，皆所以維持五倫也。五倫本於身心，存養以端其原，愛敬以踐其實，道盡於斯。非是則爲異學。

老子，孔子所師，稱曰猶龍，未嘗非之也。後世異端託之，儒者從而斥之。佛居西域，以仁讓化民，其妻曰耶輸陀，子曰摩睺羅，未嘗廢人倫也。後世夷俗亂之，司牧弗能正之，因其流而咎其源，誣矣。天無二道，聖人無二心，外日用倫常，豈有道哉？

西方之稱聖也曰佛，賢曰菩薩，大賢曰摩訶薩。其名異而其實同，未嘗欲行乎中國也。自世教衰而民彝之好，喜其慈悲、清淨，從而效之，苟大學之道合上下而行，固可不禁而自無。

慈悲、廣大、方便、清淨，皆聖人仁讓廉静之意耳，僧流失其眞而儒者亦無察其實，是以學佛者不息，學聖者無幾。

言道何以更言佛、老哉？學佛、老者，静其心，養其氣，而不知先天之心與氣。然養氣乃可以不動心，盡心乃可以知性。避静心養氣之名，學聖賢無由問津也。故不得不先辨其似而存其眞。

道心、人心，一心也，而何以異名？老子之告孔子也，曰：至陰肅肅，至陽赫赫。肅肅出乎天，赫赫本乎地。陰陽互爲其根，此先天、後天所以分，而人心、道心所由二也。孔子曰：一陰一陽之謂道，繼之者善也，成之者性也。其義蓋本於斯，故孔子稱之曰猶龍也。

惟精惟一，性體至純之謂，非用力之謂。允執其中，以一貫萬，天下之大本，發而爲天下之達道，無二理也。以精爲擇，以一爲守，以允執爲操存，蓋以下學之功爲聖人之量，由未窺其奥也。

天之理即性，性之欲即情，情之靈即心。以至虚宅心，以天理節情，静則無聲無臭，動則因應咸宜，聖人之心情所以無一非性，即無一非天。子故曰：知我其天也。

天理散著於日用，念念天理，事事天則，而人亦天矣。故存心養性，即所以事天。

以天爲遠，以道爲奇，智者蕩、愚者窒，聖學所以不明歟。

道，一誠而已。誠之至極，而元妙存乎其中矣。元妙無可名言，而空在其中矣。道言元，佛言空，言至誠之妙耳。

元之又元，衆妙之門，天地之中也。眞空不空，妙有不有，微之顯，費而隱也。歧而視之，異説所以日多，學術所以日晦。道固難以盡言，聖人不能洩乾坤之秘也。六經言性命之理，皆形容罕譬，江漢秋陽，淵淵浩浩，其一隅焉。佛、老何獨不然？讀者弗察，而支離影響之談，爲世大惑，不容不明辨之也。

一性也，曰仁、曰誠、曰舍利、曰金丹，異名而同實，性外無道，道外無人也。

乾坤其易之門邪？萬理統於乾坤，而日月爲之樞。知日月則知天地，知天地則知性。性者，天地人所同也。

萬物皆氣化所生，而性則異於人。盡其性者如天，是以盡物性而有餘也。

夷俗之無人倫，無聖繼聖以化之也。

中夏之僧羽，則藉以養窮民，勢不能盡人而家室之。人皆飽暖、人皆從事大學，何患入於異途？

盡性之學，動静交養，本末兼修，非重内而遺外，亦非騖外而遺内。自儒者以後天之心爲性，而寂守者或不能理物，於是格外之論興矣。

致知者，一念之動以至於百爲，晰其是非而已。博學、審問、愼思、明辨，其目也。知之即篤行之，即所謂誠身也。僧流静心，源於告子，其不動心也，無以應天下之變也。儒者從其學而疑其不能致用，是以求功於格物。然天下之物不可勝窮，而聖人以一理貫之，女以予爲多學而識之者與？孔子已言之矣。

天惟太極而萬物生焉，聖惟盡性而萬化出焉。至明也，至虚也，至神也。其純也，天之穆也，其不已所以同，而萬物所以皆備於我。

誠身之功，至簡而至易也。静以養其虚明，動則愼其踐履，以忠恕之心，行仁義之事，死而後已，愚夫婦亦可與知與能矣。

明德始於誠意，故曾子詳言之，能不欺其心而後可以入德。求諸事物而不以誠爲本，其失可勝計耶？

誠之道大，而以不欺爲基，充其量於天地合德，日月合明，由斯道也。世有念念不欺其君親者乎？自反而自慊焉，是聖人之徒也。

脩身以道，脩道以仁，不忍之心，所以合天心而孚倫類也。度盡衆生，始可成佛；三千陰功，八百德行，始可成仙。儒者斥之，不知特欲立立人，欲達達人焉耳。聖人以天下爲一家，中國爲一人，豈曰兼愛乎？由愛親、敬長以及於民物，功施有序而意無涯，孔子曰：果哉末之難矣；吾非斯人之徒與而誰與。

鳶飛戾天，魚躍于淵。言道昭著於耳目之前。四時行焉，百物生焉；言天惟盡其功用之實。誤會而以爲元妙不可思議，儒之所以爲禪也。禪宗語錄，惝恍離奇，毫無實際，儒亦效之，何以明聖人中庸之道乎？

晋人之清谈、禪家之棒喝、儒者之尋樂處，皆涉於虚鋒而不知道在倫常，敦倫必由盡性。至常而至奇，即在於是。無聖師授受，則内外本末之功，知之者罕矣。

上天之載，無臭無聲，天生蒸民，有物有則，物則者，無聲臭所昭垂也。下學而上達，知我者其天，聖人豈自譽哉？天之理即人之理，人天本非二也，盡人合天，無聲臭者，豈外物則乎？

乾性坤命，先天純陰純陽，離情坎性，後天陰陽互宅。由後天以返於先天，克己也，復性也。其功由養氣而基，其境以神化爲竟，非聖師不傳，非恒久不至。

《周易》獨《坎》言心言習，而夫子繫之曰：常德行，習教事。知其義者誰歟？

佛氏以蓮喻性，周子愛蓮而隱其説於《蒙》曰：山下出泉，静而深也。蓋知性之寓於命，而未知性之何以復其初。太元游鱗潛淵，知理之基於命，而不知命之所以達於天。伊川初年静心，晚年知命，然其以心爲性，固非聖人之全，所以異揚子而不知其同一偏之學也。

由天而之人，由人而合天，其理本於《圖》《書》，闡於羲、文，盡於易象。不明其分合之源流、用功之次第，何以知事天之學？對待流行變化，《圖》《書》已括象數之全，而盡性立命之學亦由斯寓。故伏羲以乾坤定子午，而文王以坎離代乾坤。先天後天，在造物則陰陽變化所以生，在人身則性命分合所以異，不知則孔孟之學無由而入。

實踐倫常，道無餘矣。而必言存養者，心性不誠，倫常不篤，且秉質不齊。雖愚必明，雖柔必強，必由斯而始可幾也。

孔門豈弗養氣？而其時禮樂猶存，故孔子修明之，由博約而入。孟子時禮樂亡而其藉亦爲諸侯所去也，故特明養氣，養氣不動心，即克己復禮之功也。後世祖告子之不動心，祖黝舍之養氣，而聖道遂隱，豈一端而已乎？

天之道曰誠，而又曰上天之載無聲臭，何哉？一元之理氣，彌綸布濩於六合者，無稍罅隙，至實也，而求其所以然則至無。人得此理氣而生，反身而誠，其心一天地之心，其氣一天地之氣，然固非可以迹象窺也。帝謂文王，予懷明德，不大聲以色，聖人之配天以此。

乾，純陽也，坤，純陰也，乾下交於坤而陰中有陽，坤上交於乾而陽中有陰，陰陽合德，而剛柔有體，以體天地之撰，以通神明之德。不知其義，奚由盡性而立命乎？

盡性立命，全而受者全而歸，聖人所以爲大孝也。其理人人所具，其事人人可爲。若詞章記問之學，必擇人而爲，且畢世莫能殫也，所謂雖愚必明，雖柔必強者，何耶？

天地之道在陰陽，陰陽之用神矣哉。人身亦然，性不可云陰，而其静而虚含，有似於陰。心不可云陽，而其動而變化，有似於陽。陰陽一太極也。太極何名，性亦若是焉耳。

惟人與天地一，故其實不可言盡，而聖人以誠、敬、静示人，下學上達，不外於斯矣。騖於外，無以養其中，奚其可？

天地，一神氣而已。其成形成象者，皆神氣之發皇，而其原不可窺。聖人，一天也，其經綸燦著者，皆性命之昭著，而其妙不能測。

神喻爲火，氣喻爲藥，以神養氣，如以火煉藥。乾元一氣，曰長生藥，養成此氣曰紫金丹，謁爲五金八石，服之至於隕生，謬矣。坎離，水火也，水火既濟曰陰陽交媾。乾坤易爲坎離，取其陽以化其陰，返乎乾坤之本然，克己復禮者，此也。謁爲採補，流於邪妄，其害可勝言哉？

聖人以八卦明天地之理，而萬象賅焉。天地無功，以日月爲功，上經所以首《乾》《坤》而終《坎》《離》也。於人則生化之原由於夫婦，生者必化，化者復生，下經所以首《咸》《恒》而終《既》《未濟》也。聖人以生生之理配天地，則曰長生。

貧病死亡愁苦，人情所同嫉也，聖人遂其生，復其性，而天地之缺憾以平，上世之民所以多壽考。

聖人之學，養性即可以養身，故孔子曰：仁者壽，大德必壽。自顏子短命，而卻病延齡，方外獨神其説，世遂以爲聖學不如神仙，誤矣。

然則顔子何以短命？人性同而氣質不同，原於天地父母者，難以言盡。顔子氣清而質薄，夫子喜其沈潛，告語特詳，非謂其已臻於純全也。故其稱之曰：好學；曰：惜乎，吾見其進，未見其止。用行舍藏，許其志趣之合爲邦之事，示以損益之宜。其自言則曰：欲罷不能。迹其所造，蓋在美大之間。程子固已言之矣，不然，孔子必壽之論，其虚妄乎？

顔子之學，豈易能哉？世人以其短命而謂有德與仁，不必皆壽，由是求福澤於中庸之外，長生也，金丹也，棄倫常也，甚且邪術百端，是以不得不明辨之，而豈薄顔子歟？

蓋人之所以生者精氣神，而有先後天之別。後天者本於父母，先天者本於天地。本天地者，分之曰三元，合之曰太極。太極，性也。性無質，以神氣爲質，精則其凝結之意。未見蹈仁而死，夫子正言此也。不然，而聖人之學，何以壽世、壽民哉？世徒見羽流之養氣、禪子之守心，異乎中庸，而不知彼固似是而非。吾儒以求仁爲歸，養氣爲要也。

一元之氣不貳不息，即誠也。原氣之所由來，在天地未有之初，推氣之所終極，如尾閭之不盈不虚，無所爲今古，無所爲聲臭也。擬之曰浩然，豈口鼻呼吸之謂哉？

惟養氣之學不傳，故求仁之功無本。必有事焉而勿正、勿亡、勿助長，其下學之始也。

養浩然之氣至於不動心，則中和位育，渾然在抱，仁熟而義自精，無施不可矣。

虚無寂滅，不動心之極致也，而豈蔑棄倫常，漠然民物哉？不生不滅，物來順應，當理而止，未嘗生事，未嘗廢事也。不增不減，無過無不及，不垢不淨，出乎世俗之外，未嘗離乎世俗之中也。昧者流於妄誕，此類蓋不可勝言。

金烏也，玉兔也，月中桂，吴剛斧，眞鉛眞汞，龍虎鯤鵬，嬰兒姹女，皆性情之喻也。妄爲之説，其害何可勝言？煉石補天，黄土摶人，象罔求珠，烏鵲填橋，皆復性之功。偃月爐，黄金鼎，白雪黄芽，藉煉藥而比，毋以爲實象，斯得之。

牛女渡河，陰陽合而復乎先天，非實有事事也。河鼓名曰牽牛，豈牛星哉？

惟道不可以名言，易象亦未嘗盡洩，而况他書乎？六經之義，解者猶難，益以百家之簧鼓，而民心滋惑。舉其大端以俟知言，非故比而同之，實欲辨而正之也。《中庸》不云乎：本諸身，徵諸庶民，考諸三王而不繆，建諸天地而不悖，質諸鬼神而無疑，百世以俟聖人而不惑。是道也，何道也？中庸之道也。盡其性以盡人物之性，困勉可能者也。

不知脩身立命之道，凡事諉之於命數，否則以智力求，此人心所以妄而世教所以衰。

人心好尚多譌，非但親師教化不端，亦書籍之妄者多也。孔子曰：蓋有不知而作之者。吾道中人，有一得之明，即衍爲著作，又或所見本淺，以非爲是，以是爲非，以之自用，即以之誨人，簡冊日繁，正義益晦。儒門尚然，何論其他？若緇流黄冠，未窺佛、老藩籬，故神其説，附會其事，怪誕荒謬，裒然成書，實爲佛、老罪人。至百家技術，其謬更不可勝言矣。孔子曰：女以予爲多學而識之者與？予一以貫之。果能一貫，斯可折衷萬卷。而一貫何以致？非窮理盡性，左右逢源乎？學者當汲汲而自勉也。

家　言

愚註四子六經，門人復輯爲要語，《雜著》《恒言》，其義盡矣。因兒輩稚魯，尋常示以淺近語，積久亦遂成編。愚老矣，若輩尚有未解語者，聊存之以俟其日後覽記。

止唐書　時年七十有七

立志

爲學莫先於立志。志在聖人，久而不懈，至拙亦可爲正人。志在庸俗，久而不察不覺，遂入於小人。戒之慎之。

學至聖人，止成就一個人耳。孔子言：文之以禮樂，亦可爲成人。朱子曰：亦之爲言，非其至者，非聖人之盡人道，不足語此。孟子曰：人之所以異於禽獸者幾希。庶民去之，君子存之。去之則爲物，存之則爲人。存之之人，舜、文至孔子是也。若止推尊聖人，不察其實，令人以聖爲不可爲，則非。

士農工商，皆可爲聖人。以仁存心，以禮存心，愛敬始於親長，推暨於民物，念念不欺，事事以恕，則得之矣。

天理者，人心之良，無無之者。但財色勢分奪之，止圖私利及目前娱心，便不顧天理而爲之。立志者持以堅忍，死而不變也。

志於名利，爲身家妻子而已。名本虛聲，無德之名，即時已不齒於君子，何待身後。利不過求安飽，從古聖賢，何嘗飢寒而死？德脩而福自來，天之定理，彼蒼豈靳於君子也。

百工技藝，各脩其職，不欺其心，決無凍餒之憂。今人止是畏貧賤，所以立志不堅，反貽伊戚。

困知勉行，及其知之一，成功一，人皆可以爲堯舜。孔孟俱言聖人可學也。顔子曰：舜何人？予何人？有爲者亦若是。張子曰：三代下學者求爲賢人，而不求爲聖人，是一大病。此立志之法也。

凡人立志勝人，易生傲慢，惟立志學聖人則無害者，何也？學聖從小心敬愼入手，己之惡惟恐不知，人之惡渾然忘之。質直而好義，慮以下人，無小大、無衆寡、無敢慢，何有驕心也。

度量要大，心要小，凡事要敬，氣要和，嗜欲要少，理要明，待人要慈，禮要肅，一切要誠，守要久。

人生福澤由天。志於聖人，念念不欺，事事天理，而飢寒患難者，未之有也。故程子曰：仁義未嘗不利。今人祇見得聖人難學，一切快心逆理之事，目前有利益則毅然爲之，不知天理無不善，善人天心所繫，行險徼倖，何如居易俟命也。

學聖人而至於飢寒、杌隉，無此天理。若忠孝節義，則雖死而生，配天不朽，非凶禍也。

職業

孔子曰：執御乎？執射乎？吾執御矣。謂人生不可無職業也。孟子曰：矢人惟恐不傷人，函人惟恐傷人。術不可不愼，恐人職業之誤也。自古聖賢耕、稼、陶、漁、釣、築、醫、卜，皆可托業，無害於義理而可以贍衣食，即爲正業。

第一好事是讀書，但須讀有用之書，四子五經，天理人情物理無不全備，一一講明，體諸身心，無不可成之功業。若資性魯鈍，止熟讀四子，字字力行，不可作紙上陳言觀，已可卓然立於聖賢之林矣。

近日書籍太繁，然必以聖爲歸。心性倫常，能實踐爲要。若第務淹博，施之修齊治平不可者，最當擇别，乃爲善讀書人。

學字最能收心，故程子曰：非欲字工，即此是學。書家議論，以柳公心正則筆正之言爲要。人品事業無可觀，工藝奚益？此傅青主所以不屑子昂也。

詩以道性情，人心自然之音，不可遏抑，非特流連光景，務爲工巧而已。近來詩道益盛，名人益多，然過於苛求，必分時代雅俗。將詩道説得太難，三百篇豈皆文人之作？聖王以此觀民風，夫子蔽以思無邪，此意當思也。

文字之學，有終身不能解者，然苟大節無虧，或言忠信，行篤敬，不欺不貳，即聖人之徒矣。若必讀書能文，始可學聖，固無是理。

范希文不爲良相，願爲良醫，謂濟人利物無逾焉。但人身一造化也，非深曉陰陽，別有心得，反至誤人，最當慎之。

卜筮，古人至重，《易》曰：圓而神，方以智，知來藏往，通神明，類物情以此。龜卜之法無傳，筮亦非古。近世雜術尤多，第知以課吉凶，而不知吉凶本於天理，違天而求吉，弗可得也。或又以爲善未必福，惡未必禍，尤非。

相術可以輔醫卜，觀其形色，知其心術。善者益勖之以善，惡者勉之以去惡，其益人良多。若奇其貌，惑其心，妄億將來，啓其妄想亂謀，則賊道矣。

天文易知，人事變於下，天道應於上，其兆可知。然君子不貴焉者，聖狂分於一念，補救在乎人心。高允曰：知之又不敢言，知之何益？又曰：天下妙理至多，何必問此。誠知言哉。

三垣四，七常星，理氣之散著，人事物類無不可占，惟五星變化不常，乃陰陽之妙，而天地之所以神也。至於推驗節候，自有恒法，明歲差，謹置閏，他無難者。

地之難測甚於天，實止天之妙而已。形可知而氣不可知，非深窺造化，何以得其脈絡精神。孔子曰：卜其宅兆而安之，事親之終也。又曰：卜其宅兆，魂體得安焉；且比死者無使土親膚，於人心獨無恔乎？以卜地安親爲非者妄。

凡有益於民生之事，君子不棄，本之心術，正其五倫，篤其愛敬，無器非道也。

聖人無不通術數者，以理爲宗，不偏任之，故名一藝者皆庸，入奇邪者必斥。

正始

人性皆善。其有不善者，受氣清濁不同，既累於質，父母師友不正，又習於非，所以日漸牿亡，故正始要焉。

天地大父母，父母小天地也。人爲萬物之靈，若無天地，尚無父母，何有我？雖有天地，若無父母，又何有我？人生之初，受氣於天，成形於地，形氣之累，天命之性微焉。生安學利困勉，由是而分。夫子曰：未知生，焉知死。所以長生而不死者，性也。所以由生而入死者，心也。以心爲性，前人謂之認賊作主。

得天之理同而氣質不同，耳目之於聲色，口之於味，四肢之於安佚，孟子不謂性焉，以其無理宰之則妄也。

孟子言：耳目口之欲同，人心亦同。其同者理義，理即性也，義見於外者。然氣質之欲，亦有不能同者，若嗜痂之類。理義則無不同，故曰：性善。但性之所以善，非告子輩可知，故孟子即情之善者以言，善當擴充。赤子將入於井，皆有怵惕惻隱，可見人皆性善。其實情不盡善，龍子猶等謂聖人皆是有情人，似是而非，最易惑人。聖人性定，故情皆善也，凡人安能？

惟稟受難齊，故聖人有復性之學。變化氣質，歸於中和，己之性盡而祖宗父母之性亦正，爲天地之完人，聖人所以爲大孝也。

祖宗父母，豈必皆聖賢？盡性踐形，以天之理事其親，而善則歸親，過則歸己，存順没寧，必致其親於聖賢而後已焉，斯爲孝子。故曰：不誠乎身，不能事其親。

由父母而上溯，理氣之所由來，極乎無聲無臭矣。聖人之孝，豈止榮親已乎？故曰：知禘之説者，治天下如示諸掌。

世俗之所謂孝，往往非孝，一毫不合乎天理，而親之德損，己之職虧矣。故夫子推廣其義而曰：（伐）［斷］一樹，殺一獸，不以其時，非孝。

親在則必諭親於道，致其親於聖人，而盡誠、盡敬之儀必周。親没則視於無形，聽於無聲，而一言一動之非必絶。故曰：孝子者，非終父母之身，終其身也。

忠孝者，臣子之職也。而爲君父者，又安可不自正其身。孔子曰：知爲人子，然後可以爲人父；知爲人臣，然後可以爲人君。君爲臣綱，父爲子綱，綱不正而何以求於臣子？夫之爲妻綱也亦然。故曰：壹是皆以脩身爲本。身不行道，不行於妻子，使人不以道，不能行於妻子。

人生受氣於先人，爲之先者，其自脩何可緩也。世言醴泉無源，芝草無根，不知其根源在天地，非形質可求也，德積於微芒，氣成於有象，爲祖宗父母者，其可忽焉？

嘗見有前人積累生賢俊而自戕賊者矣，未見有先德既非，而猶毓聖賢者也。材能技藝則有焉。

亦有祖父子孫，賢、不肖相間，而其後卒昌者。中庸曰：德輶如毛，毛猶有倫。人心之隱微，固非形迹所能盡，天地神明固不爽也。且君親師司補救之權，有教無類，豈患薄植乎？故曰：犁牛之子騂且角。

蒙以養正，聖功也。賢親師本身作則，幼束之於禮義，長道之以中和，非聖之書勿視，非禮之事勿爲，其庶幾乎。若言行動静，古人成法，則必擇宜而用之，迨十五而入大學，意誠、心正、身脩，久久何憂不德也。

小學之法，今不可盡行，蒙養規爲，前人已備，大抵皆制節其外。然人心易肆，非有以養之於中，不能不逐物而遷，故十五以後，即當從事大學之道。

《大學》以誠意爲要，故曾子詳言之。開端以毋自欺與小人自欺，反正明慎獨之故，而即歎之曰，十目、十手，其嚴乎？蓋人心秉陰陽之靈，靈者鬼神也。天理本天，天者鬼神之本，畏天命安得不敬鬼神？於一念之動，善即行，惡即去，此慎獨之功，即所謂誠意也。但非致知，何由知善惡而趨避之？致知之道奚在？切磋琢磨是也。四者内該學問思辨一切求知之事。瑟僩則誠意之功密，赫喧則誠意之效著，上文德潤身内亦該得赫喧意，此又因《詩》言而連及之耳。至於不可諼，是德之已成，引《詩》連類而及，是以不得不順繹之。但不可諼，必有實事及民，民始不忘，故又引《詩》詳之。而其實以德及民，必由自己明德，而明德之功，不外誠意，故引康誥、太甲、帝典言，皆自明其德，而明之之功，總不外一誠字。苟日新，自明；作新民，以己及人；其命惟新，以明德合天。推明德之功效至於合天，要不過從誠意始耳。第誠意必得所止之地。人身太極之所，是天地之中，先天受氣之本。誠意者，收放心於此，養其虚明之本體，而後意可誠，明德有基，故引《商頌》喻所止之地，引黄鳥重知止之人，引文王言敬止之實。緝熙敬止，言其内也，内不可以名言，則即外之敬止明之。著乎外者本乎内，非意不誠而可以倖中也。究之，意誠與否於何驗之？而人孰知之？引夫子言，即聽訟一端，言不誠者争，誠者畏，可見《大學》以脩身爲本，而脩身在明德，又以誠意爲本。夫子之言本，與曾子之言本，是二是一，非兩歧也。前人不識誠意與止至善實際，割裂分章，令欲明明德者無從入手，安得不辨？

意者，一念之動也。動而多妄，由静而無本，故誠意便有止至善之功。在至善者，人身太極之所也，太極者何？上天之載，無聲無臭者是。《傳》曰：民受天地之中以生，所謂命也。得天地太極之理而生，故萬物皆備於我。而有生之初，性所以無不善，及形質具而七情擾，有生以後，性不能皆善。《大學》明明德，復其性而已。復性非但强制其心，必養浩然之氣，養氣於何？在至善之地。静而養其未發之中，以至虚爲主，能静然後知動。誠意者，静則葆其虚明，動則察其非禮。曾子所以教人求自慊，毋自欺。果能自慊則德明矣，故有潤身之效。前人以爲心即意，誠即止也，不知誠意者，守中抱一以養其虚明；正心者，變化陰質以企於純粹；其功效次第不同，因師授未全，故其説多偏。此當實致其功，不可以文字傳也。

誠意者，誠其所知也。知何以致？學問思辨而已。天下古今事物之理無窮，安得而盡知之？以五達道爲主耳。聖人禮樂法度，皆所以維持五倫。五倫之境遇不同，隨其常變，守經達權，行之各盡其道，即是聖賢。知者知此，誠者誠此，非極天下之物皆求其知也。曾子言切蹉琢磨，示人致知之道，其中該卻許多功夫。知之即誠之，如知孝即眞孝，知忠即眞忠，非徐徐求其知，再徐徐求其誠，二者一時俱到，所謂知之眞即行之力，行之力則知之益眞，自然之功效也。宋人理學本於濂溪，濂溪師海巖，禪家以養空空之心爲了性，力持此心，久久至於常静，亦有一番空明之趣，謂此即誠意正心之功矣。第寂守此一心至於空明，脩齊治平有許多經濟，安能爲之？前人覺其失之太空也，故以致知格物爲物物而格之，然天下之物，不可窮詰，即如山川物産，非親履其地，聖人亦不能知。陸象山云：吾格庭前竹子，十日格不出義理來，亦非無見。聖人止是盡性以盡人物之性，自天子至於庶人，各有當盡之道，皆優爲之。至於百工技藝，名物象數，豈能盡知？所知者，日用倫常之理耳。自格物之義起，而古今才人窮搜博覽，求其無所不知，而忠孝仁義反若不知，由其未能存心養性，私妄勝於天理也。故致知誠意，爲《大學》第一先務，此處錯則一切皆錯，安得避忌而不辨之？

十五始入大學，自七歲以上，止可教之以淺近禮法，前人言之已詳。大抵戒以勿妄言，勿妄爲，習爲端莊、恭敬、和平、謙讓，毋近小人。父母旦夕相處，尤當自正其身心，事事爲之表率，而又愼選明師，多交益友。少而習焉，長而安焉，則成人不難矣。

其言止至善即在誠意時，何也？人身一小天地，天地之渾然不動、粹然至善者，太極也。太極在何處？中也。人身亦然，其受氣之始，理氣之渾然粹然者，一太極之全，故能藴於無形而生化五官百體。迄乎有生以後，則情識生而天命雜，得天之德明者不明矣。知其所而止焉，收視返聽，基命宥密，至虚至静以養未發之中，緝熙敬止，止此而已。如此而後，意動必知之，知之毋自欺，久久無念不誠，則明明德之始功立矣。不然，未静養其中，何以知其意動而誠？前人以止至善爲外事，拋卻内養一段實功，不知外本於内，致中而後致和，若内不能敬止，外又安能止仁、止敬？因心性之實功既不能備著於文字，而師授復隘，聖學之全，其晦久矣。

然則明德爲性，而《大學》一書言心不言性，何也？性即明德，明明德即盡性，心正即德明。性不可見，於心見之，心不皆正，能明則正之，而誠意則其本也。故曰：此謂知本。

人之至靈者，心也，舍心於何言性？蓋心在先天，渾然無爲，即心即性也；迄乎後天，紛然有覺，心不盡性也。由太極而兩儀而五行萬物，天地之後天亦不侔於先天，由一氣而陰陽，而七情嗜欲，人之後天，安得同於先天？《周易》一書，天人萬物之理盡矣，於《咸》取其無心之感，爲陰陽生化之原，獨九四一爻爲心，而憧憧往來，朋從爾思，豈得爲性？故夫子《繫辭》申言之而歎以何思、何慮。若性之一字，固未詳言，然於《乾》曰：乾道變化，各正性命，大哉乾乎，剛健中正，純粹精也。則乾之爲性已明。文王於《坎》言習、言心亨，夫子曰：君子以常德行習教事，學而時習之。非性何所習？非正心何由復性？道之秘也，聖人亦不敢盡言。而未踐其事，徒執一偏以教人，人之任心而爲，日失其性，豈不由斯乎？

然則性不離心，心不盡性，存其心，養其性，至於從心不踰矩，則心皆性，性即心，不可強分也。豈特心外無性，亦心外無天。在天曰太極，在人曰性，一而已矣。

然則意非心乎？曰意，心之動而難制者也。心有何象？著於身而有象。性宰乎心，理至粹而氣至清，非心之陰陽雜著者可比。其在天地萬物皆理氣所發皇，而陰陽二氣，錯綜參伍，淆雜之，則人耳目眩矣。其在人身物則皆天理所散著，而陰陽之靈，邪正、美惡、互出之，得天之性微矣。初入大學者，安能渾然至静，但念念存虚，收放心而止於至善，庶幾意動即知，知之而誠於好惡，此爲入德之始功。然曾子推其功效，至於潤身，民不能忘，何也？誠意之功，初學以此，即神化亦不可離此，惟聖罔念作狂，夫子所以猶待於假年寡過也。

究竟誠意、正心何分？曰：誠意者，閑存之要；正心者，充實而有光輝之時，意以動之幾言，心以全體言。好樂數者，含於心而聽命於性，性定乃能各正，故曰正心即性也。

以格物爲格去物欲，司馬溫公、王陽明、楊升菴，皆如此説，人多從朱子説而非陽明。然象山、陽明、朱子皆以心爲性者也，其教人則象山欲人先静心，朱子欲人先窮理，後遂判爲兩途。然心之私妄不除，安能窮理？故陸、王較朱子之功爲捷要，但其所謂静心者，衹是養虚靈之心，資質輕清者，静則生其明慧，而實後天之陰神，非先天之陽神，此禪家宗旨，告子之不動心也。心性之辨，微於毫髮，不置心於無用，而以性爲主人，由有諸己至於化神，功效次第，固非一端，豈能以言語文字傳乎？

何爲物？孟子曰：耳目之官不思，而蔽於物，物交物，則引之而已矣。凡耳目口體一切可欣、可羡之物，來於前即動乎中，若不知省察禁絶，心隨而逝，氣因而昏，即習之以詩書，約之以禮法，蒞之以父師，亦不能使其智識清明，專志窮理。故須格物，而後嗜欲日少，天機日生，以此致知，始易知也。

若詞章博洽、才技靈慧等事，則知之也難。若止外循禮法，内克邪私，循循於日用之間，講明忠孝仁義，敬愼不苟，則下愚皆可以漸次曉然。以無所不知爲知，則中下之材，必至無用，而上智之人，務廣徒荒，謂日用倫常淺近易知，實無能知者，其誤世不少也。

君子之道，愚夫愚婦可以與知、與能，故古今忠孝節義之士，目不識書者甚多。聖人所不知能者不少，惟其心正而身脩，至明至虚，用天下之才，盡天下之理，無不各得其宜也。後人視聖人爲神奇，而不知聖人止是人倫之至，人人皆有五倫，人人可以盡道。不知大學實功，疲耳目，役心志，終身無有已時，而脩齊治平，實天下罕有能者，朱子所以歎之也。

古今人情物理，四子六經盡矣。歷代儒者又申言之，格言正論，曷勝屈指。而愚必以誠意正心爲本者，萬事萬物之理皆在於心，心意不正、不誠，無一可以正與誠者。意誠則知止，而定、静、安可以慮而得矣。又涵養極熟，變化其氣質之私，而歸於中和則心正，心正而身脩齊治均平，以好惡絜矩天下不難。此大人之學所爲，以脩身爲本也。前人以心爲性，故多方使人強治其心，而不知心本虚靈，必有性以鎮之。性於何復？必由養氣而後不動心，其功返求即是，盡人可能，特非明師不授耳。

不明乎善，不誠乎身，致知即明善也。善不易明，且先剖邪正兩途。如忠孝仁義大節，凡言行動静，不敬而肆，不誠而僞之類，父兄師友即裁正之。從家庭日用間行去，大概甯厚毋薄，甯拙無巧，寧過於小心，勿過於疏忽。賢父母以身先之，明師友以道誘之，知之即實心行之，則善日以明，意日以誠，功夫一時俱到，非今日知之，明日始誠之也。至於古今事物，不可勝窮，亦惟擇其要者學之，故夫子曰：有弗學、弗問、弗辨、弗思、弗行也，惟有不必學者，故曰擇善，豈欲人窮極耳目心思而後爲知哉？即誠之一字，亦惟誠其善者，非不當誠而亦誠，故曰：有弗行也。《易》于《无妄》曰：元亨，美矣，而即繼之曰：其匪正有眚，不利有攸往。夫子釋之曰：大亨以正，天之命也；其匪正有眚，不利有攸往，无妄之往，何之（也）[矣]？天命不佑，行矣哉。以正而誠爲天命，不正而誠天不佑。聖人欲人以正以誠，受天之佑，即善不積不足成名之義也。若必物物而知，事事而誠，誠於善則可，誠於惡，將奈何？知之而有益於人倫日用，誠不可不知，知之而無益於脩己治人，何必知之？此最不可不辨也。

聖人亦不能盡知天下之物，盡能天下人之所能，惟心正而身脩，以一理貫萬事，凡天下之才能，無不收其用。子曰：女以予爲多學而識之者與？君子多乎哉？不多也。一何以貫萬？仁熟則義自精也。

自一念以推及於念念，自一事以推及於事事，無不得其正，無不存其誠，而身脩矣。君子之守，脩其身而天下平。

初學以存善心、言善言、行善事、交善人爲主，習而安焉，非善自不能入矣。

顔愚、參魯，載道之器，故學貴誠篤；寡欲清心，入德之門，故功先克己。

今世禮法疏矣，然正其衣冠，安其步履，愼其語言，尊其瞻視，戒其浮華，務爲寬厚，以敬居心，以誠接物，以不聞過爲可耻，以不知道爲非人，而又有賢親師善誘之，奚患不爲君子？

德脩於身，則在家爲孝子，出外爲忠臣，窮如孔孟，達如伊周，不過本身心之理以及於天下，非明德時有功夫，治民廷獻時又別有一段功夫也。盡其性者，即能盡人物之性，脩己以敬，即能安人、安百姓，聖人豈有兩副本領哉？

是非

明善然後可以誠身，而善不易明，故必辨是非。

是非者，天下之公理也。民之秉彜，好是懿德。忠臣孝子，義夫節婦，屬在旁觀，雖惡人亦知其美，及身親之而是非顛倒，昧其天良，小則爲鄉愿，大則紊刑賞，故聖人必愼辨之也。

是非不易明，非禮之禮，非義之義，惟大人乃弗爲耳。存其心，養其性，天理熟則好惡公。苟未能然，勿爲心上過不去之事，勿存事上行不去之心，常顧天良，勿徇世俗亦可。

脩身止是全其爲人之理，豈因知人美惡而然？但人之美惡不明，取友則比匪，用人則誤世，故孔子曰：不患人之不己知，患不知人。

知人必先明理，理何以明？即聖人之言，反身而求，勿稍自恕，又得賢父師善誘之，可漸幾矣。果能反諸己身，無有不仁、不義者，一見自能了然。

致知之學，止在隨時隨事體察是非，能知之即毋自欺。若廣見聞，窮物理亦止隨其身之所接，明辨而去取之，不必務求淹通，反荒倫常之事。夫子行有餘力則以學文，即是謂也。

格，至也，益之曰窮至事物之理，窮至即致字之義，則所謂格物仍是致知耳。若以物爲日用倫常之事，則格之即所以致知。以物爲凡天下之物，則物不可勝窮。而耳目所不及，心思所未周，聖人亦有不知不能。夫子言擇善，固曰有弗學、問、思、辨也。名物象數，技藝百工，豈能盡知哉？且何必知之也。

攻其惡，無攻人之惡，反求之要，何必求其知人。惟學必藉資於人，非見賢思齊，見不賢内省，何以集益於己。不知人，則賢不賢又安能辨？

自孔子以前，是非皆決於孔子，然亦竟有孔子論定而猶多異説者，如湯武征誅之類。不得其實，則聖人亦受寃誣，其他忠賢無論矣。愚於四子六經明辨之。非敢一毫臆説，仍以聖言折衷之耳。

聖人雖遠，其言存，即其人存。心性倫常，一一實體而深造焉，則聖人之志事如在目前，因而隨時隨事，見得道理滿前，獨善可、兼善可，富貴貧賤、夷狄患難無不可，尚友古人，進退百家，何有哉？

必指摘前人以鳴所得，則小人之尤，聖人所必誅也。惟是前事者後事之師，君子者小人所則，一言誤解而啓後世以亂萌，一事誤會而歧天下以嚮方，如北面爲臣藉口征誅，三年無改，厲階紹聖，孔子大管仲之功而孟子不屑，孔子尊周而孟子不然。凡若此類，其間是非異同，不明辨之，貽害匪淺。孟子曰：予豈好辨哉，予不得已也。可以思矣。

書傳之譌雜不少，世俗之誤尤不可勝言，姑即五倫約略言之。

忠孝，人倫之本，人人知矣，而忠孝於何見？孝子必忠，忠臣必孝，此定理也。而古今來有忠不皆孝，孝不皆忠者，一節之忠孝，非其至也。

至孝至忠者，不貳其心。其在家也，惟知慕父母，左右就養，時時有父母在於心目間，盡誠盡愛，必敬必周，固已，而明善誠身之學尤先自盡，以此事親，必求諭親於道。孟子曰：不得乎親，不可以爲人，不順乎親，不可以爲子。順親得親二者，常相妨也，舜能盡之，所以大孝。今之孝者，奉養承歡，已爲難矣。至於誠身事親之理，知者則希。事君亦惟盡職奉公，若以道事君，念念勿欺，事事愛敬，則罕其人。

豈古今忠孝皆不足取乎？非也。一念之誠，全忠全孝，正氣不磨，即可與日月争光，但以聖人擬之，則不盡全美耳。至孝者，常則諭親於道，致敬盡禮，變則與親同休，不計死亡。至忠者亦然。

孝子以成親之美爲大孝，舜、禹是也。舜致其親於底豫至，禹不克救其父於羽山，疑有歉焉。然平地成天，郊祀竟以鯀配，蓋己身即親身，功德皆親有，幹蠱之善，無逾此也。常人果能以德脩身，至於心合天心，理合天理，則全受全歸之道已盡，雖貧賤亦大孝也。誠身乃可事親，忠君莫如愛民，此義切宜知之。

忠孝一也，而事親其本。君臣以義合，孔孟之愛君，甚矣，而枉己不可，非自尊也，事君必以道，苟進則道失矣，更何以匡君？故凡聖賢伏處，皆有憂國憂民之心，其君不知，惟以爵祿羈縻之，不知能爵祿之者，即能奴隸之，國計民生，實無可倚任也。此處是非，最當辨之。

父母有過，阿意曲從，反爲大不孝。若有大過，必委曲解救，毋使其事毁德，若不幸而至於殞身，己亦不獨生也。但父母之過，不惟不可出諸口，亦不可存諸心，負罪引慝，常以諭親於道爲務。至誠而不動者，未之有也。

若臣之事君則不然。念覆載生成之恩，無君尚無父母，何有我身？但進退以義，必有致君澤民之略，乃受君祿，否則不敢。或小人在位，薦剡無人，即有薦拔而無能展經綸，亦惟伏處。孔孟所以不爲忘君也，其愛君之心，有甚於食祿者，而特以苟且干進，無益於君，徒喪所學，是以不爲也。

求忠臣必於孝子之門，爲其天良眞切，必不忍欺其君耳。兄友弟恭，人知之矣，而罕能者，兄恃其爲兄，弟不安於弟。《書》云：孝友兄弟。凡孝子無不友恭者，以父母之心爲心故也。一動念於父母之愛子，而兄忍薄其弟，弟忍慢其兄乎？但兄弟以恩合，不可計是非，是非明則争辨生，傷情誼矣。其道惟以仁讓。舜於象之殺己，且忘之矣，况其他乎？夷齊可以得國，且讓之矣，况財貨乎？陽城不娶，以愛其弟，王覽分勞，以愛其兄。兄弟相愛尚已，其或不倫，則不執理、不挾勢、不計財、不聽讒、不宿怨、不獨享富貴，不日久而渝，隨時隨事不離仁讓，亦可以告父母矣。

舜、兄也，卒化其弟，周公、柳下弟也，不能化其兄，分之尊卑異也。然盡愛盡誠，必不自恕，故不累其爲聖人。

兄弟不能相強以道，聖人之遺憾也，若周公、柳下惠，是未能自盡其道者，不得以之藉口，盡愛盡誠而不能化，世亦無多人也。

後天八卦，乾老而長男用事。爲兄者先事父母，凡父母之嘉言懿行，皆先親之，弟後起，而父母或已衰老，即弗衰老亦不能盡教誨之，必爲兄者以身爲倡，言行動静心術俱問心無愧，可以爲弟法矣。而更篤愛之，凡衣服、飲食、財貨寧己不備，無使弟有不周，寧使其弟無知，不可己或無禮。賢者誘之以忠正，惜其力，惜其心，不賢者，養之以恩情，寬其責，盡其教，若繆彤之自撾，萬石之忠厚，推類行之，時時念及父母，斯爲賢兄矣。世之爲兄者，每自恃其尊，以氣淩之，以嚴督之，不知兄弟怡怡，兄非父師比也，父子尚不可責善，况於兄弟？又或私妻子，重貨財，強凌弱，智欺愚，此等不知有父母，何知弟兄？武王所謂民彝大泯亂，刑兹無赦者也。

諺曰：長兄當父，長嫂當母。誤解者竟以父母待子之道施於其弟。不知當父母者，爲其當分父母之任，體父母之心，凡父母之欲爲而未爲者，皆自任之，以仁以讓，以公以誠，篤愛其弟，不待父母勞心也。

爲弟者敬兄固已，而必眞愛，乃能眞敬。念父母者，無不愛於兄弟，凡事一以仁讓行之，兄而賢，師法之，兄而不賢，敬讓之。孔融争代其兄之死，伯道獨全其兄之兒，更何有争貨財私妻子之念？究之融争死而兄弟俱生，伯道全兄子而後亦生兒，天理既全，天自佑之，自然之感應也。

兄弟當各盡其道，不可互相責望。詩云：此令兄弟，綽綽有裕；不令兄弟，交相爲瘉。果以父母爲心，痛念父母，安有不痛念手足乎？

忍也，不聽婦人言也，古人之言是也。第忍非勉強忍耐，直忘之耳。如舜於象，忘其殺己。不聽婦人，謂離間之言，非規諫之言，當辨别而行之。

夫婦，人倫之始，萬化之原，君子之道，造端乎夫婦，男女正，天地之大義也，聖人言之至詳。今人將此事忽略，所以脩齊無本，其弊大約有數端如左：

一曰女生外相也。女在閨時，已外視之，故以訓化爲緩事。不知外相者，外相夫家。將何以相之？非德乎？從古聖帝明王，必有賢妃。妻者，齊也。其分同必其德同，德豈必皆天授哉？賢父母表率之，姆教玉成之。今之愛女者，富貴之而已，一切脩身宜家之道弗講，求媳者亦然。即有知者，亦第求其能操作，解恭順而已。又因有才者多不貞，並詩書當學者不學，家庭族黨所見所聞，不出勢利二字。及于歸以後，遇翁姑、夫子不易事者，並無道以處之，以致争訟死亡等禍接踵而來，喪家喪身，比比皆父母失教之故也，是故女不可以外視。

一曰婦人難化也。男子讀書明理，見聞廣博，猶且不克脩身，婦女深閨之内，除卻父母至親，所見無非女流，又少讀書，習於瑣事，若非賢父母與賢姑、賢夫委曲教化，安能遷善？愚觀古今不肖婦女，皆由少小失教，長無令人，習慣而成。爲父母姑與夫者，試返心自問，所以正身立法，教女教婦之道，果能仁至義盡否？而以婦人難化置之，聖人何嘗有是言？

一曰誤解經義，夫綱不立也。《易》曰：地道無成而有終。其無成也，以其不能主外政；其有終也，以其可以成夫德。天地一夫婦也。水火土木金，天地互爲生成，所以爲陰陽生化之本。上經首《乾》《坤》，下經首《咸》《恒》，《乾》資始而《坤》資生，《咸》初偶而《恒》克家。《家人》利女貞；夫子申之曰：男正位乎外，女正位乎内。男女或有不正，而可以齊家治國者，有之乎？後世徒見長舌爲厲，牝雞司晨，以爲婦人不可以假之詞色，防閑之，賤辱之，至於賢淑亦被魚肉。豈知夫綱不立，是非不明，己實多咎，何責婦人？周家代有聖妃，豈其婦翁皆屬聖賢？亦由太王、王季、文、武咸有聖德，陶成而變化之者至深。《關雎》爲《風》始，又繼以《葛覃》《卷耳》，一表后妃之齊家，一表后妃之憂國。至《思齊》一詩，周公特明其先代之閫教，推及於《雝宫》《肅廟》，成人有德，小子有造。誤解詩言，覺聖德王功，内助全無，而《螽斯》《麟趾》，不過能不妒忌，多男衍慶而已。然亂臣十人，有婦人焉，夫子固以邑姜、望、散同稱，而周公制禮，以《關雎》爲房中之樂，天子庶人，咸此一致，又何以故？此夫婦之義，所以爲成己成人之原，不可偏廢也。

一曰家教不正也。衣食所以養生，仰事俯畜賴焉，故勤儉爲貴。然勤者勤於職業，不荒不怠可也。儉者儉於自奉，不驕不奢可也。若必殫精神，疲心力，晝夜苦求名利，而不知積德行仁，則小人之勤，所願未必得，而身命且瘁；竭智術，殖貨財，私心以期長久，而不能濟人利物，其儉也，小人之儉，所蓄未必豐，而轉瞬消亡；安得不辨之？勤儉二字，本於《尚書》，禹之勤，勤於邦也，非一人之私，禹之儉，儉於家也，非濟人之事。夫子稱禹無間，菲飲食、惡衣服、卑宫室，而臨政、事神、利民則不然，此勤儉之則也。世人持籌鑽李以爲勤，守財吝施以爲儉，其傳家然，其娶婦所望者亦然。故有行仁好善者而以爲愚，温柔敦厚者而以爲拙。有疾則惡其弱，有德則惡其迂，必強之以力所不能，迫之以勢所不及，孳孳焉無停晷，紛紛焉無體恤，不如意則曰逆也，從其令則曰恭也。其實所求不過衣食之事，所急並非仁義之行，以此責望於婦人，以此貽謀於孫子，賢者亦爲所累，不賢者必生悖亂，其究名利亦不能久，而後世且蒙其禍，不大可慨哉。

然則勤儉可以無庸乎？非也。孔子曰：敏於事。敏即勤也。吉人爲善，惟日不足，君子終日乾乾，夕惕若止，是心常在理，惟恐失卻善事，亦非必忘身以徇也。况身家衣食之計，求之有道，得之有命，勤職業，脩心術，以俟命可也。至於儉乃美德，然昔人有云，嗇於己不嗇於人曰儉，嗇於人不嗇於己曰吝，可以知其是非矣。

一曰好德不如好色也。婦人以德爲主，有德則正身齊家，上承宗廟，下延子孫。奈人止知好色，女未出閨，即以脩飾爲務，于歸尤以貌爲作合之本，情欲之感，燕私之意，相爲親昵，久久遂成驕縱，夫反畏之。昔人謂懼生於愛是也。又或翁姑姑容，不誨以正，女家護短，更起争衡。其貌寢者至無人問名，幸而有所歸矣，夫家賤惡魚肉，以此釀禍敗倫者尤多。甚或不肖之姑，以女貧故，以貌陋故，百般淩賤，自恃其尊，即有才有德者亦受其禍，至於死亡。此等不仁不義之事，必賴賢有司糾正之。然則如何？丈夫脩德善處其變，女子有德曲全其恭，可以弭之，而難以責望於中人，其惟以德爲重，以色爲輕乎。相親、相睦、相觀而化，然後夫婦以和，家道以興。孔明擇婦，娶得阿彦醜女；許允好色，見譏於妻；梁鴻、孟光，千古高誼，何不思之？

不正夫綱，縱其妻爲惡，天下之罪人也。不自反求，虐其妻以逞，罪又甚焉。無過不及，合乎中正，安得不賴脩身之人？孔氏三世出妻，必無之事，前人已辨其非。七出之條，無子惡疾亦出，決非聖人之法。若己身正而化導之方又至，猶然怙惡，則出之可也。然總不如愼擇於問名之時，勿徇於財色之見，乃不至後悔。

聖人無事不反求。《易》曰：夫妻反目，不能正室也。則所以正之者可不務歟？

朋友所以輔仁，夫子於五達道惟友言交，以交乃爲友，不交則非友也。何爲交？道相合，志相孚也。友必擇交，交以輔仁，若勢利比同，適足爲累，且非道義之友，相資者切，相信者深，未有久而不渝者也。豪俠義氣，亦有賢者，但宜觀其相與中正否，不然則亦比匪之類。

詩書所載，孔孟所言，凡擇交、固交之道已詳，歷代名人，又反復推言之，史傳得失，亦分明記之，無俟更爲贅説矣。要惟自端其本，窮理脩身，乃能至明以别賢否，至虚以從人善，至誠以通心性，至敬以期久要。

孔子於教弟子即曰：泛愛衆，而親仁。二言可以終身矣。至集益之法，擇其善者而從之，其不善者而改之；見賢思齊，見不賢自省。無處無友無時不可以有裨，惟在虚心力行之。若以濫交爲戒，必擇賢者而與，則風裁過峻，視己高而視人卑，不特無益，亦易賈禍。不曰堅乎？磨而不磷，不曰白乎？涅而不淄，人心自果有眞得，則雖交滿天下而不失己也。

天下安得有全才？人心亦復多變幻，取其所長，棄其所短，可以無棄材；周而不比，和而不同，可以免黨惡。師在友之内，而聖人未顯言者，何也？師無當於五服，五服弗得不親？其誼同於君親，但無媿師者有幾哉？且百工技藝皆有師，師之賢否錯出，能自得師者，其平日立心制行必能不苟，一遇賢師，自知尊禮受教，七十子心悦而誠服，豈孔子強之哉？若封己自是，輕師慢友，是其自菲，亦復何損於人。

《孝經》言嚴父，《易》言嚴君，《禮》曰師嚴然後道尊。於是父師以嚴爲務，非也。爲人父，止於慈，中也養不中，才也養不才，父子之間不責善，安有尚嚴者哉？師誼等於君親，孔子曰：視予猶父，視回猶子，循循善誘，誨人不倦，曷嘗有嚴之説？嚴，嚴正也，嚴憚也，父師飭己禔躬，尊嚴方嚴，子弟則儆觀瞻，嚴恭嚴憚；家人有嚴君，父母之謂，亦此意也。此理不明，賊害傷義，賢者以過嚴而不終，不賢者以病嚴而他鶩，立德立名，俱無可望，豈非書旨不明之咎乎？

五倫皆必賴師而明，愚屢言之，兹不復贅。

養生

守孰爲大？守身爲大。必有此身，才有事業，而保身不易也，須細思之。

理具於心性，心性，神氣之靈而已，其凝結者爲精。神、氣、精有先後天之别，先天神氣精得於天者也，合之爲太極，存養心性，復還受中之本然，則太極全矣，聖人之所以配天。養其凡神、凡氣、凡精，不受陰陽之灾沴，則氣質堅矣，志士之所以延齡。精、氣、神之三元，非可外乎三凡也，譬諸金玉，無沙石何以生之？而檢金於沙，求玉於璞，究不得謂沙石即金玉也。

然而孟子所謂踐形者何也？沙有金而光明，横流不能衝決，石韞玉而山輝，星月並其寒芒。人身一理，氣之充也，盡性踐形，則根心生色、睟面、盎背，物則之昭垂，莫非天理之洋溢。及其終也，形骸蜕而性體長存不朽也，長生也。朝聞道，夕死可矣。此之謂也。

聖人之學，養性即可養身。後世以爲養身者，方外之士耳。然自古聖人無不長年，仁者壽，大德必壽。孔子已言之矣。蓋人之所以生者，神、氣、精而已，若先天太薄，氣質脆而神氣弱，有未成人而殤者，乃其受生之始，得天地父母者使然，顔子短命，蓋由乎此。儒者不察，以爲仁者不能延年，曷不思孔子之言乎？張惕菴曰：長年，古人常事。子夏、子思俱百四十歲，孟子亦百四十歲，而人以爲八十歲，甚有以長年爲怪者，不知脩身立命，聖學之常。老子曰：人生不過百節，省之可至千歲。其有所試矣。

守身之道，攝養也，誠身也。幼即束身於禮法，長即力戒乎邪淫，起居飲食之必愼，寡欲清心之必嚴，而又存養有功，比毗無誚。房闈之正，且節而又節，外色之禁，絶不待言矣。一念之非理，克而又克，言行之僞妄，更無論矣。内清其神明，外習於中正，凡可以傷生毁性者不爲。父兄師友督率，孩提講明之，垂老不易之，而猶患中折者，未之有也。世傳攝生之術甚多，苟無害於義理，皆可以行，特内外交脩，本末交養，其理即在日用倫常之間，其事該愼疾、脩身之全，非他術可比，學者尤當務也。

少年以色慾爲第一戒，壽夭每由此而分。世有賦質之健者，幸免死亡，以寡慾養心爲迂，相習成風，謂聖人不禁内欲，甚且形爲歌詠，附以雜説，窮極奢縱，描寫情形，梨園演之，風俗化之，害及宇内，天理所不容，神人所共憤。有志斯民者，當罪譴之而力正之可也。

男女居室，人之大倫，以其爲風化之本也，豈情慾哉？

夫不克正其妻，妻不克規其夫，相狎愛而不能久相保。堂上白髮，膝下黄口，置之不顧，至愚至不肖，可慟也。

不近邪人，不聞邪語，不見邪事，不觀邪書，幼如是，長如是，其庶幾乎。

五倫之是非明矣，而又能力行之，則天下定矣。至於保身一事，立命之本，故兼及焉。若夫天下古今萬事萬物之理，是非雜出，難以言窮，要惟心正而身脩，義精而仁熟，則以一貫萬，無不瞭如，此非空言所能曉也。

臘　言

門人既編愚《恒言》與《槐軒要語》《雜著》並行，偶檢敝簏中得此，其義不出上三書所言，未忍捐也，復付二三子使存之。

天積氣，地積形，形氣相依，宰之者曰神。

理者天之經，寓於神與氣而不朽者也。惟神無跡而氣可見，君子體天之經以養其神，而氣因以不敝。

氣之清濁厚薄，地運與人心爲之也，若其受天之中者，未嘗不同。聖人教人養氣存神，所以化其薄濁之原。天清地厚，乾坤之本然，以後天之神氣爲先天，三教所以雜也。

太極渾然，而天地位焉，使有雜則不能久，然而人物判焉。日月運行，山川虧蔽，是以蠢靈清濁不侔，然則形累氣也。惟人亦然，先德所感，山川之靈以應，而智愚殊矣。盡性立命以粹其神，肖乾坤者曰大孝。

天地大父母，父母小天地，是故聖人事天如事親，事親如事天。

一念之動而天地知之，慎獨者，懼獲罪於大父母也。至誠之極而父母享焉，立命者，無愧於小天地也。

天地父母曰四大，四大一大也，誠而已矣。惟誠故不息，而天地父母賴焉，否則朽矣。今之言四大者戾。

父母之生也，未嘗盡知其子之隱，而天地知焉。天地之大也，未必獨私於聖人之父母，而父母配焉。不以道事親者惑矣。

道者性而已，在天曰太極。全其性，踐其形，人故貴於物也。古之聖人以此爲事親之當然，而惟懼弗當也。外道言孝者，吾惑焉。

孝子盡其性以合天，而精、氣、神之本於父母者悉粹矣。顯揚孝養，遇或有窮，惟性爲天之寶，人子所以全受而全歸也。

道備於天地，而人得之以爲性。非父母何以有身？誠身之義，全乎先天之精、氣、神，而純亦不已也。

太極函三，元精、元氣、元神之所以本於天地，先天中之先天也。一神兩化，凡精、凡氣、凡神之所以本於父母，後天中之先天也。養後天之神、氣、精者壽，全先天之神、氣、精者神。

一陰一陽之謂道，神者，陰陽之妙也。心之靈，其神之識乎？聖人心純乎陽，誠而明者，性之靈也。常人心雜乎陰，僞而妄者，情之賊也。陽善陰惡，故存神莫要於克己。

善惡生於心，心之善惡不同，氣之清濁異秉也。故聖學以養氣爲基，而流爲吐納者，妄矣。

聖人純乎陽，天命之性在我也，而剛柔動静，不一其德，故非無陰之謂。常人雜乎陰而更肆之，剛狠强勇，亦陰也。失性則無以承天，而幾希其可保乎？故曰：小人陰類。

三元，一元也。由精而氣而神，生之理則然。由神而氣而精，復性之功有序。

先天之心即性，元神也。後天之心雜情，識神也。由後天以復其先天，故曰盡性。而儒者多以心爲性，已淪於即心即佛之説，乃各指其瑕以相争，曷能勝耶？

生安性爲心，學利心多性，困勉之性僅矣。然養其清明之氣而生其道義之心，欲淨理純，則成功一，故復性而不先養氣，必無以存其心。

浩然之氣，天之元也。養之者敬静爲本，充實而有光輝化神以詣孟子之不動心，非性定之謂乎？

理寓於氣，而形質皆其後起。乾元之氣即理之粹，而不可以形象求。故曰：上天之載，無聲無臭，至矣。僅以散殊之氣爲氣，故孟子養氣之説不明。

物必先有氣而後有形，理則氣之主，而神者理之妙也。神在先天，理氣統於天，神在後天，理氣主於人。人合天則聖，違天則物，故人功輔天地也。

太極渾然而人自生化於其中，天地非有心也，有奪天地之祕而參神明之德者，天地遂依賴之而天命恃以不窮。人亦一物耳，而天心繫焉。全天心，立天道，形敝而神明不朽，故曰長生。羽流妄爲之説，而儒者或以之生之死爲泛然，胥失之。

聖賢與奸雄同有死耳，聖賢神而奸雄腐，非徒聲稱之謂。而儒者或曰氣聚而生，氣散而死，是未知人之所以配天地也，其不與奸雄以藉口乎？

太極統陰陽，而五行布其機，全太極之體而有其神明，聖人故爲天之肖子。毀其性者，哀哉。

天地定位，終古不變，氣化往來，日月爲樞。星辰者，日月之散彩也。眞陰眞陽之動静，天地神其機而不能不昭著於日月。

人以日月星辰度天，而天固非有形質可定也。地氣所燭，在天有象，而天之渾然者其可見乎？

地直以方也，而氣之周於外者爲天。日月天地之靈，而人物所以生化也。

南斗入地，北斗出地，各三十六度，觀天者之窮於目也則然，而天實不爾。

斗爲天關，其氣之凝而理之宰，則天帝是也。南北二斗，一陰一陽，消長之機，而無非以日月爲統繫。

日月星辰，皆非有質，其氣之靈聚於上而有然。

星隕爲石，石本星之質，而氣復藏焉，非有塊然懸於上者也。

聖人以八卦發天地之理，而天地固在八卦之前。術家執八卦以形天地，又拘而求之，末矣。

卦數始於《圖》《書》，蓋天地自然之呈露而聖人象焉。惟其無文而有文，故爲天地不可易之數，引伸觸類，無不可通，然於理爲散殊矣。

聖人以畫爲《易》，本《河》《洛》之自然，邵子别爲日月、星辰、水火、土石，滯於物哉。且日月即水火之精，土石即星辰之質也。洪範皇極之建，聖人之德，所以承天而範萬物也。邵子《皇極經世》，僅於音數，而且牽合世事以配之名實，舛矣哉。

邵子以元、會、運、世定天地之消長，非也。道備於天地，天地安有窮哉？以其人物剝極而見天地之晦蒙，則洪荒矣。流賊之亂，榛莽相望，禽獸載途，數十年中是可徵焉。

天地以至仁育物，不仁者衆而氣化否塞，大亂之來，起於人心。邵子不求諸理而求諸數，惑矣。

人爲天地之心，人失道則天地否，故君子正其心以承天而人物賴焉。

天地非有幽塞也。人爲氣之靈，靈者昏則蠢者肆，物怪人妖，戕奪生靈，有以自取之，而天地固以無心行其賞罰，於天地奚損焉？

輔造化者，君師也。道惟盡性，性，天心也。故聖學不傳則無以輔造化而致治。

洪荒之世，物之爲民害者多矣，益以帝摯昏暴而洪水應之，堯始得人治之。專以洚洞爲氣化者，非也。

天地好生惡殺，而人物有盡，何也？物無以承天地則自盡，禍亂其甚者也，天地固欲生之而無從。是以聖人知天心，立人道，以持氣化於無窮。不然，人皆物則物且食人，而人類將盡。

觀天察地以驗人事，自脩其德，君子之事也。小人測天以爲智，卜地以爲私，是以術多不驗，而甚且罹殃。日月天地之靈，經道緯道皆同，而火土之氣復蔽其光，故食。

日陽精而孕陰，月陰精而孕陽。陽、陰，天地之氣也，氣浮於陽則月食，氣浮於陰則日食。

日月月一會而不盡食，陰陽均也，否則爲災。同道之説，一偏陰偏陽之意。

星辰有常，其光忽異及無可名者，皆人物之精有以致之。天道神而莫測，理則至常。人守其常以應天，而不求諸莫測，則天且從人。

風雲雷雨，皆氣也，而神實宰之。不然，則物怪精邪亦假之以爲禍。

宋儒以心爲神明，是也。但心有人心、道心，純於道則神，不然則鬼。

純一之極而神與天通，陰邪之甚而鬼與人合。是以聖人教人正心誠意以全其德，所以絶鬼路而合天機。

天者理而已，理純則天定。心，天心；氣，天氣；故曰眞人。眞人成爲人焉耳。

人道，仁而已，行而宜曰義，實有於身曰誠，曰德。心之良純乎天之性，至誠也，眞人也，言殊而理一也。

人事無常，君子有常，行一不義，殺一不辜，而得天下不爲，誠其性故也。欲盡人道而弗盡性，私僞奚以除焉？

道在五倫，倫盡則道立，而不能者，私妄奪其性也。性無爲，心有欲，存心養性，所以化其偏而歸於中和，然功非一端。以心爲性，則去聖遠矣。

有覺之心，純一之性，理則皆天，妄則皆人。俗士以巧智爲能，禪宗以寂守爲妙，胥失之。

静存其中，動得其和，性之本末具焉。内外交養，積久而始然也。有所餒則不能致。

人心盛而陰氣積，道心純而性體明。孟子集義生氣，無是所爲餒也。然志、氣之帥，氣、體之充，持其志無暴其氣，不可偏離。故曰：我善養吾浩然之氣；我四十不動心。

理氣之純乎天者聖，見天者賢，昧天者賊。賊其性斯害其氣，氣失其初，人與物類。故曰：人之生也直，罔之生也幸而免。

心正而身脩矣，尤必愼其好惡，親愛畏敬，五者皆當理矣。而好惡稍偏，則家即不齊。必好而知其惡，惡而知其美，非禮之禮，非義之義，大人乃能弗爲。世人之好惡任情而不任理，何由入大學之道哉？

家之難齊甚於國，無權勢也。人心不齊，何以齊之？曰：父父、子子、兄兄、弟弟、夫夫、婦婦，各盡其道則齊。

大學之道，壹是皆以脩身爲本。身脩必由誠正，誠正必由克復。克復之功，非旦夕也，非師何以傳？非有恒何以深造？今人以心爲用，而不知性乃天命，故任其虛靈日遠於天則。

本有情之世界也，而己無以修，人無以治，非情之不孚，而理之多舛也。故盡性而後心正，心正而後身修，身修而後可以天下一家，中國一人。

脩身本末之功，非聖師不授，非篤志不成。外此而求治人、制事，如徒手而攻敵也。

主持五倫者，君、親、師也。必皆誠正修身，而後教化立，人心正，風俗淳。

君堯舜，臣伊周，師孔孟，人以爲難，不知其特全天之理，己成而人亦成耳。其功則自一念勿欺，言行不苟而始。

人人皆有天理，人人可爲聖賢，故以仁、以敬、以誠，無弗格者。

學，學爲聖人而已。聖人不以貴賤分，愚夫愚婦，與知與能，有賢親師陶淑之而胥善矣。

雜 問

愚訓蒙有年，門人每以世俗之事爲問，就己意答之，未必有當也。門人有私錄者，愚知之必燬之。兒子幼小，檢殘紙錄之，尚得數篇，慮其不久又私刊之，及愚知而工已竣矣。自念衰朽，若輩不能久聞緒論，舐犢私懷，不得已而仍之焉。大雅君子，恕其僭妄爲幸。

止唐書　時年七十有八

問：天地？

曰：天地一氣而已。宰氣者理，理氣之全者惟人，知人則知天地也。故止須從五倫之理，一一從心而謹其微、善其動，果然心心恊理，事事合道，天地即在吾身，不必求諸高遠也。

問：人身藐然耳，何以萬物皆備，則必明天地之理，然後知人身之理？何以云不求諸高遠？

曰：然，非也。人身安能如天地之廣大，祇因天地止一太極，在人爲性，能盡其性則天地位、萬物育，蘊之爲德行，發之爲事業。孟子言：存心養性即所以事天。天不在蒼蒼之表而在耳目之前，但能存養功至，則無心非天理，即爲盡性。性定而天地非大，吾身非小，自古聖人所以配天地也。若徒以形迹求，則聖人不能不男女而處、不宮室而居、不飲食而生，與庸衆何異？

問：人之靈於萬物者心也，而子言心非性，何耶？

曰：心在先天即性，在後天不盡性，予屢言之矣。先天者，未生之前，受氣於天，成形於地，得天地之性而後爲人。後天，既生以後也，氣質具而陰陽雜，理之純不敵其氣之累，而人心、道心乃分。先儒知人心、道心而不知其原，是以謂心即性也。先天八卦乾南坤北，而文王以坎離代乾坤，純陽爲性，純陰爲命，乾道變化，各正性命，人之先天，所以性皆善也。陽中有陰，陰中有陽，陰陽互宅而生者必化，化者乃生，人之後天，所以性相近而必待學以復性也。生安學利困勉，皆由氣質清濁而分，非得天之初，便是相遠。若但以心爲性，後天之陰滓不除，即先天之本體難復，夫子所以言克己，孟子所以言養氣也。

問：先儒言氣粗而理精，故止言集義生氣。今謂養氣乃不動心，豈粗者反足制精者乎？

曰：氣之形形色色著於事物者，固多粗也，而其實天地止是一氣。上天之載，無聲無臭，是氣即是理，不可强分。無聲無臭者，實凡有形色者所由始，至虚也，而亦至實，故曰誠也。誠故不息，而孟子則名之曰浩然，至大至剛，所謂大哉乾元，剛健中正也。然苟不知其本，於剛大二字彷佛求之，則有不宜剛而剛，自謂大而實非大者矣。故前人又言虚無一氣，虚無者氣之體，剛大者氣之用也。此處不明，則以心之憧憧往來者爲性，力求其静而不能静，即强制其心，久久若虚静矣，及事變當前，萬理瞀惑，修齊治平多不克一以貫之，予所以反覆而争辨也。

問：虚無、寂滅，前人所斥爲異端也，子獨以此言存養之功，亦有説乎？

曰：難制者心也，觸而即動，動而易妄，必以性鎮之。性何象乎？收已放之心，入虚靈之舍，委志虚無，一念不起，所謂未發之中也。養之至静，極於至虚至無，豈特無心之迹，亦復無性之名，是則所謂寂也，而凡畔援欣羡皆滅，是故虚無，寂滅者，存養之極致耳。自前人斥四字爲妄而以治心爲學，了空空之心，實無復性之學，僧流然，儒者亦然，而令後世力治其心，卒不可治，於是任其心而無可如何，安得不明辨之也。

問：天下古今許多事業，乃第以虚無、寂滅爲教，何以治世？

曰：然，非也，《中庸》言致中和，中者，和之本也，得天下之大本，乃能行天下之達道。虛無、寂滅，存養時必如此而後心静，静而後性來復。初學之，性至微也，存養久而性有諸己，涵養充實，久而有光輝，又久而化而神，衹此一氣之變化，實衹此一性之彌綸。暨乎心之陰滓盡除，性之本體神化，萬事萬理，一以貫之，不動心，不踰矩，率是道也。不然，但守空空之心，未復乾元之性，僧流所以不能理物，先儒所以流爲迂踈，安可不詳辨而力行之。

問：虛無、清淨乃存養之極功，四子五經何以不言也？

曰：聖人語言，因人、因事、因時，救俗之流弊，明理之是非，語殊而義一，不可拘文牽義，以彼疑此，語此廢彼。唐虞言德，湯始言性，傅説始言學，《大學》言心，《中庸》言性，孔子言禮，孟子言仁義，何嘗一致？而其理則無殊。三代後禮樂不備，程朱兢兢以禮法教人，非時王之制，所以來僞學之禁。我朝仁育義正，一本中正之道，化成天下，而禮從宜，使從俗，不拘拘限以一概。即僧羽之徒藉以生養窮民，聽其言禪、言元，修養心性，日安化宇，並生並育，直與天地同流。至儒生從事文詞，以四子爲宗，去取賢俊，無非欲人習孔孟之書，行孔孟之事，入爲孝子，出爲忠臣。而傳之既久，但求專工以弋科名，罕能實踐，非竟賢智之無人也。有志者讀聖賢書，欲爲完人，奈私心妄想難以克治，外物紛華得而奪之，若非有復性之功，存其心，養其性，馴至於定、静、安之境，則見異思遷，觸物而動，天理不敵其人欲，安能卓然不惑，肫然忠孝。所以存養之功，乃爲學之本。但如何存？如何養？若用力强制此心，治之愈嚴，其妄彌甚，必委志虛無，得受中之地而安止焉。一念不起，萬象渾忘，久之性復其體，心妙其用，則中和在我，應萬事而有餘，即輔造化而非不足。堯之安安，舜之允塞，文之緝熙，孔之皜皜，孟之不動心，胥是道也。至於穆穆、皇皇、淵淵、浩浩，皆此一性之蘊蓄彌綸，放乎六合，實近在方寸。先儒之敬也、静也、誠也，不由此而幾，雖欲敬而肆怠乘之、欲静而多途擾之、欲誠而僞妄入之，由於養其中者不熟，即騖於外者不乏也。惟知虛無、清淨即純一之意，並非蔑倫常、廢事物，則學聖之功更不必學佛，亦如愚言聖賢即神仙，知之則但爲聖賢而神仙已是，不必更外求神仙。此乃明其是者，以袪其非，並非教人學佛也，安得明者而共言之。

問：然則佛亦同於聖學乎？

曰：然。

［問：］何以學佛者皆妄也？

曰：學佛者不知天地古今止此心性倫常之理，而妄想變化飛昇，長生久世，僧流又多方以誤之，是以愚妄日繁。夢金人，迎佛骨，捨身求福，其弊總由淺視倫常，謂此外别有神奇。不思天地愛人，作之君師，無非欲其共慶安全，同盡天理。人人皆有天理，人人能盡人道，則天心可通，神明可壽，聖可也，佛可也。全而受者全而歸，不愧、不怍，何入而不自得？佛生西域，其民悍，化之以慈；其民愚，化之以慧；貪淫好殺，化之以清淨、慈悲，與吾道聖人心理無二。中華自羲農以來，聖王遞興，禮樂文章咸備，奈何舍此而他求，即佛亦應不許之矣。

問：然則其廢人倫，何也？

曰：釋迦如來，未嘗廢人倫也。妻曰耶輸陀，子曰摩睺羅，十八歲生子，二十於檀特山養静十二年，歸聚，年八十二而終。廢人倫者，夷俗也，佛之後更無似佛者，故不能盡化其俗、興禮樂以比於中華。今天下道一風同矣，而荒裔之俗依然無有人倫，聖人之教，鞭長莫及，實無奈何。若中華僧徒之廢人倫，則以養鰥、寡、孤、獨無告之民，亦由貧富不齊，施濟難博，藉此安全之耳。然窮民甚多，既入空門，飽暖逸居，任其所爲，奚可長久？是以前代高僧爲之立法，不許還俗，不許葷酒、婚娶，但習爲静坐，課誦經典，外清規者逐之，畔其師者罪之，然後能安淡泊，久而不懈。其有士大夫等困於遭逢，厭於塵累，中年爲僧者亦聽之。然其必孝養父母，忠敬君王，恪遵禮教，固與凡人無異，故有爲僧不養父母而遭雷擊者矣，有不守王章而被誅戮者矣。若史傳所載，愚平生見聞所及，不勝枚舉。佛何嘗以廢人倫導民？亦何嘗有廢倫常而猶可爲人之理？此須當博觀古今，細詳情事以求之，不可隨聲附和也。

問：如子之言，僧流之静養不亦同於儒學乎？何以朝廷不用之也？

曰：然，非也。西方之習於佛教其來已久，非有聖人，難遽變其俗。若中華之僧徒，静坐收心，藉養生命，原屬前人不得已之苦心。其静養也，第養虚靈之心而已，至窮理盡性，始終本末之功，固未之知。彼既髡首棄家，即有明智之才又安得從而用之？佛之明心見性，即孟子所謂：盡其心者，知其性也。吾儒久已有傳授，又何必更向佛求之？考佛自秦使伊存口授以來，始得佛語，漢明帝又得《四十二章經》，然其修養之法無傳。至梁武帝時，達摩入中國，居少室山面壁，始示人以了性之學，其時親炙之者，本末功夫蓋嘗聞之，而再傳以後失眞，僅存《六祖壇經》，僧流據爲養性之法，不知後天知覺運動之心，非先天純一不已之性也。然常存此心，果然一念不起，雖未復乾元之眞性，亦可免嗜慾之戕賊，故歷代緇流超然穎悟者，亦復不少。周濂溪得此法於海巖和尚，而授之二程，由是儒家謂養空空之心，即全穆穆之性，而氣質之疵未除，斯誠一之道難盡，即自謂明哲，施之修己治人，往往不無遺憾，豈知孔孟皆言修身爲本，若正心、修身猶不能齊治均平，決無是理，由不解孔子修己以敬如何便安百姓之故。此數千年聖學興替關頭，吾嘗反復而力辨之，今若更不詳求其義，則言理學者拘墟，談事功者虛僞，兢才華者放浪，務神奇者妖妄，其爲世界人心風俗之害，非一端而已也。愚豈好辨哉。

問：佛言空，儒言誠，子比而同之，何也？

曰：道存於無聲無臭之表，而貫徹乎萬事萬物之間，故曰：形色，天性也。人心之靈通乎造化，而其所以通者性也。性，心之主；心，性之用；心非性不誠，性非心不靈。全乎性之本體者與天合德，而心之靈莫非理之著。任其心之所爲者，與禽獸鄰，而性之誠牿於欲之賊，故學聖者必先復性。性何以復？必先存養以清其源，動察以謹其幾，而靜者動之本也，靜之至而無聲無臭者，與天地之體同，泛應曲當者，與天地之用一，則空者未嘗不誠，誠者未嘗不空。《中庸》言費而隱、微之顯，固合乎動靜本末而言之。佛言眞空不空，妙有不有，亦非以空諸色相爲廢人倫，謂不爲形色所累焉耳。虛其心以應萬物，誠其事以盡人倫，性之德也，合内外之道也，非深造自得，何以知之？

問：西方有活佛，然歟？否歟？

曰：然。此天心之所不得已也。彼蒼仁愛赤子，莫不欲其得所，而外夷無聖人之教，遂至淪於禽獸。釋迦文佛，天亶之聰，化民以義，而其後難繼，中華禮樂之教不能遽及，於是天特生一知覺獨異之人，爲之君長，使民以爲佛之靈不朽也，而群相欽服之。今之達賴喇嘛、班禪佛皆是其人，亦不盡智慧也，獨能記憶前生，言動異常，國家藉以羈縻諸戎，西陲以靖。其民以出家爲貴，生數子，不過留一二人守業，餘即出家誦經禮佛。有專志者，亦能通諸妙慧，化導民人。至於吞刀、吐火，變化神奇，彼皆不屑。其謂三乘，猶言三等也。明心見性爲上乘，講經説法爲中乘，一切術數爲下乘，與吾道未嘗有異。今西域咸歸版圖，見聞所熟，故能知之。前人未嘗涉獵，史家亦然，又恐涉於神怪，但記風土。是以益增妄誕也。

問：何謂頑空？

曰：理，原於於穆之表，而貫徹乎萬事萬物之間。静養其源，必致虚守一，以復其性，性復而後渾然天理，無貳無雜者與天同，由是著於百爲，事事各得其理，非一味空虚，不管天地民物也。後世禪家，以心爲性，因欲强制其心使之不動，故不得於言，勿求於心，不得於心，勿求於氣，并人倫日用毫不用心，因心一動便多妄也。即守心之久至於虚明，卻止是陰神用事，修齊治平俱無可用，此謂頑空。

問：空與元有異乎？

曰：無異也。道至平常而實至神奇，惟其神奇之妙，即寓於平常之中，所以爲中庸。誠之至極而元妙存乎其中，元妙無可名言而空在其中，道言元，佛言空，言至誠之妙耳。微論文王之穆穆通於帝，謂孔子之下學，知我其天，即忠臣孝子、義夫節婦，貞一不貳，精誠所感，而天地鬼神應之矣，况聖人之萬善，咸歸與天合德者乎。僧羽廢人事以鳴高，所謂元空者，非儒生騖紛華以爲學，所謂誠身者，亦妄也。

問：道家言精氣神，不言心性，何也？

曰：然，非也。第言心性，道心人心，一心而有二名，此其故，愚屢言之矣。僧流以後天之心爲性，道流言精氣神，亦不知先後天之分，故以延年駐世，神奇變化爲務，而不知其非本始。人生而静，天之性也，雖受氣父母，實秉天地之正理而始爲人，其時精氣神渾然無形，一太極而已。及既生以後，氣質重而七情生，精氣神之原於天者，雜於陰滓，故精氣神之在先天者可通乎天地，在後天者第保其形骸。前人有言：神非思慮之神，乃純一不已之神，氣非口鼻呼吸之氣，乃太和元氣，精非男女交感之精，乃二五之精，其義當矣。精氣神之在先天者，養之而聖，在後天者，養之而亦壽，但求長年，必不能達乎天命之原，周知萬物之理，故知先天之精氣神，而心性之理乃得其正矣。

問：子言聖賢即神仙，何故？

曰：謂聖賢之外有神仙，人之妄不息也。知聖賢即神仙，則但爲聖賢而已，足此截斷若輩後路，然亦理之自然，非臆説也。三代以上，何以無神仙之名？禮樂備而學術隆，人多從事於大學之道，賢俊輩出，民有嚮方也。周衰，鄒衍之徒倡爲邪説，羨門、子高輩始言有不死之人，秦皇、漢武狂迷尤甚，而劉向爲之傳，后蒼爲之圖，傳及後世，遂以爲世誠有神仙矣。不知隱德之士，忘名自晦，兼能葆神養氣，多歷年所，乃儒修之常耳。流俗不知，則以爲神仙。如黄石公、浮邱伯、河上翁，皆世所謂神仙者，張良不能盡黄石之學，浮邱伯傳魯詩於申公培，河上翁授易於漢文帝。蓋皆孔門遺裔，不傳其名姓，遂以爲仙。豈知人不知而不愠，遯世不見知而不悔，聖人然，志士亦能然。孔門不書丈人之名，接輿晨門均無可考，毋乃悉神仙乎？如梅福掛冠而逃，不過潔身之士，遂云仙去。而歷代僧羽之明者，凡與士大夫言，未嘗不以修身治世爲務，亦可知神仙不外聖賢。而朱子以陳希夷爲隱士，又以邵康節爲神仙，其見不免騎牆，此人所以惑也。

問：聖賢即神仙矣，而歷代仙蹟甚多，聖賢無之。何耶？

曰：然，非也。聖人道備德全，受天眷命，或爲君相師儒，或爲藝術百家，皆因其人之自爲而因以命之，如孔子不得志，天即以爲師表。三代下，或隱於山，或隱於市，苟能修身立命，利濟爲心，其生不虚，其没有靈，於是有已死而復易形在世，有及身而捍災患，留蹟不朽者矣。如吕純陽之題咏，達摩之留形，天后之著靈海表，關聖之護國救民，皆其平生正氣常伸，形死而神猶生。若及身而著神異，亦道德中自然之功效，若神禹治水，旌陽伏怪，即孔門子羽亦能斬蛟，皆爲護國佑民而然，非以此表異。俗世不察，則偶得一術，即妄作聰明，小則禍身，大則禍人。世固無不忠不孝之神仙，亦安有矜奇立怪之賢聖？此最當明辨而糾正之也。

問：天仙、地仙、神仙、人仙、鬼仙五等，流傳久矣，皆非歟？

曰：天仙者，與天爲徒，若在帝左右者也；地仙者，留形住世，若長年駐顔者也；神仙者，人死而神不朽，時或顯迹救世；人仙者，道全於身，可以前知，隨方教化；鬼仙者，有善而未能純，亦有靈爽爲山川社稷之分司。要其平生，總不越乎仁義倫常，但純駁不同，非外此别有神奇之道也。

問：然則其流爲異端，何也？

曰：師傳之謬，法戒之弛，而官吏罕糾正之也。人生得天之理以爲性，秉氣化以成形。有生之始，所秉於祖宗父母及二氣之純駁不同，因有清濁智愚之分。迨有生以後，親師教訓者不端，志日漓，氣日昏，至於嗜慾已開，見聞駁雜，習染荒悖，其獘遂不可勝窮。中華僧道皆窮民無告，藉空門以養生，既幸得所矣，而飽暖逸居，無有教化，必近於禽獸，苟非賢師友自少約束裁成之，安能不免於悖妄？且戒録惟大叢林有之，其餘寺觀多無清規，亦不知所謂修養，雖名爲僧，實與齊民共市利，差徭之事，官吏騷擾，士民侵侮，又有宵小煽誘，即稍知自愛者，亦爲所困矣。其不肖者，敗壞寺産，無所不爲，甚則習爲邪術，惑衆斂錢，一旦發覺，罹於刑誅，人曰佛、老本異端，所以藏奸也，而於是静坐有禁，經、戒俱非，豈知其致此之由哉？昔程伊川見禪徒飯食，曰：此三代禮樂之遺。又見佛必拜，門人曰：先生平日不信佛，何以拜之？曰：此亦當世之賢者。蓋是者不可以爲非，猶非者不可以爲是。司馬溫公曰：其高者不出吾道之範圍，其誕者吾不之信也。誠知其本始不異於聖賢，流失乃趨於邪妄，則必有所以糾正之、維持之，使各安於清規，無或悖於禮法，又爲擇賢師督率之、禁吏胥騷擾之、戒士民侵侮之，其品優、學粹者則表異之，放浪不法者則罪逐之。彼得安其生，樂其道，感上之彰癉而相勉於爲善，其不可爲安養窮民之一法乎？

問：中華之僧道如斯可矣，外裔將奈何？

曰：善哉問也。中華自羲農以來，神聖叠興，禮樂明備，然且不久而奸宄叢生，况外域之遠，萬國之衆，風土人情，語言嗜好，有萬萬不能一致者。天心仁愛斯民，亦嘗篤生賢俊爲之君長，乃能緜緜延延以至於今。第天工必資人亮，天不能恒産異人，人必當善體天心，裁成輔相以左右民，君、親、師三人安能以辭其責哉。我朝廣大如天，四海内外莫不尊親，其有梗化者不過十分之一耳。使大小官吏，咸知聖賢之學，推廣朝廷之意，漸摩善教，久久自能變化。即如唐虞三代盛時，聲名洋溢，施及遠矣，而滇黔楚蜀積久尚齒蠻荒，今則同爲樂土。古聖人隨處皆能教民成化，成邑、成聚、成都，大舜然，箕子、泰伯亦然。使孔子果浮海居夷，即夷海之聖君矣。六合遼濶，人類繁多，疆域所限，君子亦無如何。惟幸生中土，親炙聖化，服習詩書，恪守前聖之遺，隨所居遊，成己及物，庶無忝於覆載。吾所以辨佛、老之眞者，欲人知天無二道，聖人無二心，不可以流失之謬，咎其本初。誠體道於身而得其至正，則是非自明。舍心性倫常不得爲聖人，又安得爲佛、老也。

問：三教之本原一也，而佛、老之書多荒怪，聖賢之言咸切實。何歟？

曰：然，非也。天人性命之學必明師親授，非文字所能傳。惟傳者罕眞，不知而作者，得其一端，昧其全體，狃於俗見，喜爲大言，故書籍日繁，至理日晦。僧羽之徒自誤，更以誤人，影響剽竊，肆爲猖狂，妄誕之談，既惑庸衆，又復著書。不知道貴實踐，不在語言，道之祕者，不可顯言。前人多擬議、譬喻，如人身太極之所，佛則曰空虚藏、如來藏、安樂國、不動道場、淨土蓮臺，不一而足也；道則曰元牝、土釜、丹鑪、黄金鼎、紫雲房，亦不一其名。一性也，而曰舍利、金丹、金剛身、鐵羅漢、長生藥、九還丹。儒言穆穆、淵淵、浩浩、江漢秋陽、上律下襲，皆身中自然之理，觀者弗知，生許多邪妄。尤可笑者，煉石補天、黄土摶人、月中丹桂、日中金烏、牛女渡河、點石成金，文人且作典故用矣。至誤如採陰補陽，流爲房中之術，金丹卻老，爲亡身殞命之端，以借喻之言，爲實有之理，惑世誣民，充塞仁義，豈特如楊墨哉？抑思道乃天之所以爲天，即人之所以爲人，孔子之言具在，無他奇也。而《中庸》言其如天地之無不覆載，四時錯行，日月代明，謂以其功用言之，然子思作《中庸》時，孔子道猶未顯也，何以如此推尊？凡若此等，以爲切實則誠切實，以爲奇誕亦未必不奇誕。要惟萬物皆備於我，全而受者全而歸，則天地非大，吾身非小，此義人人能言之，奈何不能實踐之。故書籍所傳，必深造自得而後能辨，不然，則是者固莫知其是，非者遂不覺效其非矣。

問：道止一性，而法術多途，且多民生不可少者，何耶？

曰：性爲萬理之原。聖人無不通術數者，而不專任術數。以誠正修齊爲務，道備德全，實止完全一性字，至一切法術，善用之以宜民，則修己治人，無處不可。禹驅蛇龍，周公驅虎豹犀象，豈易驅也。至若天文地理、醫卜星相，一切有益於民生者，何一非聖賢所留遺？特必以道德爲基。無其本而徒事其末，則誤己誤人，非其倡之者過也。

問：至誠前知。信乎？

曰：愚於《四子恒解》已言之矣。聖人不貴前知，以作狂、作聖分於一念，天下無印板之事，安有印板之聖賢。老子，世所謂神仙之祖也，而其言曰：前識者，道之華而愚之首。孔子曰：賜不幸而言中，是使賜多言者也。聖人之意可見矣，元會運世之説，所以無取焉。

問：前知，聖人不貴，而卜筮專示吉凶，且多預兆將來之事。《中庸》言：至誠前知。孔廟張白懷璧一事，朱子曰：似聖人善射覆者然。大奇。近人有並此而不信者，其是非得失可得聞歟？

曰：至誠可以前知者，理極其精，氣數不能外也。龜、蓍，一物耳，何能前知？人至誠而鬼神憑之，借以示人，其善者可益勉於善，其惡者可自悔其惡。《大易》一書言吉、凶、悔、吝，聖人欲人知吉凶生於善惡，爲善去惡以合天心，非欲人事事求福利也。凡卜筮、星相、占候之法，皆當知此意。其人平居，心術品行可取，而偶逢災患，求諸神明，則雖術藝卑者，亦往往響應。其人之不肖者，而忽罹憂患，求諸神明，雖術數精者，亦往往不驗。蓋神明借其術以告人，非人所能持權也，故曰：易爲君子謀，不爲小人謀。君子問禍不問福，正恐行誼不當，決諸神明。非舍人事而聽命於鬼神也，夫子譏臧文仲居蔡，即是此義。蓋人事千變萬化，惟一理以宰之，但理不易明，非禮之禮，非義之義，惟大人弗爲。《易》曰：精義入神。神者，義之極精也。凡人不能決其是非，必決諸卜筮，而聖人德造其極，與天爲徒，則神以知來，智以藏往，龜蓍亦效其靈，常人不能然也。《傳》曰：卜以決疑，不疑何卜？人亦每多誤解。有兩事於此，一理之所當爲，一理所不當爲，則爲其當爲者，此不必疑也。若兩事皆義所當爲，而孰緩孰急，孰宜孰否，未能了然，則決之於卜筮，此乃決疑之道也。五經之外别爲五緯，乃孔門弟子慮後世不能尊信聖人之書，而演爲此説，使人知聖學可以知來，如孔廟張白懷璧一事，亦子貢等所留以光聖人，偶一爲之，爲大道興廢而然，世道人心所繫，固無害也。朱子不言其意，而儒者遂以神怪例之，斥而不録，亦殊孟浪。然則前知亦聖人之常耳，而龍漦禍周，赤符啟漢，又若天早定之者，何故？曰：龍漦之事半屬荒謬，龍類至多，惟神龍得至陽之精，能潛、能飛、能大、能小，其餘蛟鼉蛇魚之屬，皆可化龍，多不成真，轉爲妖孽。龍何以降庭？又何以流沫？而夏后何以遽藏之？經商周無數聖王，何以不毁棄之，使至於周室？敗國禍家，由女子小人者多矣，何以必藉龍漦而產褒姒，使幽王不寵褒姒，伊又何從而爲禍？其不經已甚。至若胡亥亡秦，赤符啓漢，蓋亦術數之士游戲所爲。蓋必以聖賢之學爲平平無奇，人將輕視，若以聖賢之學爲至神至奇，人更不行，故有德之士及術藝之明者，時出一二端，以見吾道中原有是億中之術，如孔子殿《秦誓》於《周書》，淳方成唾禍水於飛燕，人品不同，其以理定數不甚相遠。苟專以前知爲奇，則天地人遂成印板，故當明辨之也。

問：老子爲孔子師，子屢言之，然衆惑不解，可詳言之歟？

曰：老子，隱德之士，因長年駐世，屢易姓名，葛洪《真誥》記云：在黄帝時爲廣成子，堯時爲務光子，在殷爲守藏吏，在周爲柱下史，其言浩瀚。然太史公去老子不遠，而其作老子傳云：或曰周太史儋、老萊子，莫知其然否。篇末云：老子深遠矣。則老子乃隱士，潛見不常，是以後人莫得其實。《家語》載孔子問禮於老聃，稱爲猶龍。而莊子所記老子告孔子，以至陰肅肅，至陽赫赫，肅肅出乎天，赫赫出乎地；此數言，明陰陽互爲其根之義，在天地則先天後天所以分，在人身則人心道心所以異，故夫子極稱贊之。不然，使但問禮而已，《周禮》盡在王府，魯備六代禮樂，孔子亦嘗考之，老子第即故府所藏啟櫝相示，夫子亦第考其同異，何至遂贊爲猶龍？《周易》六爻取象於龍潛德而隱，故曰猶龍耳。後人莫得其解。自莊列之徒侈言曼語，托於恍惚之説，令人靡可捉摸。晋人益肆清談，影響元妙習爲頹波。至後言法術、言金丹，隕身惑世，變化飛昇之術，房中詭怪之行，流害不淺，兼《道德經》所謂儒者誤解，於是鑪火幻技悉歸諸老子，而異端之祖受其誣妄矣。自古聖賢經孔子論定，無不表揚，惟老子經孔子稱贊而不足取信於文士。朱子初註《論語》亦以老彭爲老子嗣，因異端所托，易爲商賢大夫，然商賢大夫爲錢鏗，即守藏吏之老子，非二人也。孔子生知安行，止是倫常日用當然之事，知之即能行之，至天人性命究極乎精微，馴企乎神化，非聖人之師豈能遂知？《禮記·曾子問》言，孔子從老聃，助（祭）［葬］於巷黨，吾聞諸老聃；不一而足，老子且呼其名，若非實嘗從學，豈有遽呼其名之禮？《史記》言孔子問禮於老聃，歸而門人日益進。考之記載，孔子二十一歲喪母，二十三歲適周問禮，二十五歲而歸。其將適周也，謂南宫敬叔曰：聞周有老聃，博古知今，則吾師也，吾將往而學焉。是夫子明明師老子之証。夫聖人之大也，惟其不自用而取諸人，以老子爲孔子師，何益於老子？亦豈有損於孔子？而令天下後世謂聖人之學不俟聖人之師，諉於天定，其誤來學豈少乎？項橐七歲爲孔子師，項橐生平無所考而後世信之，亦未嘗以項橐爲優於孔子也。《韓詩外傳》記子夏之言曰仲尼師老聃，《文心雕龍》曰鬻爲文友，李實孔師，自唐以來未有異詞。韓文公始言師老子者，樂其誕而自小。夫三人行必有我師，夫子焉不學，而亦何常師之有？乃以後世異學托於老子，遂信爲眞，不亦傎乎？白樂天詩云：玄元道德五千言，不言藥，不言仙，不言白日昇青天。固已畧知其概。若再不辨明，令邪妄之輩托於老子，自謂神奇，實乖正道，其流毒安窮？惟知老子亦聖人之徒，而後世言神仙、金丹、採補諸邪説，皆名教所不容，老子有靈，必不輕恕，況有不干天怒而攖王法者乎？要知天無二道，聖人無二心，外心性倫常即爲異學。老子之子李宗，仕魏爲將，封於段干，未嘗廢絶人倫。羽流不得娶妻，始於宋太祖，故出家求道，原非古有。使老子廢人倫而談道德，夫子豈能稱之？愚嘗謂僧道可闢，佛、老不可闢，以其皆有人倫也。以佛、老爲别有神奇，則必外聖賢而務爲荒誕，是以不得不明其眞而截其流，乃或以愚爲援儒入墨，其亦誤矣。

問：諺云一法一訣，亦可成眞。信乎？

曰：然也，解者誤也。以德言之，如忠孝、仁義、誠厚、謙讓，果行之至誠且久，亦可感天地而動鬼神。以藝言之，醫卜百工，造於精微，專以濟人利物，心行之至誠且久，亦可以卓然信今傳後。

問：儒以佛、老爲甚於楊墨兼愛也、爲我也，信乎？

曰：此不得其實之言也。以佛之慈悲、廣大爲兼愛，然修身以道，修道以仁，孔子之老安、少懷、悲天憫人亦兼愛乎？以學道者之修養爲爲我，吾儒之修其在己、明哲保身亦爲我乎？學佛、老者，影響支離，流爲邪妄。學儒者貌合神離，不知修己。鄭板橋云：秀才罵和尚，和尚亦罵秀才。此之謂也。司馬温公言：佛之高者，不出吾道之範圍，其誕者，吾不之信。斯爲持平之論。

問：子以取坎填離爲克己復禮，何義？

曰：善哉問也。此千古聖學之源，而異端邪説之所托也。乾坤爲老父母，純陽、純陰。人秉天地之靈而生，乾，性也；坤，命也；性命渾然爲太極。先天得乾坤之正氣，亦渾然無形而爲太極，故曰：萬物皆備於我。及氣質既具，七情以生，情梏其性，而嬰兒無知，已貪嗜味，發嗔忿，已非全性，故不失其赤子之性，非謂既生之嬰孩也。乾下交於坤，而陰中有陽爲坎；坤上交於乾，而陽中有陰爲離；離者，人心也。心含陰滓，與生俱來，故孔子不曰私而曰己。禮者，天理之著，不言理而言禮，以天理節文言之，乃該得内外工夫也。聖人教人克己復禮，存其有覺之心，養其虚明之性。心易放而難持，克之愈力，其紛愈甚，故必養浩然之氣。浩然之氣其本體實無聲無臭，故曰虚無元氣。人身五官百骸皆一氣所成，而虚無元氣則理之元而性之實也。浩然以其功用之大而言，儒者不知，則高者以剛正不屈爲浩然，卑者且以剛躁狠勇爲浩然矣。養氣者，必得先天神氣所聚之地而養之，天地之中、道義之門，而老子所謂元牝，佛所謂虚空藏也，其名甚多，難以枚舉。此竅天地人所共，聖人亦不敢明言，而人多誤認，遂生出許多異端。得其地而養氣即爲養性，《大學》言知止，《中庸》言致中，《易》言艮止，《書》言安汝止，皆是也。伏羲八卦，《乾》南《坤》北，而文王以《坎》《離》代之，在天則日月，爲天地之大功用，在人則心情，爲萬事之所由理。第情不盡性，性定者以性宰情，有覺之心皆爲虚明之性，孔子所以從心所欲而不踰矩，孟子所以不動心而知言。取坎中之眞陽，點化離中之眞陰，返還乾坤本體，所謂復性、復禮也。喻曰七返九還，七，火之成數；九，金之成數。先天眞性秉乎乾元，乾爲金，故曰金丹。返還先天曰還丹。坎男離女，水火而已。水火合而成紫曰紫金丹。水火相交曰坎離交媾，異端謁爲金丹也、採補也，鍊五金八石以爲丹，服之者死，採少女以補男陽，行之者誅。號曰龍虎，木爲火之父，金爲水之母，金木者水火之性情也，青龍白虎，木火金水如斯。鉛者坎陽，汞者離陰，汞性飛走，得鉛則定，心本易浮，得性而安。此義不明，微特學聖者莫得其嚮方，且使一切邪妄藉此惑世誣民，故愚屢辨先天後天之義焉。先天後天，其源出於天地，其象備於羲、文，其本實由《圖》《書》。程朱知尊信之，而儒者多鄙斥之，遂使人以心爲性，任其心之所爲，往往悖道，多其説以誤人，莫知克復。安得不明辨而力行之也。

問：佛言大廣大、大慈悲、大方便、大清淨、大柔和，何義？

曰：此先聖之緒言，而入德之初基也。行有不得者，皆反求諸己，責己而不責人，力行之久，馴至於物我兩忘，無所不容，則廣大之至矣。愛由親始，強恕而行，力行之久，馴至於仁民愛物，恫瘝在抱，則慈悲之至矣。勇於行義，未之能行，惟恐有聞。力行之久，馴至於樂善不倦，倫誼曲全，則方便之至矣。清淨者非道、非義，千駟萬鐘弗顧，惟知樂善修身，力行之久，有天下而不與可也。和而言柔者，柔其意氣以下人，乃能不矜己，不傲物，温恭和順，力行之久，馴至於無侮無拂，邦家必達，則柔和之至矣。凡若此者，内化其氣質之私，外以循乎天理之正，而實吾道仁義中之節目而已。

問：誦經、拜佛、茹素，非異端乎？

曰：僧羽出家，安飽而無所事事，是以令其誦經禮拜，日有所課，收其邪心妄想以安淡泊，常人奚用此焉？茹素者，亦以清其心而儉其用。常人有大事及祭祀，自審神氣昏濁，節口腹以養其清明，未爲不可，若謂不飲酒、不茹葷遂爲善事則愚。《莊子》載孔子對顔子口齋心齋之説，本無語弊，世人以時文忌用心齋之語，並不信孔子之言，則非。且西方活佛酥酪爲常，歷代高僧酒肉不禁，蓋誠養其本體，則清明在躬，志氣如神，原非暈酒所能昏垢。庸俗名利薰心，嗜欲攻取，不一其途，有保身節慾者，茹素以清心，戒殺以廣慈，亦未爲不可，無庸混而一之，偏而執之也。

問：道言不死之藥，及鼎鑪火候等名，何謂？

曰：先天一氣渾然粹然者，是氣即是理，《中庸》所謂上天之載也。人得此理於天，全而受者全而歸，形骸有盡，神明無盡，則爲長生。喻氣爲藥，喻神爲火，以神養氣，即以火煉藥。渾然虛静，一念不生爲文火，念偶動而閑存爲武火，其克復之時，火候亦然。鼎鑪則性命竅妙之地也。要之，盡性立命，必有師傳，非文字所能宣，子思故曰達天德者乃知，孟子亦曰難言也。

問：禮樂法度？

曰：此非庶人所敢議，亦不必議也。遵一王之制，合乎天理人情物則之宜，則今猶古也。若區區援据《禮經》，彼此拘牽，析之愈精，施之日用無當，亦奚取焉？

問：然則工夫從何處入手？

曰：《四書·論語》開端第一句便言時習，所習者何？《大學》首言明德也，明德者何？《中庸》首句所云天命之性也，性者何？《孟子》首章所謂仁義也。時習者，習此而已。習之之法如何？《中庸》首章所謂致中和也。静而養其未發之中，葆明德之本體，仁也；動而當於天理之和，爲明德之大用，義也。仁義由心而發，静必一念不起乃爲仁，動必事事合理乃爲義。但人心私妄甚多，易動而難持，故當愼動。日用倫常、言行動静之事，四子六經詳言之，歷代名儒條分縷析發明之。初學難以遍覽，能即四子書身體力行，則義已無餘。如言忠信，行篤敬，可以寡過矣。存忠恕心，行仁義事，敬静該乎其中，終身亦無不宜矣。

問：道如是其易乎？

曰：不可視爲難，然不得以爲易也。若有奇異，即非中庸。理雖中庸又實神妙，必一一實體之於身心，以誠、以敬、以不惑，死而後已。深造自得，毋徒求諸言語文字也。

問：子言美矣，盡矣，更願聞其至要？

曰：道在五倫。臣盡忠，子盡孝，父母修身寡過，教子以義方，兄愛弟，弟敬兄，朋友忠信，夫妻諧和而相勉以德，果能如是，便是聖賢。但心不正，意不誠，則不能各盡其道，所以要存心養性。心本靈動，要養之，使常静定。静定之法，道曰玄，佛曰禪，儒曰致中也。常令此心静定，一有念頭動時，必省察是非，是則可想，非則斬除，孔子所謂克己，佛道稱爲慧劒。理正矣，以誠心行之，久久言行心術俱正俱誠，便是聖人。近時學道者，不知從倫常實踐，不知存心養性如何便是事天，惑於邪説，妄想成仙成佛，變化飛昇，否則求奇術，至於廢人倫、壞心術，或長齋、或絶夫妻、或棄父母子女，入山入林，徧走天涯，究竟一無所得，到頭悔之晚矣。

問：天地之理始於數，天一地二等是也。子嘗盛推《圖》《書》，而又不言數，何耶？

曰：《圖》《書》著五行生成之理，以前民用其精微，則天人合一，性命顛倒，克己復禮之功皆寓其中。前人止於言數，歐陽公所以不信之，而遂因此不信《繫辭》，亦爲鹵莽。夫天地一氣而已，原氣之所由始，莫測其端倪，迹氣之所由終，莫窺其變化，而其實衹一理而已。理存於無聲無臭之表，所謂虚無者也。理貫乎萬事萬物之中，所謂至誠者也。有理而後有氣，有氣而後有數，有數而後有象。即象數以窮理，理精而象數皆精，執象數以言理，理粗而象數亦粗。《周易》一書，理氣象數備矣，然象數豈止如《易》所云，特理氣不越乎此耳。世俗第知術數可以測休咎，不知休咎必由乎人心，果能正其心，修其身，則術數皆爲末節矣。

問：易，夏首連山，殷始歸藏，何義？周何以易之耶？

曰：愚《周易恒解》已言之矣。《艮》成始而成終，在天地爲消長生化之原，在人身爲安止時行之理。《坤》元萬物之母，而乾性所藏，元命所胎，禹湯豈無故而首此？文王則以爲陰陽五行是生萬物，然皆天地自然之功用，故首《乾》《坤》。而《繫辭》第一章，則孔子所以明文王首《乾》《坤》之義也，惜前人不得其解。

問：聖人高矣，至矣，千古難之，而子易言，何耶？

曰：豈特愚以爲易哉？孔子云：及其知之一，成功一；困勉次於生知，不學乃爲下者。孟子云：人皆可爲堯舜。蓋凡人皆得天地之理，則凡人皆可以合天。人禽相去幾希，君子存之，自舜至孔孟皆是，則聖人乃成爲人耳。聖人在家爲孝子，在國爲忠臣，無論窮達顯晦，皆能成己成人，非學至聖人遂一定爲帝王。後世以學聖人爲忌諱，如《中庸》博厚高明悠久之屬，皆謂天子之事，不知《中庸》以孔子爲法，孔子何嘗作天子？朱註錯解大德受命，遂增多少妄説，愚於《中庸》已詳之。又《禮經》言儀度太嚴密，人更以聖爲難學，不知孔子所行，乃周家一王之制，使生於今日，豈猶生今反古，必循周禮乎？聖人隨時處中，必遵王制，但世俗所尚，麻冕可從，拜上不可從耳。《周官》《周禮》，大經大法，後世不能出其範圍，若儀文制度隨時變通，豈容拘泥古法？《儀禮》一書，漢人撮拾之詞，前人執以爲聖人所作，致諸儒拘牽聚訟，不達時勢，不近人情，豈非不善讀書之咎哉？然則學聖奈何？曰：存其心、養其性，以忠恕之心，行仁義之事而已。孟子曰：舜爲法於天下，可傳於後世。非仁無爲，非禮無行，便可如舜。夫愛人、敬人，豈人所不能哉？不肯爲耳。愛其親以及人之親，敬其長以及人之長，愛敬二字行之至誠，事君忠，交友信，家庭之間不待言矣。道豈遠乎？術豈多乎？

問：愛親敬長之人，世不乏矣，何以不得爲聖？

曰：其所謂愛敬者，非愛敬也，徇私而已。愛敬其親者，必諭親於道，一毫非禮非義，惟恐親或蹈之，必致其親於聖人而後已，故曰：不誠乎身，不能事其親也。事君亦然。推之兄弟、夫婦、朋友，無不以仁、以禮，至誠行之，故愛敬達於天下，親親、長長而天下平。否則如世俗名利紛華，嗜欲悖亂，父子相承，兄弟相襲，朋友黨同，至於妻子亦以從命爲恭，濟惡爲務，世教之非，變故之來，皆由乎此，不可不明辨也。

問：後世文字之學甚重，孔孟不言，何也？

曰：文以載道，亦何可輕？古人六藝，自幼服習，故不必言，非廢之也。孔子曰：文莫猶人；孟子曰：誦其詩，讀其書；知人論世，曷嘗不言？但必以躬行實踐爲要耳。然則文字科舉，何以罕遇聖人？曰：選舉之法多途，非得人以行，未有無弊者，豈獨文字？或以德進，或以言揚，或以事舉，《禮記》言之，舍此三者，固無得士之法。第先必有君相之培養，師友之陶成，如周家六德、六行、六藝，人人習之，非此不舉，而又需以時日，慎其選建，斯可多才耳。

問：文德武功相輔，如子言有文而無武，可乎？

曰：非也。禮樂、兵刑，相爲表裏，《詩》《書》言之已詳。至武勇一事，亦儒者事，孔門冉有用矛、樊遲逾溝、子羽斬蛟，孔子亦言：我戰則克。當時周道雖衰，禮法猶在，射以觀德，田以講武，寓兵於農，仁者有勇，固非專工誦法，並無技藝也。又况道德果全，則虚己下賢，廣羅英俊，安坐而指揮之，良、平、頗、牧，無不效命，亦不必自我而親其事也。

問：佛、老亦有如斯者乎？

曰：然。世傳太子射九重鐵鼓，達摩居少林寺，示人以武技。蓋凡道德之士，文經武緯必求其全，非高談性命，鄙薄術數，空空守一心之靈，自以爲聖學而已。

問：子之書多反前人，今乃知所以矯其失，明其正，而非好爲議論也。

曰：唯，唯，非愚之所敢當也。第幸生聖朝，沐浴教澤，又中外一家，得以遍觀外域之事，且門人等惟求名利，鮮踐倫常，語以聖人則驚訝之，事功則緩置之，心性則迂曲之，讀書則是非莫辨，説理則言行不符，用私心太息，以愚拙之見爲不急之談，隨答問而演成篇冊。然内問實毫無所得，知不免於有識之非笑，後世之指摘，第兒子輩業經災梨，亦不得而煨燼之矣。大雅君子，幸而教之。

弁言

道者，天理而已，人獨得之以成人，禽獸則無有也。以道脩身，乃求盡其所以爲人之理，故曰遠人不可爲道，以人治人，改而止焉。自羲農至孔、孟，天生聖人，或爲君相，或爲師儒，凡所以養人教人使其不入於禽獸者，禮蓋無不明，而法亦無不備。詩書雖富，惟在力行。言聖人之言，行聖人之行，無愧於人，即無愧於天。反身而求，欲仁即至，有何難企？不意六經既出，傳注日增，人各有見，互相是非，不以聖人之書爲身心倫紀切要之功，而以爲精奥神奇未有之物，於是中庸之道，康莊化爲荆棘，至今日而道若登天，聖至難學，人人讀聖人之書，不敢存希聖之念，則大非聖人教人之意、上天生人之理矣。愚虚度一生，毫無善狀，惟自幼訓徒，自乾隆丙午迄今六十七年。凡聖人之書，恪遵欽定註疏等義，參以諸家，沉潛誦習，久閲星霜，覺道本至常，愚柔可勉，人人皆有天理，即人人皆可聖賢。雖天下古今事變無窮，然其要不外身心性命之理、日用倫常之道。全之則爲聖賢，得半亦爲君子，背之即爲禽獸。凡異端雜學，悉以此權衡折衷之，不患不能擇别也。子輩幼小，亦或能隨時質問，撮其概以語之。久久忽已成帙，不忍棄也。命書而存之，以俟幼子數人。若輩遂以付梓，恐其持以問世，則重愚罪，門人有知愚志者，爲示其端，俾相戒約。門人曰：是可以弁此書矣。因顔曰《子問》而以列於篇首，姑且聽之。

咸豐二年，歲在壬子初夏　止唐劉沅書　時年八十有五

子問卷之一

愚既注四子、六經《恒解》，又爲《雜著》《拾餘四種》及他議論，凡聖賢之遺，有關人心風俗之事，皆爲辨正，亦略備矣。第文繁苦難盡閲，兒輩幼小，每隨時質問，以俗言曉之，積久又復成帙，不忍捐棄，顔曰《子問》，存之家塾，以便來者觀焉。

止唐老人書　時年八十有四

問：道至矣，聖難矣，而子易言之，何耶？

曰：道者，天理而已，得此爲人，否則爲物，聖人亦第全天之理耳。人人有此理，即人人可以作聖，何難之有？

問：然而古今聖如此其少，言道者如此其紛，何也？

曰：天理全在於人，全理止在一心。但父師失教，習染乖離，則天與人遠，心與理違，故君親師必得其人，教化斯興。

問：君親師又安得而遂知聖學乎？

曰：天理不絶於人心，則聖賢亦不絶於斯世。第隱於草野，無人知之，如傅巖、如莘渭，非遇旁求，則終於匹夫矣。孔子問禮柱下而歎猶龍曰吾師，子夏亦言仲尼師老聃，而儒者斥爲妄，是故知聖學必有聖師者罕。

問：聖賢豈必貧賤乎？

曰：聖賢不必貧賤而常貧賤，義利常相反也。有德者不求知而人亦不知，故必能自得師者，始能相士於風塵之外。世俗矜己自用，則雖朝廷法令、師友箴規且不遵行，他又何論？

問：道在人倫，似易知易行，而罕有全者，何也？

曰：三綱不正也。聖人以忠孝望人，而亦未嘗不戒三綱盡道。孔子曰：苟正其身矣，於（正人[①]）［從政］乎何有？不能正其身，如正人何？孟子曰：身不行道，不行於妻子，使人不以道，不能行於妻子。皆責重三綱之辭。後世君親，夫侈然自肆，無禮而虐使其下，是以賢者蒙冤，不肖者畔亂。有世道人心之責者，安可弗汲汲自修？

問：科舉可以得聖人乎？

曰：可。功令以四子書命題，正欲人學聖耳。言其言，行其行，不以文視之，聖人豈俟他求哉？第荊山之璞著於卞和，伯牙之音必需鐘子，爲之不易，知之尤難耳。

問：文藝可以盡道乎？

曰：道非文不見，文非道不立，徒文而無實，前人屢譏之。道不外於五倫，敦倫必由盡性。盡性敦倫，則文皆至文，否則何足貴焉？

問：盡性敦倫如何而後可以無愧？

曰：静而存養，動而體察，以忠恕之心，行仁義之事，由親親而廣其仁，并包可也。由長長而廣其義，製作可也。仁熟而後義精，義精而後仁熟，誠而行之，篤而守之，宏也，毅也，止是量大而心小耳。

問：誠字最難，每玩先儒之言，令人惘惘。

曰：誠，實也。得天理而爲人，失之則爲物。實有此理於身，故曰誠耳，何深求哉？天只此實理，故生生不窮。人能全之則爲聖。若止言眞實無妄，則非。故文王曰：無妄，元，亨；其匪正有眚也。

---

① 《十三經注疏·論語注疏》卷十三及《論語·子路第十三》原文均爲從政，據改之。

問：誠，實也，凡理皆實，而佛、老言玄空，何故？

曰：天理貫於萬事萬物，生養變化，亙古如斯，豈非實有是理，故久而不易乎？然其所以，則不可測，故曰玄；玄妙無可名言，故曰空。費而隱，微之顯，費顯實也，隱微元空也，合之止全一誠字，分量語不同而義豈殊哉？

問：然則何以不但言誠，而必玄空？

曰：道著於形象而其源在心，心不可見，已爲玄矣。心之主爲性，性即天理，天地之昭著者可見，其無聲臭者難見，人事之外著者可見，其存主者亦難見。可見者，謂之爲誠，而存主者，不謂之誠，可乎？但以其不睹不聞也，而曰玄；以其渾然不動也，而曰空；空與玄，言至誠之妙耳。忠臣孝子，一念精誠，誰則知之？不謂之空乎玄乎？而格天地動鬼神者，誠也。誠之極，而玄妙存乎其中。文王之穆穆，夫子之皜皜，謂之玄空可也，而非德造至誠，何以能然？人知文王、孔子至誠矣，而穆穆、皜皜，有能言其實者乎？奈何以玄空爲非誠之理也。

問：然則先儒何以闢玄空？

曰：人身藐然耳，而萬物皆備，反身而誠，遂與天通。天至空也，地至實也，實者含空，空者運實，聖人之德亦然。自誠身之學罕傳，談玄説空，徒工口舌，前人得僧流養心之法，頓覺明通，遂以爲道妙在是，而其實誠意正心，孔子自志學至從心，孟子自有諸已以幾化神，功夫次第，俱未及窺，則静而致中，動而致和，已在影響之間矣，又何怪言玄空而入於渺冥惝恍哉？

問：言聖賢之學，何必牽引佛、老之言？

曰：聖賢之學，不外倫常，倫常本於心性。心在先天，純乎天理，故曰人性皆善；心在後天，雜於情欲，故曰性相近。克己復禮，由内外交養，全其受中之天理耳。静存爲動察之本，孔子曰：出入無時，莫知其鄉。後天之心如是。静存者，存有覺之心，養虚明之性而已。虚明非可强致，集義生氣，言行心術皆少私妄矣。而無事之時，静養天性。静之至極，而艮其背，不獲其身，乃有虚無清淨景象，故虚無清淨，止是養性之義。若静養之時，未至虚無景象，則强治其心，克伐怨欲，不行非仁，告子之不動心，亦豈聖人之正道哉？佛、老之徒，誤解四字而流爲邪妄，儒者見其妄而遂斥其非，不知寂然不動，天理渾然，亦止虚無清淨而已。

問：虚無清淨既爲養心之法，聖賢何以不言？

曰：言何必一致？惟其理之是耳。唐虞始言心，成湯始言性，傅説始言學，孔子言爲仁、克復，孟子言養氣，《大學》言心不言性，《中庸》言性不言心。若執一以相衡，豈不歧而悖哉？佛在西域，去中國萬餘里，因其俗，化其人，何嘗欲惑中華？老子，孔子所尊，不求聞達，孔子曰吾師如龍，因關令尹懇求，強爲著書，《道德》五千言，不云飛昇等術，曷嘗思各張一幟，後世留名？自聖道罕行，儒修多誤，人心莫知嚮方，乃有趨於佛者，老子亦爲妄人所託。然慈悲，仁也，清淨，無欲也，亦非外於聖人；必入主出奴，横相訾詬，而凡其言之是者，亦一槩非之；在佛、老，未必以爲芥蔕，而養心之法，不得其要，使人終身閑存，勞而罔功，則可嘆矣。

問：今之所謂玄空者，何如？

曰：異端也，道之賊也，非佛、老之舊也。佛言明心見性，盡其心者，知其性也。道言修眞養性，修即修己，養即存養。吾儒窮理盡性，心性外無理，除卻存心養性，又何有道，使外於天理而别言玄空，豈待吾始闢之哉？此事愚已屢言，不贅。

問：然則所謂仙佛菩薩者，奚由？

曰：仙佛菩薩，名異而實不殊，皆聖賢耳。西方以聖爲佛，以賢爲菩薩，菩薩摩訶薩則大賢也。仙有五等，愚已詳於《雜問》。修身立德，潛見由心，無論窮達，皆可以成己成人。後人不知，則以隱士爲神仙，幻術爲神仙之妙。至西方言語不通，民俗不同，所謂佛菩薩者，更未嘗深知其實，而愚者神異之，智者鄙薄之，皆非佛菩薩知己，其必相視而齒冷矣。

問：虚無清淨存養，既必由此，而《書》言人心道心，必謹危微，持精一，乃可執中。此非虚無清淨可了也。

曰：《書》言不錯，解者錯，而聖人之道遂隱矣。今爲爾剖析之。一心也，而何以分人心道心？人心，知覺運動之靈；道心，天命之性；性不離心，而心非盡性。必知先天後天之義，始能知心性分合之原，危微不一之故。先儒蓋未知也。伏羲八卦，《乾》南《坤》北，定陰陽之位；而文王八卦，乃以《坎》《離》代《乾》《坤》，此天地先天、後天之分，即人身心性不同之義也。乾純陽，坤純陰，人生受氣於天，成形於地，乾，性也，坤，命也。先天性命混於太極，受生之始，得天地之理者，無不全，及胎元滿足，出離母腹，自上下下，陰陽互易，遂自天而之人，七情開，九竅洩，先天純一之理，莫葆其初，後天氣質之累，乃分其氣，是以心浮動而難存，性渺冥而罔識。人心危，道心微，由乎此耳。聖人盡性踐形，則心即性，性即心，純乎天理，又何慮人心之勝道心？然氣質者，人所以生，即嗜欲所以出。堯、舜、禹，皆聖人也，而戒以常存，精一所爲，聖不自聖也。允執厥中，衹是渾然穆然、至誠無息，非勉強操存之謂也。初學則必由勉而安，先儒止知心即是性，心不易制，故以下學之功，解堯、舜聖人之德。而學者相沿，遂謂心必克治如原思之不行，必終是不能盡性。或天質較優，人心亦有至靜時，然第告子之不動心而已。

問：先儒言，辨之極其精，守之極其一，戒其危，謹其微，允執厥中，則拳拳固守之意，似亦要義，聖人何以不須此耶？

曰：心之所以多惑者，氣質之累，乃生物欲之蔽也。聖人窮理盡性，以致於命，大而化矣，不動心矣。清明在躬，志氣如神，文之穆穆，即天之於穆，而何有人心之危，得累道心之微哉？又何俟精以辨之、一以守之？堯、舜言人心道心危微如此，乃凡人心情之常，而天子萬幾，勢不能無思爲，或純一之德因煩苦而紛，清明之氣因疲勞而困，故告以允執其中。若下學，則須精以辨之，一以守之。然無盡性之功，則辨之不勝辨，守之無可守，勞而無功，浮而不靜已耳。

問：孔子言克己，克非強制乎？

曰：非也。心之所以浮動，氣質之累爲之。化其氣質之累，而渾然粹然之性體見焉。因氣質難化而勝之，故名之曰克，非強爲克制之謂。復禮，即復還先天之性。不言理而言禮，該内外本末而言。蓋内養其仁，外循乎禮，功夫不可偏廢，然後仁熟義精爲全德也。然其功非一端，亦非朝夕可企。夫子因顏子沉潛穎悟，括爲仁始終事而言，故曰克己復禮爲仁。其己如何克？禮如何復？則面授之，不能明白，著之於書。先儒不知，遂以爲視聽言動，戒其非禮，即爲克復。不知顏子明明言：請問其目。是制外之事耳。其爲仁必養，其中固自有功。且非禮甚多，即視聽言動以言其槩，亦止是誠意之事，以克爲戰勝之義，則必勉強持之，如治絲而棼，其功甚苦，其於仁亦終身不能純一，此後世學者所以苦其難而並不養其心也。

問：養氣始不動心，自羲農至孔子，聖人多矣，皆不言，而孟子始言之，子據以爲不易之法，何耶？

曰：天地一氣而已，散著爲萬物，形象所呈，理即寓焉。而其自無而有，自有而無，皆氣爲之。故理氣二字，不可稍分。理至無也，著於跡象而始見其實，非氣以藏之顯之，將於何求理？人知人爲貴矣，然必有氣而後有質，氣在而理即寓焉。人知理之重，不知理非氣不著，且非氣亦無以養，顯諸仁、藏諸用，皆氣爲之也。而上天之載，無聲無臭者，是氣即是理。人身以心爲主，而心之靈即氣之靈，但氣在先天，不累於形，理亦純粹，而人性皆善。氣在後天，形囿乎氣，故理亦雜而性特相近。心者，人之神明也，其應用不窮，皆氣爲之。然必静有所養，而後動效其靈，心與氣豈二物哉？氣爲形囿，而理亦不純，其本體之明不盡亡者，幸有平旦之氣也。人每夜必安眠，氣斂而神亦聚，是以心猶有理不至牿亡，不然豈特氣竭而理亡，亦且不保其生矣。心之必賴氣以存，此其顯然可見者，故養氣者，收放心於至善之地，心定静而氣亦安，浩然之氣自生，所謂有諸己矣。内外交積而至於充實化神，則心純乎天，氣亦無毫髮之不粹，此爲心不動，此爲正心，古聖人皆此功也。伏羲畫卦，文周孔子演易，已明言之，第非師不授，尤非文字可傳，故止言心性，言道、言仁、言學，而其實即養氣矣。堯之安安，舜之恭己執中，建中、敬止、執競、基命，以及孔門爲仁，無非此義。至戰國而禮壞樂崩，處士横議，孟子乃不得不實指明其義，安得謂前聖不然哉？後世功利興，詞章貴，儒術日雜，而聖人之學尚存於隱逸之士。久久僧道之徒亦有學者，因其入於空門，平日無室家妻子之累，其清潔自較易，故其成就亦頗多。仙也，佛菩薩也，世人從而異之，不知止聖人存養之法耳。儒者罕明僧道，無知者衆，流傳多僞，而歧路多歧，遂有三千六百旁門之語，不遇聖師，不實踐其學，又何以知之？

問：然則主静以立人極，周濂溪之言其不（刋）[切] 乎？

曰：非也。主静如何便可以立人極？静而致中，然後能動而致和，静固動之本也。而心浮而不寧，非養浩然之氣，則性無所宅，心終難静。《大學》言止於至善，而後定、静、安，即此義也。果能定、静、安矣，則先天之性可以有諸己，由是而充實光輝以至化神，其功效固非朝夕。文王之德之純一，天之穆始爲至静也。周子師海巖，以僧流空寂之意，養後天知覺之心；不知心在後天，非人生而静之本，安得遂立人極？静而萬理俱函，動而隨時處中，性之德也，合外内之道也。佛言眞空不空，妙有不有，亦謂不可偏於動静。後世僧流，傳失其眞，乃偏於主静，而無以修齊治平。周、程、朱、張，天資高明，私妄甚少，故一主静而即生慧，以爲盡心知性，即此而是，不知其非聖人本末兼盡之學也。

問：然則以虚無養心、主静存誠等義，俱可不用乎？

曰：是何言歟？離誠敬而養静，所謂静者何哉？誠不欺也，敬不肆也。一念之欺與肆，旋即滅之，不待其見於言行，如是力行久久，然後私妄漸消，天理漸熟，所以集義方能生氣，至德乃凝至道。而夫子言爲仁之目，必先戒非禮；然文王止仁止敬等事，本於内之緝熙敬止，故欲誠敬，必由爲仁。仁，本也；禮，用也。聖人之敬，不待思勉而小心翼翼，昭事上帝，不敢以天命在我，稍存自足之念，故爲止敬。初學主敬，則但言行動静，無一念之欺，無一事之肆，始可崇德修慝耳。先儒言主敬存誠，是矣；而教人以敬，不以畏天命爲本，則視神天爲恍惚，一念之欺肆，又安能悚惕生敬？教人存誠，不以養浩然爲本，亦何能宅心正大、漸次以至於不動心？是故虚無清淨，不過言存養之意象，至言行心術，則不欺不肆，不可一息而離，何乃云不用誠敬二字乎？若夫誠身之至，與天地通，其所謂誠與敬，已化乎其跡如文王之德，非初學所可妄託也。

問：眞空不空，妙有不有，咸以爲異端，今子以動静明之，其義盡於此乎？

曰：二語所該者廣，何止此也。以天地言之，未有天地之始爲眞空，既有天地之後爲妙有；上天之載，無聲無臭，空之至矣，而實萬彙所從；生則不空，成象成形，品物流行，有之至矣，而其生化實莫測。則妙有以理象而論，乾爲純陽，六爻皆實，不爲空矣；坤爲純陰，六爻皆虚，不爲有矣。而天地相交，陰陽互宅；乾下交於坤，而坤中孕陽；坤上交於乾，而乾中含陰；乾坤以坎離爲用，坎離以乾坤爲體；天地非判然二物，陰陽亦交濟成能。人心，先天爲乾，後天爲離；人命，先天爲坤，後天爲坎；乾坤破而爲坎離，生生化化者不窮，淳淳悶悶者亦雜；坎離復還乾坤，眞陰眞陽全本體，而人心道心悉精純；其理眞空不空，妙有不有盡之；其功則空者實之，有者化之，費而隱也，微之顯也；推之而天人萬物之理無不包，可弗明其義而徒相嗤乎？

問：然則《道》云：恍恍惚惚，其中有物；渺渺冥冥，其中有精。亦眞空之義乎？

曰：非也。恍惚而有物，謂離中之陰；渺冥而有精，謂坎中之陽。陰陽互宅，是天地之功用所以宏，亦人生之性情所以異。知敬止之功，踐人倫之實，使後天返還先天，性命統於一元，則恍惚者不恍惚，而窔冥者非窔冥，不動心也，大而化也，即此義也。老子告孔子曰：爾所言者，其人與骨皆已朽矣，獨其言在耳。且吾聞之，君子得時則駕，不得時則蓬纍而行。良賈深藏若虚，君子盛德，容貌若愚。去而矜氣與驕態，泰色與淫聲，是皆無益於子之身。蓋言第求諸古人，檢察形色，不足以得其源，欲夫子返而求諸身心，爲安汝止之功也。故又語子曰：至陰肅肅，至陽赫赫；肅肅出乎天，赫赫出乎地。即恍惚窔冥，有物有精之義。以後天陰陽之互宅者，明心性之所以分，而存養克復之功，則必面告夫子，不能以文字傳之。夫子質本生安，從之三年，深造自得，故贊以猶龍，而世俗不察，第以爲問禮而已。夫魯備六代禮樂，夫子自幼已見聞而學習，老子所知，夫子未必不知，何猶待問？且禮制著於外者，問之亦不過如問官郯子、學琴師襄，何至服膺之而嘆爲猶龍？因心性之功，不能著於文史，以問禮二字括之，亦如夫子告顔子復性而曰復禮，皆即其所易見以明之也。後儒拘守文字，遂不知授受之眞，能無太息歟？

問：然則觀音大士所謂色即是空，空即是色，亦斯義歟？

曰：然。形、色，皆天性也，故色與空無二。然理含於虚，而事徵諸實，滯於色者不能空，淪於空者廢乎色，皆非也。觀音大士云：不垢不淨；不離乎俗而不溺於俗也。不生不滅，事至而如其理以應之，事過而亦無心置之也。不增不減，無過不及，適合乎中也。蘇東坡云：人皆入世，出世者誰？人皆出世，世誰爲之？西方大士，不垢不淨云云，蓋亦知其義矣。諺曰：天下本無事，庸人自擾之。蓋凡事順理而行，合乎中正，原不必參以私妄，聖人時中之道，止是如此。僧流無知，别爲之解，反誣大士之本來，不可嘆歟？

問：學聖必由禮法，孔子以禮教人，先儒尤兢兢講求禮制，寸步惟恐失之。今子重存養而略禮法，下學奚由致功？

曰：是何言歟？是何言歟？夫禮豈可斯須去耶？吾言静存動察，静而渾然不思善不思惡，一志虚無，以求純静，無所謂禮也。而果能致中，天下之大本在是，禮已賅焉。若夫動而省察，一念之善擴充，否則克治，辨其是非，遷善寡過，非禮而何？但予所謂禮者，與先儒不同耳。道止天理良心四字，人得天理以爲良心，心不盡良，良者乃爲天理，人皆有不忍人之心，未有四字全無而尚生於世者也。此四字人人皆知，人人可行，無論智愚，念念事事，惟恐不合天理，昧卻良心，即夫子言苟志於仁，無惡者矣。但凡事由天理良心而行，或過不及，則亦何取？節其太過，文其不及，使恰合乎中，禮以名焉。行之咸宜曰義，知之眞曰智，行之誠且久曰信。自綱常倫紀之大，以迄日用動静之微，無處不有禮，其實無非節文天理良心。理與禮，豈二物哉？孔子以禮教人，由其天理純熟，從心而不踰矩，以己所得，造就於人，何嘗拘拘前聖禮法，使人服循？儺而朝服，獵較而正簿書，文武周公之制所無。微服可，公山佛肸召欲往可，自言無可無不可，蓋天理著於外，行之而咸宜，所以爲時中也。豈如後儒執固不通，斤斤講求古禮，令人畏苦難行，並可從之禮，皆成畫餅哉？

問：禮樂制度，皆聖王所留遺。儒者講求之，以爲師法，豈爲非歟？

曰：聖人之遺，安可廢哉？所患者，似是而非者耳。秦火以後，聖王之禮，十亡七八。漢代遺書，掇輯於群儒之手，有實係聖王之禮者，有周末文勝穿鑿支離者，儒者不察，槩以爲聖人之遺，則不合人情，失乎中正。而乃欲使人則效，小之迂拘違衆，甚則生今反古，高明笑其迂曲，下愚苦其難行，此聖人之道，反因傳注而晦也。夫後世生民日用之事，一切皆與古殊，安可拘於古禮，使人遵行？五帝殊時，不相沿樂，三王異世，不相襲禮，所以不必同者，因時制宜，禮本非印板文字也。如使孔子生於今日，亦當恪守王制，不敢自用自專。第非道非義，斷斷不爲。麻冕可從，拜上不可從。其義如斯。《記》曰：言而履之，禮也；行而樂之，樂也。范希文曰：事得其序之謂禮，物得其和之謂樂。其言得禮樂之意。蓋禮者，所以節文天理，惟聖德在躬，乃無在非禮。常人修身踐言，亦可無愧於禮。先儒拘拘古禮，言之太苛，所以後人畏阻，否則嫌其迂曲，雖小學、幼儀等書，諄諄教人，亦徒虛文矣。愚者更無待論，不知聖人言禮，止是欲人全其天理。孔子以禮教人，實止欲人爲仁，蓋内外交修，斯爲學之全功也。故曰：人而不仁，如禮何？禮云禮云，玉帛云乎哉？子路爲季氏宰，季氏祭，逮闇而祭，日不足，繼之以燭，子路更之，質明而始行事，晏朝而退。孔子曰：誰謂由也而不知禮乎？可知孔子雖從周禮，未嘗不以義折衷去取，奈何生數千年後，倍王章而行古禮，以爲是乎？

問：如子之言，禮以行仁，仁止是天理良心，則非爲仁不足以知禮矣。但子罕言仁，朱子曰：仁之道大，故子罕言仁，又不易爲。將奈何？

曰：此漢儒誤解，而宋人因之，遂貽誤千秋矣。子曰：仁遠乎哉？我欲仁，斯仁至。苟志於仁，無惡。有能一日用其力於仁矣乎？我未見力不足者。諄諄以爲仁望人，何云罕言哉？《論語》言：與命與仁。與者，示之詳。夫子曰：吾無行而不與二三子，是也。禮所以制外，仁所以養中，未有不養其中而能制其外，不制其外而遂可以養其中。内外一原，不可偏廢，況乎仁者，人也，非仁無以爲人，無仁又何有禮？第全體之仁，即性也，明德也，誠也，道也。全之則與天合，非可旦夕而幾。一端之仁，則人人有之，不忍一牛之死，便可保民而王。故一念一言，發於天良，即可爲仁。惡其不仁，而求良心天理之安，豈難事哉？擴而充之，可以保四海，孟子已明言之。若以仁爲不易爲，則是天理良心可一日而無矣。

問：先儒謂，顔子仁矣，幾於聖矣，而貧窮短命。先儒言，學道第一要安貧，修短亦不必介意。然而飽暖長年，人所欲也，貧窮短折，人所惡也。《洪范》五福，以壽爲先。夫子言，仁者壽，大德必壽，且禄位名壽必得，是故人無願貧窶而夭壽者。若必如顔子，是爲聖爲賢，必與人情好惡相遠矣，其可乎？

曰：善哉問也。此義不明，使人謂聖人之學，不能挽迴氣數，而卻病延年，金剛不壞身，必佛、老始能之。且仰事俯畜，人倫之道，爲聖爲賢，而一家窮餓，又誰心安之？不知道即天理，學道止是全已所得之天理。理既本天，則天必不能外理而有。予奪人生，豐嗇壽夭，固甚不齊，然推究其原，則先德及賦稟之由，栽者傾之，殊而不齊之數乃出焉。理，氣數之主也。聖人以立命事天教人，全天之理則可以合天之心，轉移造化，故曰，人能宏道，非道宏人。德造其極，則浩然之氣，方且塞乎天地，而何短折？與天地合其德，日月合其明，而何至窮餓？尋常好修之士，有一念之善，天即有一分默佑。古今宜死、宜貧、宜凶禍，而修身寡過，轉禍爲福者，不勝枚舉，蓋栽者培之，傾者覆之，理固如斯。顔子言：如有所立卓爾。夫子稱其三月不違仁，其學止三十而立之候，非已爲聖人、仁人。其短命也，由秉姿太薄，年二十八，頭髮盡皓，蓋有諸已而未充實，故不獲延年。夫子賢其安貧，因門人貧，多廢學，故以回激厲之。其實顔子有郭外郭内之田九十畝，本非貧者。陋巷簞瓢，表其不求安飽之意耳。若果貧甚，俯仰皆無所資，而乃置之不問，曰吾有道可樂也，有此不近人情之聖學乎？以顔子之賢，若天假之年，希聖何有？不幸而短命，故子慟惜之。使顔子仁聖而猶短命，則仁者壽，大德必壽，夫子之言亦妄，且凡學道必先安排糟糠，不苦人以難行乎？

問：學道修身，如何便可延年飽暖？然則許白雲云，儒者以謀生爲急，其不可訾乎？

曰：道者，天理而已，天止此理，果念念合理，即事事合天。天之生物，因材而篤，不能外理而有賞罰。若德修於身，依然餓莩，則非天理矣。夫子言餘慶、餘殃、大德得祿位名壽，固以天理信之，非欲人妄希非常之分。人生各有分位，即各有職業，能修心術，又勤於職業，以儉以謙，自無終身窮餒之理。許白雲意是而詞不達，謀之一字，誤也。生如何謀？毋乃非義而求乎？夫子曰：吾何執？執御乎？執射乎？非但辭博學之名，正恐人無所執業，泛騖而少成就。三代下，士農工商分途，皆可托業，可免饑寒，無害於義，何不可爲之？孟子曰：矢人惟恐不傷人，函人惟恐傷人，擇術不可不慎，即此之謂也。精、氣、神者，人之所以生，而有先天、後天之分。養浩然之氣，其功在持其志，無暴其氣。志，心之所之；心者，人之神明；神，又氣之主。持其志，無暴其氣，閑有覺之心，養一元之氣耳。非謂憧憧之神，血肉之氣。然元精、元氣、元神，凡精、凡氣、凡神之主也。先天之神氣充實，而後天之神氣亦完固，故聖人之學，可以延年。五十而外，即不爲短命矣。氣化不齊，乃有夭折，栽培不一，故有窮餒，聖人以修身立德教人，補天缺憾，故曰盡性而贊化育。

問：然而夷、齊餓死，何也？

曰：此前人誤解史遷之言也。史遷爲伯夷立傳，以孔子之言爲主，因所聞軼事所傳，與夫子又何怨不合？故引以作波瀾，而云由此觀之，怨耶？非耶？乃歸到己，止信孔子，不信傳聞。學者不識其文義，竟以叩馬餓死爲實事，愚於《伯夷傳》後已評之。《論語》止言餓於首陽，不言餓死。以情事考之，首陽去孤竹非遠，蓋方去國之時，偶然窮乏，及就養文王，即得所矣。然止是就養，未嘗仕周。及孟津大會，夷、齊或已老死，故《詩》《書》無之。武王、周、召，皆聖人，夷、齊，賢人，使武王有一毫利天下之心，夫子豈謂其應天順人哉？均聖賢也，夷、齊是，則武、周非，奈何以史遷所不信，而反據以爲實？

問：夫子言顔子屢空，何耶？

曰：亦漢儒誤解。讀空爲去聲，而後人因之也。安貧固佳，然聖人非必以貧爲貴也。貧與賤，是人之所惡也。耕也，餒在其中。學也，禄在其中。言寡尤，行寡悔，禄在其中。孔子何嘗教人枵腹而學聖賢哉？空，此心虚明也。人心多私、多妄，則欲勝理微，日就昏濁，所謂小人下達也。存養心性，即養浩然之氣，心即神也。有諸己之後，時覺其定静安，則此心空明，少憧憧往來之致，所謂三月不違仁者是。後人因佛言空，故諱之。然孔子與佛，同在周代，不相聞問，佛可言空，夫子不可言空？後人學佛，誤解空字，並孔子言空字，亦視如僧流頑空，此何理耶？

問：佛言地、水、火、風爲四大，四大皆空，何也？

曰：此即地以言形質之不可滯也。質之大者，無如地。水、火、風，皆藏於地。地蓄萬物，塊然者，至重且厚，而其氣實虚靈，故曰空也。四大亦不一，人秉父母而生，實秉天地之靈。父母小天地，天地大父母，此四大也。天地君親，亦爲四大，以其生成之恩同。《道德經》曰：域中有四大，道與天、地、王也。天地即道，何乃分言之？蓋道在天地之始，而實備於人。王者，奉天地以治人，必有道，而後可相天地、立人極。故以道與天、地、王並列爲四。凡文字言語，必衷之以聖，不可隨聲附和，反生訶詆，乃佳。

問：子言玄空爲至誠之妙，其實如何？

曰：玄者幽深，空者虚明，誠者充實。理至實也，而亦至虚。其在於天，時行物生者至實，而無聲無臭者，則空矣、玄矣。其在於人，見諸事爲者至實，而不見不聞者則玄矣，空矣。寂然不動，感而遂通，由充實而化神乃有之。充實以至化神，誠身矣，而神明不測，即爲玄空。初學静養，亦必神凝氣静，邪妄之念乃可漸漸消除，清明之氣漸漸凝結。而此虚無之致，必由日用倫常，在在合理。有義理之心，乃生浩然之氣，故曰：集義生氣。苟不至德，至道不凝，是故言虚無，非徒求諸虚無也。配義與道，無是則餒，理爲氣主，理足氣乃充也。道曰，有三千陰功，八百德行，方可學道。佛曰，彌陀四十八願度衆生，度盡衆生，方得成佛。不知者，以其言爲兼愛也，盍思聖人以天下爲一家，中國爲一人，何故？孔子曰：修身以道，修道以仁。孟子曰：行有不慊於心則餒，有仁義之心而後能宏，有恒久之志而後能毅。爾等試静坐收心，可能虚無清淨否？則知養氣不動，必有實相維繫之理，而心之不能虚無，必其未敦仁義矣。蓋聖學之虚無清淨，乃天理熟而性定。告子之不動心，僧流之學，宋儒以爲師。然其不動心也，第頑空耳，而不能修齊治平。此范淳夫女所以亦不動心，朱子遂因而改《大學》，不知聖人存養内外之行，一時並到也。

問：佛、老之説既無以異於聖人，而自古及今，異端邪説多出於佛、老之徒，儒門無之，何故？

曰：惡有是哉？凡事物皆有眞僞，以眞者爲僞，自必以僞者爲眞。儒曰窮理盡性，佛曰明心見性，道曰修眞養性，存養之功，固皆不外於心性矣。老子不廢人倫，固不待言。佛亦年十八而生子，心性倫常之外無道，則除卻心性倫常，又何有聖賢、仙佛？自儒者以其廢倫常而斥諸聖賢之外，既以眞者爲僞矣，而庸愚又以僞者爲眞。蓋人心多妄，謂佛、老别有神奇，而遂外心性、倫常以學，佛、老之眞遂没。其凡爲僞者，乃倡狂於世。夫廣大、方便、清淨、慈悲等事，豈有外於仁義二字哉？而何弗與聖人同也？其高僧、高道，每留異蹟，然皆爲國爲民，禦災捍患，偶以此濟之，非自矜奇異。大禹除神姦，周公驅虎象，澹臺子羽斬蛟，心性倫常克盡，通神天、格風雷，固學之常事，仙佛然，吾儒何獨不然？自聖學罕傳，儒者止於功利，僧道竊聖賢之術以爲奸，眞僞所以益淆也。然誤己誤人，自來邪術惑衆，莫不誅夷，倖成大事者安在？使有司早以仁義中正之理化之，亦不至此。且從古有不肖官吏，虐民致亂，畏朝廷之譴責，以邪教爲名上言，君相信之，史籍書之，謂天下果有邪教，且多出於佛、老之徒，則冤誣矣。異端邪説託於佛、老，而即以罪佛、老，士大夫不忠不孝，而亦以罪孔孟，可乎？亂臣賊子，未必不識詩書，奸盜詐僞，更多出於智士；篡逆而藉口湯武，禪讓而妄附唐虞；其它干名犯義，不勝屈指。儒門之異端邪術更甚於佛、老，又安得獨以邪辟歸佛、老哉？

問：子言主持風化，在乎君親師，而君親師不盡聖人，奈何？

曰：以天理良心爲主，静存動察，本末交修，以誠以恒，何患身之不修？曰：天下古今，許多事業，經世理物，許多功能。而聖人曰：壹是皆以修身爲本。孟子亦言：修其身而天下平。此義人人能言之，然三代下罕有之。所謂修身者，不同畫餅乎？曰：善哉言也。道在邇而求諸遠，事在易而求諸難。良心天理四字，人人知之，人人可能之，全備者聖，得半者賢，偶中者常人。明其是非，念念不欺不苟，即可以去私欲而踐人倫。修身者，修此而已。修身以平天下，豈逐物而求、泛濫無要也哉？其身既修，則賢不肖，當前畢照。如有人焉，不喜飲酒，則必見亂酒者而惡之；不喜奢華，則必見節儉者而喜之。有一端之善，其非者入於見聞，而判若冰炭。況修身之人，言行心術，無一不合乎天理，悖理者之相，值如遇明鏡，而莫逃其形。得志於時，則舉而措之，平天下有何難哉？不此之務，而刑名法術，密爲之制，重爲之防，奈人心多惑，習染無窮，天理日就淪亡，上下相蒙，朱子所云，撑架子過日者乎？非親師得人，亦何由而知之？親也，師也，力行天理，不肆不怠，不苟不欺，又何難深造也？

問：修身從何入手？

曰：愚已示爾《下學梯航》矣。

曰：子集此書，惟《感應篇》《朱柏廬家訓》，信而有徵。其餘《文昌陰騭文》《蕉窗十則》《關夫子覺世經》，莫知所自。舍四子六經，而以此教人，不幾駭聽乎？曰：道在日用倫常。日用倫常之事，古今異宜，人情風俗異尚。居今之世，由今之俗，則此五篇文字，皆近時習見習聞之事。其言善惡是非，如黑白棋子，一見了然。不明乎善，固不能誠身矣。明善必當致知，能實踐此書，善者行之，惡者改之，則事理明，而言行心術始可自決去就，不必如朱子物物而格也。更有賢父師示以存養之要，則内外交修，其成就何可限量？四子六經，義藴精微，繁賾難究矣。此書人人易於學步，故僭擬之，然果能力行無忝，則四子六經亦在其中，毋視忽也。

問：然則研究此書，即爲致知，天下古今，事理何窮，其可以此槩乎？

曰：致知者，致其本心之明而已。本心之明，不忍爲不仁，不敢爲不義即是。因氣質拘，物欲蔽，天理良心，由習染而漓誠，即此書而究其理，善則擴充，惡則克治，不忍爲不仁，不敢爲不義，便是致知矣。知之即力行之，便是誠意。聖經云格物，物非事物，乃物欲也。人心、天理之明，本未嘗息，但物欲來前，觸之而動，隨之而馳，孟子曰：物交物，則引之而已。致知者，必於物欲隨時檢點，以理節情，如宫室、衣服、飲食、男女四者，人不能外此而生，然必揆以義禮，不可縱情恣欲。嗜欲甚則志氣昏，志氣昏，又安能明理？故格去物欲，志氣乃得清明，而聞善言、見善行，可以喜歡信從矣。先儒疑天下事物甚繁，非閲歷講求不明，故以爲必物物而究之。然格，至也，非致也。訓格爲至，又進一辭，曰窮至事物之理，古無是解。

且如其所言，格字仍是致字之義耳。天下之物，不可勝窮。子曰：女以予爲多學而識之者與？予一以貫之。君子多乎哉？不多也。學問思辨，所以致知。然夫子曰，有弗學問思辨矣。何嘗教人疲心志，役耳目，終身搜覽以爲博學哉？理不外於日用倫常，講明義理，就目前之事，世俗之常，遷善寡過，天理日明，知何難致？然此止是爲學之始功，若一以貫之，則必心正身修之後也。

問：然則講明此書，此外無他求乎？

曰：非也。人孰無良？孩提知愛，稍長知敬，壯盛之後，愛敬、知良忽然銷滅，何哉？父母不能正身善教，見聞習染入於匪人，又無明師友化導也。辨明善惡，善則行之，惡則改之，念念勿欺，此爲致知誠意之功。其明明德全量，則不止此，必止於至善，内外本末交修，久久而後，臻於全德，非聖師何以知之？非誠久又何能至之？

問：今大道昌明，家絃户誦，學術興矣。而聖賢之材甚少，曷故？

曰：我朝聖聖相承，仁恩洽浹，養教之法至詳且美，而奉行者少。聖天子建極於上，士民弗率由於下，無他，先儒言道過高，尊聖人太甚也。謂言動必循古禮，而生今反古，不宜於行。謂時時防閑此心，而不知復性，終於憧擾。不知聖人之學，至簡至易，天理良心，人人所同，但必得其致力之端，持以不息之志耳。夫子曰：乾以易知，坤以簡能。易簡，而天地之理得矣。天地之理得，而成位乎其中矣，固不止言易也。

問：然則道至平常，存養清其源，克治擴充謹其動，身可修而聖賢可學。子言誠簡易矣，而以虚無清淨爲存養之功，佛、老不廢人倫，今僧道必出家，西方活佛亦不畜妻孥矣，子言何以信乎？

曰：此事吾屢言之，汝何以不明歟？中華僧道，藉以養無告之窮民，幸免飢寒，勢難更畜妻子。外夷之無人倫，乃其舊俗，佛後無佛，故不能相繼而興禮教。然中國禮義之教，經許多聖賢乃修明之，猶多悖禮之流。西方民，貪淫好殺，尤多不道。自佛以慈悲、廣大、方便、清淨等爲教，而民從之，數千年來，甘心淡泊，斷絶淫殺諸事。至於身心静一，通達天人者不少。吾蜀去西域較近，來往其地者多，嘗詳考而詢其民俗。蓋其地民以出家爲常，不畜妻子者多，雖不無悖妄之徒，而守清規、務清修者頗衆，是以外夷習而化遠者，且慕效之。其視活佛如天，人不敢一毫褻，不待言矣。即通經呪，有品行之僧，人亦敬愛之。計崇重佛法，不敢妄爲者，幾百十餘國。我朝德化廣被，太祖龍興佛，即重譯來朝，心悦誠服，四夷因之，無不歸化，所以中外一家，久安長治，爲前古所未有，而俗儒昧於時勢，尚沿先儒闢佛之論，又不審其實，紛紛妄談，不亦傎乎？

問：我朝大道昌隆，而僧道亦並生並育，廣大無所不容，幅隕亦曠代希有，而儒生尚斤斤闢佛、老，不知覆載宏仁之心，誠堪嘆矣。但僧流以師爲父，以弟爲子，又必受戒、茹素、不許還俗，是以儒者斥之，盍言其故？以杜多口乎？

曰：民生於三，事之如一，非獨僧道然也。孔子没而子思幼，門人廬墓三年，子貢且至六年，豈皆無父母乎？何以因喪師而違色養哉？蓋如事君致身，不遑事親，忠孝不能兩全，親師亦無厚薄。窮民無告，投僧以生，衣食教誨，其恩非小。父母而有餘丁，則奉養固有人焉。若無餘丁而且飢寒，則子雖出家，及其長成，必設法供養。近年淄邑大覺寺僧，母貧老而不孝養，被雷震死。張香亭道人，孝養其親，爲己立嗣，以承先人，己仍黄冠，年八十餘無疾而逝。誰謂出家便無父母乎？至於不畜妻子，不務葷酒，固情勢不得不然。若人人有妻，人人醉飽，寺産傾矣，尚安能久？不許還俗者，幼貧賴師生養，長而還俗，寺産幾何？安能代人養育？至於清規戒格，尤禮之當然者，凡人飽暖安全，必生淫妄，況欲其終身清苦，至死不渝，非於身心實有所得，豈能久而不變？愚嘗考戒規，多至一百餘條，無非仁義忠信，寡欲養心之事，與聖人無差貳。受戒者，面佛焚頂，誓願終身遵循，亦必從前守戒。養静之人，實有功效，可敬可慕，乃群貼然相沿然，且非佛之所爲也，乃高僧設法以戒來學。而至今僧徒恪守清規者，絶譁囂、誦經咒，專意禪定者，往往至死不易，即尋常言動起居，亦從容鎮定者多。故伊川程子，見其聚食，以爲三代禮樂之遺，其有功民生，豈不遠乎？雖受戒而或破戒，出家而仍淫邪，固亦常有，然乃不遵戒規之過，非受戒之過。儒生受孔子之戒，而不忠不孝及妄爲者多，人亦豈得以爲孔子咎？愚授徒有年，群居不義，得志改弦者，十之六七，以僧流清規相較，殊自慚恧，又安敢自忘其醜，徒斥彼爲異端也？

問：存養心性，實踐倫常，不可偏廢，故爲性之德而合外内之道也。僧道之徒，倫常已缺，又終身空門，不能立功濟世，則循禮守戒，亦爲無用，又何能與吾儒等乎？

曰：僧道自幼出家，或父母皆亡，或亡其一，而兄弟宗族，無人恤之，貧困無聊者也。中年出家，多因境困而父母已亡，是其廢人倫，並非無故。若無故而棄親出家，則亂民也，有司急當懲之、禁之。五倫以君親爲重，或父母亡其一，親與子不能兩存，子爲僧而父母他圖，因而飽暖者多，若竟終於貧困，子長成而委曲養其父母，世亦恒有，甘心忘父母者，固無幾也。守清規王法，不妄言行，即忠孝之道。誰謂出家無君父乎？至存養心性，修飭言行，期於欲淨理純，爲天地之完人，則天必眷之，自來仙佛菩薩，品堪景仰，隨處濟人利物，身死而民猶懷之，固非無故而然。然止是仁義二字，自然之功效，爲法於天下，可傳於後世，豈獨在名利中乎？天理，人人所有，人人可能，古今名人，遺愛遺蹟，不可勝書。如觀音天后，一女流而護國護民，神功屢著，况於男子？爾等寡陋之見，不審義理及情事，妄爲之説，不可不戒也。

問：三代而下，名人多矣，功在社稷，澤及民生，及忠孝節義，無代無之。有不由存養之學者，何邪？

曰：聖人之道如滄海，一杯一勺以暨溝渠江河，皆水也。第淺深大小不同，天資學力，惟其所造，但使心術克端，言行敬慎，皆可有成。况忠孝節義，人倫之大，至性至情之發，匹夫不可奪志，有益君親，維持名教，即天地之完人，可以争光日月矣。聖人教人存養心性，亦無非爲實踐倫常之本，既能敦倫，又何必定言存養？第存養心性，由下學而上達，至於化神事天之學，無論窮達，皆當盡耳。古今忠孝節義之人，其始豈即欲捐軀？不幸遭遇厄難而然。若以聖人中正之道衡之，則事君難進易退，事親小杖大走，夫婦相勉以正，乃全美之事。故忠孝節義，及勳業垂世之人，其中亦不一致。第大義已全，即不愧於天，精神可以不朽，志士仁人，固不容區也。立德、立功、立言，惟人自命，又安可一例衡之？子夏曰：大德不踰閑，小德出入可也，此之謂也。若執此以求，謂聖人不必學、不易學，而以一端成名，則非義理之全，且失聖人教人之意也。

問：《大學》一書，經宋儒訂正，人以爲學聖在是矣。而子獨從古本，且以止至善爲存養，其亦有所本歟？

曰：善哉問也。天理止一太極，渾然無象而實天地萬物所由肇。天地之太極何在？有其至中之所焉。一元理氣凝聚於此，無始無終、無聲無臭，而不能無開闔。夫子曰：闔戶謂之坤，闢戶謂之乾。一闔一闢，往來不窮，謂之變通。見乃謂之象，形乃謂之器，是天地之原，非可以迹象求也。人受天地之中以生，即受此太極之理耳。既生以後，失其本來，若不得受中本來之地而静存焉，何以求放心、養浩然？人身百骸皆含陰濁，惟此一竅爲血氣所不到，私欲不能侵。故夫子目之曰至善。《易》曰：成性存存，道義之門。復性而存存，於此是爲止至善。宥密也，中也。佛道之名更多，因其爲天地之奥，故聖人不敢明言。而《周易》則頗露其義，乾以君之，坤以藏之，如何君？如何藏？天地如斯，盡人合天之學亦如斯。夏易首連山，商易始歸藏。連山艮、歸藏坤也。文王八卦方位，坤西南，艮東北。夫子曰：西南得朋，東北喪朋。得朋者承天而時行，喪朋者正位而居體。大禹、成湯，以艮、坤爲首，爲天地之化機，含於中土，而中土之安貞，由於艮止也。文王雖以乾坤爲首，而象辭亦存其義。得朋、喪朋，艮其背，不獲其身，即是此理。夫乾先乎坤，而坤實孕乾，天行本健，而艮乃成始成終。天地之理備於身，故聖人事天立命之學，亦本天地而立法，止於至善。一元之氣静含，所謂有諸己也。其有者何？浩然之氣，由無而有也。更加功力，至於由微而著，則充實以後，其進非一境，第非師不傳，非深造不知，愚豈妄爲臆説哉？

問：止於至善，即《詩》之基命宥密，文之緝熙敬止。子屢言之矣，其功止於此乎？抑别有道乎？

曰：至善之所，乃天地之門、性命之府，聚三元於此間，所謂凝道，凝者，孟子所謂有諸已，浩然之氣由散而聚也。氣聚而理凝，有覺之心始漸漸歸於安静，常虚静必先動察，養心循理，久久志氣日以清明，精神日以強固，故充實之後，即可免於夭折。由是而内外本末，循序圖功，馴至於口無擇言，身無擇行，即一念之動亦絶邪思，則光輝矣，化神矣，自然而至於全德。第其功非一，必明師授之，恒篤爲之，始可次第而致。其静而致中，則始終悉以止至善爲基，夫子《繫易》曰：艮，止也。時止則止，時行則行，動静不失其時，其道光明。艮其止，止其所也。止其所即止至善，其道光明，即充實光輝，而猶恐人不察，求至善於外也。《大象》又曰：君子以思不出其位。位即至善，不出位即止至善。於《坤》卦曰：君子黄中通理，正位居體。《鼎》之象曰：君子以正位凝命。皆止於至善之義。而儒者不知，由無師授，未嘗實踐其功也。《中庸》言：中也者，天下之大本。亦謂止至善而後可致中，豈舍身心而第求諸事爲哉？雖身心之德，必驗於外而著於外，而時中，由養其内而致中，非止至善，何以能致中？非致中，又安能致和？故堯、舜、禹皆聖人，而相戒亦曰：允執其中。文王止仁、止敬，乃由内之敬止。不知爲道本末之功，混而視之，臆而測之，何怪愈説而愈支離也。

問：卦名皆可斷句，《履》《否》《艮》《坎》，何不然？

曰：愚《周易恒解》已詳，何不詳玩之？《履》卦傳寫失眞，缺一履字，觀夫子《彖傳》可見。《傳》曰：履，柔履剛也。蓋先釋卦名，然後曰：悦而應乎乾，是以履虎尾，不咥人，亨。其爲闕文顯然矣。《否》之匪人者，天地本無否時，因匪人而後否。文王故太息而言，直以否歸諸小人，見天地亦因之而否，深戒有國者，無用小人。至於習坎則聖，學之本義，即止至善之功亦寓焉。蓋人未生以前，受氣於天，成形於地，乾性坤命，純陽純陰者，與大造同，故心即是性，無不善者。後天氣質拘而七情擾，乾含陰而性轉爲情，坤含陽而命轉爲性，性命顛倒，有覺之心非復純一之性。故聖人教人以復性，爲其非先天之本然，必待學以復之。不然，後天之心仍如先天，而何俟復哉？乾三爻皆陽，而中爲眞陽，人性所本；後天陷於坎中，而陰神用事，憧憧往來，朋從爾思，心非性之本來矣。復性者，以虚無眞意，凝聚中黄，志一而氣從焉，浩然之氣乃有（其基）。迨後更加功力，由後天而復還先天，取坎中之陽，去離中之陰，仍如先天乾坤。故道家言取坎填離，即克己復禮之義耳。授受失眞，流爲邪妄，儒者不知其實，以邪妄之説遂爲老氏之本來，而克己復禮，亦不過防閑此心，動循禮度已耳。假之流爲採補、金丹種種謬妄。夫坎中一陽，本乾之眞陽，人心所秉，以其純乎天理曰性，變爲中女則陰體矣。而外二爻猶是乾爻，故人心不盡無良，然良心偶見，不久而仍失之，以陰神浮動，妄念難除也。文王演易至《坎》卦而慨然曰：坎，險之義也。而此卦重險，眞陽陷於險中而不出，其人心所以非舊乎？然險固可出，知其險而求出險，惟養心至於心亨，則行有尚而往有功矣。夫子《傳》之曰：習坎，重險也。嘆其眞陽下陷，爲險之至，然坎雖險而水實流行，天上天下，皆水也。水周流而不盈，其故何哉？天高地卑，原非判然不相屬，眞陽雖陷於坎中，固可以出險也。文王言心亨，謂其爲乾之本體，果出險而復於其初，則無心非性，心乃亨矣。行有尚者，即出險之義，得返本還原之法，使一陽上升，往從其類，則往必有功，是文王、孔子已將克己復禮之功寓於此卦。習字訓重，亦訓便習之義，《彖辭》及《彖傳》皆作重字解，《大象》則作便習意解。常德行，以此爲德行之常，成己也。習教事，以此爲後學之法，成人也。學而時習之，習字正與此字同。孟子曰：盈科而後進，放乎四海，有本者如是。復性之功，舍習坎，奚從致力哉？第其義精微，非師不授，非深造不知，今略言其槩而已。

問：坎離，日月；天地無功，以日月爲功。伏羲八卦，《乾》南《坤》北，文王以《坎》《離》代之，則坎離大矣，功用等矣。而止言習坎，不言及離，何邪？

曰：此天地之奧，爾何足以知之？姑言其大凡可矣。太極分爲兩儀，天地並列，乃生六子，然天統乎地，陽先於陰，故乾資始而坤資生，功用雖同，乾元實乃統天，固必以《乾》卦爲首矣。而乾爲純陽，惟中爻爲眞陽，天地交而陰陽互宅，則眞陽已失。在天地則分者未嘗不合，在人則分者竟終於分。此心性之所以難純，而人所以不及乎天。聖人以事天立命教人，則必於其本原圖功。存神養氣，止於至善之地。神爲氣主，而先天神氣，乃人之所以與天地同。故凝虛無之神，即生虛無之氣。孟子曰：持其志，無暴其氣。必有事而勿正、勿忘、勿助，則其功之實也。朱子曰：佛家只理會心字，並不管天地民物，道家只理會精氣神。然朱子所言，乃後世僧羽，養知覺之心、呼吸之氣耳。其實佛、老所謂神氣，乃元神、元氣。元神，性也，元氣，性之郛也。以後天之心爲性，則止知心是人之神明，而不知邪妄難除，非神明而鬼族矣。以後天之氣爲浩然，則止知人生以氣，而不知凡氣有盡，一死亡而朽腐矣。故習坎何以心亨？此其功豈一端？姑以下學言之，收放心而止於至善，渾然無爲，若太極之至静，而一闔一闢，坎中眞陽，自能出險，離中眞陰，自能下濟。此天地之不易之理，即復性之始功。迄乎有諸己矣，則中庸之所謂形，漸次實踐，不失其序，重培其德，至於著動變化，陽返其初，陰如其舊，坎離仍還乾坤，所謂天地位焉矣。道云，先了命，後了性，亦是此功。世無聖師，文士一得而自是，其學何以盡人合天？影響而求，私心立説，又誰知聖人已著其義於《易》哉？

問：以八卦言性命，先儒未之聞也。今子言之確鑿，似非臆説，而其如難以信今傳後何？

曰：大道精微，子奈何求諸先儒哉？亦以聖人爲師，聖經爲斷而已。夫子曰：聖人之作《易》也，將以順性命之理。一陰一陽之謂道，繼之者善也。成之者，性也。窮理盡性，以至於命。既外性命，而何有天地，又何以有人？外聖人以言理學，不以聖爲師，而拘守先儒，先儒之説合乎聖則可矣，外乎聖而亦曲從之，可乎？

問：性命心情四字，先儒多混而爲一，即張子言心統性情，朱子言性者，心之理，大抵皆不外心而言性。至於命，則天命之謂性，以爲命令。存養心性，所以立命，未嘗實指其義。不知命，罕言命，一以義理之命言，一以氣數之命言。至言情，則因孟子四端之説，謂情即性之用。今子言心，先天純乎性，後天雜於情，命在天地之先，天則爲理之原，在天地之後，天則有氣數之説。詳玩諸説，似性命有善無惡，心情有善有惡，其理自乾坤坎離而來，其義則《大易》已具。而四子諸經，言各有指，先儒不能别，故差誤歟？

曰：善哉。此言可謂讀書不苟矣。夫道，一而已。然散爲萬殊，固難一致，歸於一本，亦豈易言？講理不宗聖人，宗聖而未達天命，亦豈能分之合之？表裏精粗，無不貫之，爾學識尚淺，慎無妄言，力行以企之可也。

問：道之不明，固傳授失眞，亦由三教書籍寓言太多，不特佛、老也，即儒門亦然。淵淵浩浩，江漢秋陽，上律下襲等語，令人莫得其嚮方。今子將析疑闡道，曷不一一明示之歟？

曰：理，一而已。特時勢古今不同，人心風俗之弊亦異，故聖賢因時挽救，或見諸事功，或見於文字，語多不同，而其理則同也。安可拘文執義，彼此相較，索垢求瘢哉？四子六經寓言，愚爲《恒解》，已隨本文釋之矣。佛、老之書，其妄者不勝計，固不足論，即其眞者，亦不勝屈指，奚能以一一而詳言之？

問：固不可勝言，然亦何可不言？如煉藥採補，其誤至於帝王公卿，皆受其害，安可不亟正之？

曰：然。然而悉數之不能終其物也。試析言之：

一、煉藥而成金丹也。人生形骸有盡，而神明無盡，神於何依？氣載以行。氣非神不靈，神非氣不立，神氣不可強分。孟子曰，志，氣之帥，氣，體之充。養浩然之氣，即可以塞乎天地。何謂浩然之氣哉？上天之載，無聲無臭，無理氣之可名，而理氣統焉。道流則曰虚無元氣。浩然言其用，虚無言其體，一而已也。曰太極、曰性，可以配天而不朽，故曰長生藥。志，氣之帥，神，即志也。喻之爲火，以神馭氣，爲以火煉藥。心不静，略略用意持之，爲武火。心静，任其自然，曰文火。神凝氣聚，以至德培之，以至誠永之，則氣全其浩然，理企於純粹。剛健中正，吾身之性，亦與天之乾健同。乾爲金，故曰金丹也。惟神氣之粹者，本於天地，故養性者，合三元爲一元，復還乾坤本體，即爲盡人合天。離中眞陰，喻以汞，坎中眞陽，喻以鉛。汞性流走，得鉛而止。心本浮動，復性而貞。鉛汞藥物，元神眞火；偃月爐，黄金鼎，則性命之府，浩然之氣之所棲。存神養氣，必歸於斯，故喻之曰鼎爐，而豈外身而求哉？昧者不察，煉金石以延年，至於傷生取禍，豈不可歎？

一、採陽補陰誤解，又譌爲採陰補陽也。人心，先天屬乾，後天屬離。先天秉天之理，無不全，故心即是善。而孟子曰人性皆善也，後天眞陽陷於坤而成坎，乾變爲離，中女之性浮動，七情以分，故心不盡善。而子曰性相近，復性之功，始以養氣，終於神化，由後天而復還先天，仍乾坤之本體。其初用功也，必以虛無之神，生虛無之氣，使坎中一陽上升，水火會於中黄，迨元性有基，加以涵養擴充，而光輝而化神，天地位矣。是爲採坎中之陽，補離中之陰，故曰採補。離，中女也，名曰姹女。坎，中男也，名曰嬰兒。始焉，男女會於中黄，而性有其基繼焉，性益純，氣益盛，復還先天本位，而爲乾坤。此克己復禮，盡人合天之學。而妄爲之説，流於邪匪，若不亟爲剖析，其禍奚窮？無如人乃以愚爲妄也。

問：然則金丹即乾性，採補即復性矣。而金何以爲性？又有降龍伏虎之説，何居？

曰：天一生水，而金乃水之母，乾元一氣，渾然粹然，萬古不朽。夫子曰剛健中正，純粹精也，即金之謂也。五行皆陰陽所生成，而先天一氣，無臭無聲，名曰太極，即中土也。天地未分，水土摩蕩而分兩儀。天地既位，水土凝結而有眞金。金生水而曰金母，木生火而曰木公；金位西方爲白虎，木位東方爲青龍。人心後天，秉火之精，而木乃其父。人命後天，得水之養，而金乃其母。養性者，以虛無眞意，合水火而生乾金。心難制如龍，命難静如虎，降龍伏虎，則養氣不動心，而心之邪妄全無，性命合一之後矣。是故五行雖皆有功用，且相濟爲功，而聖人盡性立命，則必全乾元之一氣渾然粹然者，乃與天地同。道書言，金來歸性初，乃得稱還丹；即不動心之謂也。水之餘氣曰月孛，火之餘氣曰羅睺，木之餘氣曰紫氣，土之餘氣曰計都。七政不調，以餘氣往往侵犯之故，而金則無之，故金爲至寶，名以金液還丹，貴之也。其坎離交濟，則僅名曰玉液還丹。乾亦爲玉，而尚未復乾元之本然，故止名之曰玉液。此皆身中之實理，本於天地者。前賢不敢質言，故取譬之，而不料後人之流爲邪妄也，今若再不明言，禍世伊於胡底。

問：日中金烏，月中丹桂，其即坎離眞陰眞陽之喻乎？

曰：然。

煉石補天、黄土摶人、河車鵲橋等義，何居？

曰：皆言立命復性之功也。立命復性，道曰了命、了性。了命者，以眞意和合水火，而性有其基，喻曰黄土摶人。取坎陽以補離陰，曰煉石補天。由後天而復還性體，曰黄河之水倒流，河車則運行之路。烏鵲，離火；牛郎，坎性，度橋而牛女相會，仍坎離復還乾坤耳。《莊子》鯤化鵬而歸南溟，亦是此意。道之至者，天地奥妙，不敢明洩，故假形設象以喻之。而愚人不察，因之入邪，智者喜新，據爲典故，聖學失眞，其弊至於事雜言龐，何可勝嘆？

問：心性之理，本於乾坤。而《乾》《坤》不言，惟《艮》《坎》二卦有心字而不言性。艮限之熏心與習坎之心亨，其相反者乎？

曰：乾元、坤元，即性也，而乾元統天，尤非坤元可比。乾道變化，各正性命，則坤命且統於乾，而他何論？惟性命爲乾坤之粹，故人生得天地之理，即得天地之性命也。不言心，而心之本體實全具於性命二字中。迨有生以後，心非其初，性命顛倒，則心不可不養矣。而養心所以復性，其理必實踐乃知。孟子恐人認心作性，故曰存其心，養其性，明言心性有分矣。又言己之不動心，由養浩然之氣，則養氣即存心養性之功可知。若以心爲性，以凡氣爲元氣，是告子不得於言，勿求於心，不得於心，勿求於氣，所以皆非也。然此義非孟子創論，《易》已詳之。夫子於《乾》曰：各正性命，保合太和。如何正？如何保合？養氣存心，皆在其中矣。於《坎》言心亨，於《艮》言熏心，如何亨？如何熏？養氣不動心，義備於此矣。後天之坎，乃先天之坤，養氣者，亦養之於坤元耳。《易》於《坎》《艮》二卦，始言心有孚。心亨，心求其本而性復，止於其所也。艮限熏心，止非其所而反危，不得艮止之正也。故於大學之道，特言必先止於至善。不知養性實功，反謂愚解異於先儒。然心何由而能敬止，聖何爲而必執中邪？且不敬止於内，即能止仁止敬於外，試思能否也？先儒不知後天之心非先天乾元之性，由無師傳，然何可遂自是？姑即《咸》卦言之，咸爲無心之感，天地感而萬物化生，聖人感人心而天下和平。其感也，非有心於感也。太極自然之理，隨感而應，無不得宜，聖人之德如此，故感亦同。凡人之心，有感即遷，不中乎理。即倖中之，非中有主宰。以天理應之，故曰：憧憧往來，朋從爾思也。

夫子《繫辭》申言之，而太息之曰：天下何思何慮？下以日月往來、無心感物而成歲功曉之。此即後天之心不得爲性者也。天地聖人，皆以感而成化，但無心以感，不任私而任理。常人不然，惟少男少女相合而相感，出於無心，男女正，天地之大義。感之無心而正者也，故以明感之義。若非夫婦而相感，則禽獸之行，豈得以爲感之正哉？《咸》之六爻，皆以身取象，而四爲心爻，憧憧之心，即凡人之心。聖人因應自然，祇緣性定之故。心與性之分，安可不辨乎？

問：《易》之上經，首《乾》《坤》而終《坎》《離》，下經首《咸》《恒》而終《既［濟］》《未濟》，其義子嘗言之矣。第《咸》《恒》止室家之道，而以爲下經之首，聖人其以此配《乾》《坤》乎？

曰：然。夫男女之道，豈偶焉而已哉？天地六子，陰陽配合而成功化，人物相偶相濟而生生，皆自然之理，當然之事。但情也，而有性焉。性者何？天地之正理而已。得其正則情皆性，失其正則人之情亦與禽獸之情同。故情之一字，見於男女者爲最眞，亦惟見於男女者爲易惑。迷惑於色，不以天理正之，則遂淪於禽獸。所以好色之徒，天地神明深惡，得禍亦慘。而好德不好色之士，必蒙天眷，即爲聖爲賢，亦不難成。《咸》之夫婦，少年也，取其感以無心，教人五倫交際，以眞誠想與，不求名，不望報，不參以私心，如少年夫婦之相感。故曰：君子以虚受人。《恒》爲成家夫婦，當久於其道，故曰：立不易方。八卦，該天地萬物之理，隨處可以取象，而承天立極者惟人。人事以身心性命爲本，男女室家爲大，故《咸》卦六爻皆取象於身。而《恒》則但取其久，相感以眞，又能長久，五倫何一不全？故二卦皆曰：觀其所感、所恒，而天地萬物之情可見。子曰：男女正，天地之大義也。《中庸》曰：君子之道，造端乎夫婦，及其至也，察乎天地。先儒但知抑陰扶陽，遂薄視坤道，愚屢爲辨之，豈必尊坤道於乾道哉？乾統乎坤，而非坤無以成乾，聖人之教如斯，實天地之理本如斯，奈何誤解而誤世哉？

問：子言性道，以聖人爲宗。援據經義，確鑿精微，是非一朝一夕之功能也。松文等，幸得聞所未聞，但義如此其精，功如此其詳，而孔子言生知，孟子言性之，豈生而即有全其道者乎？

曰：善哉此問，學者不明此義，故罕求希聖。孔子言生知，亦謂人倫日用之理耳。孟子言性之，謂初用功時，資質較優者，其功較易。生知，特天資美也。如黄香扇枕，孔融讓梨等，後世多有，前賢更不待言。若夫盡人合天之道，則必次第深造，豈能不俟修爲？上古開天明道之聖，有生而神靈者，如禹稷治水、教稼及有益民生之事，天皆特生其人，以開其利。後世法制既備，則天亦不易鐘靈，故中材甚多，必由下學而上達，高者俯就，卑者仰企，乃可合智愚而咸歸中庸。孔子自言十五志學、三十始立，先儒謂其爲生知，豈聖人誑語欺人乎？道本無聲無臭，惟天地渾然一太極，斯爲道之全體。人則有此血肉之軀，不能不衣食而生，宫室而居，亦不能久而不敝，惟恃此天理渾全，浩氣能保，則生可以贊造化之功能，没可以司風雷之號令。而其盡人合天之道，則下學上達，有許多次第功夫，然後形著變化，與天地合德，安有生而即全體大用無不該者乎？故愚謂天下無生而聖人者也。

問：然而仙佛之流，幼慧通靈，立功濟世，没亦神司者，古今多矣，又何以故？

曰：此後世人事之窮，大道罕知，天不得已而以此示人爲善耳。人爲萬物之靈，人人知之，而所以靈者不知。任其心之所爲，自謂聰明，實已愚昧，由其不本天理，不敦人倫也。凡仙佛聖賢，皆必前人積功累仁，多有隱德，而韜晦無人知之。天爲篤，生賢裔以表彰之。如孔子雖湯後嗣，然已式微，孟僖子述其先世曰：聖人有明德者，其後必有達人。固非無源而遂出醴泉也。

問：佛家言因果、前世、輪迴，其可信乎？

曰：因者，有因而致。以生身言，先德之所培，秉資之不一，嶽降嵩生，見於經義。以立身言，載者培之，傾者覆之，禍福無不自己求，豈非因乎？果如木果，强弱異而生質亦異。《易》言碩果，性名曰仁，豈獨佛以果喻道？聖人不言前世，而生安學利困勉不同，明明受氣不一，前世在其中矣。但前世不可知，惟當就今生自修，智者功易，愚者功難，然成功則一。佛言：此身不向今生度，更待何時度此身？亦即此義。輪迴者，不能修身立命，則悠悠而生，泛泛而死，輾轉不離生死之途，如輪不出轂中耳。聖人教人窮理盡性，全而受者全而歸，朝聞道，夕死可也。前世之善否，又何必問？第毓秀鐘靈，固非無因而致。若但謂氣聚而生，氣散而死，則聖賢同歸於盡，修身立命、盡人合天之學，皆爲無用，其可通乎？故因果即栽培之義，非是，則生死眞如泡幻。儒者闢佛，而其言往往入於幻妄，如花茵墮地之説，俗僧之見，猶嘐嘐然自詡焉，可笑已。

問：拈花微笑，四大皆空。一指禪用之不盡，臭皮囊可以無庸。此等語何義？

曰：此僧流妄誕之談，佛何嘗言此也。聖人樂在其中，無入不得，只是内省不疚，仰不愧，俯不怍耳。必謂時人不識予心之樂，則自矜已，非有德，且入於空幻。謂佛拈花微笑，蓋竊取樂道之意而入於矜誇。聖人寡過未能，曷嘗自詡？樂在其中，知我其天，爲門人言，誘之深造，與自是不同。此等處得失最當辨之。人生受氣於天，成形於地，天地父母，四大也。僧流謂地水火風爲四大，假合此身，蓋言精氣爲物之意，亦有理焉。而不知形色皆天性，佛言金剛身、鐵羅漢，皆全受全歸之義，何嘗以臭皮囊爲無用邪？三教書籍，半出於無知妄作之徒，間有不失其正者，又被人錯解，愚是以注四子六經，而亦旁及佛、老，不得已也。

問：先儒言周子無極而太極，與老子不同，老子是太極之外又有無極，周子無極即是太極。然歟？否歟？

曰：此傅會周子之言，不足信也。老子未嘗言太極，第曰：有物渾成，先天地生，吾不知其名，強名之曰道。然渾然先天地而生，非太極乎？無，名天地之始，太極也。有，名萬物之母，天地也。周子言無極而太極，則似先有無極，始生太極，而反謂老子云然周子不然，誣矣。易有太極，是生兩儀；孔子言之，未嘗言無極，周子始言之，然太極本無極，天地原有此理，不爲添設，但何必以此而斥老子諛周子？夫道者，人所以爲人，天所以爲天之理耳。實踐其功，原不在言語文字，不得已而明其理以教人，必需文字，然亦第求是非，不謬聖人，又何必傅會標榜，分門别户，入主出奴邪？

問：如子之言，語言、文字太多，是非益淆，不辨正，何以無誤後學？如《太極圖説》，先儒所宗，其誠可繼聖人乎？

曰：太極本無動静，動静者，自人而名之耳。太極即上天之載，無聲無臭，既無聲臭矣，而何有動静？周子言：動而生陽，動極而静；静而生陰，静極復動；一動一静，互爲其根。此天地既分之後耳。而以爲：分陰分陽，兩儀立焉。似天地未分動静，即互爲其根，則非。天地未分，太極在天地之始；天地既分，太極即在天地之中。蓋天亦有先天、後天，周子未之知也。謂陽變陰合，變、合二字，亦欠精。夫子曰：一闔一闢謂之變，往來不窮謂之通。變、通二字，乃得其微。又謂五性感而善惡分萬事，尤爲性有善惡之説所本。仁義禮智信，曰五性。然五性仍是一性，性無不善，安得云善惡分？善惡之分，在既生以後，非先天之本然。七情擾而性始悖，何得云性有惡邪？聖人定之以中正仁義而主静；仁義二字，可以該道矣。中正而後，仁義無差謬，但内外本末，必兼全之，非一主静可了。且如何中？如何正？亦當明言。仁義，即性也。聖人以盡性教人，止是使人各全其天理，故曰：以人治人，改而止。人人有仁義，聖人順天理而爲之養教，使歸於中正，云定之以中正、仁義是也。而但曰主静，則是居簡而行簡，仁義亦不合矣。又云，主静立人極，故與天地合德，日月合明，四時合序，鬼神合吉凶。夫子言飛龍在天之大人，有德而有位，其功用如斯，不得位亦未嘗不如斯。其神化功能，豈主静即可致之乎？君子修之吉，小人悖之凶；蓋謂中正、仁義也。而下文曰：立天之道，曰陰與陽；立地之道，曰柔與剛；立人之道，曰仁與義。混陰陽、剛柔言之，歸於中正、仁義，殊爲牽強。繼之曰：原始反終，故知死生之説。夫子言易與天地準，曰仰觀俯察，知幽明之故，而承以知生死、知鬼神，非謂仁義也。結曰：大哉《易》也，斯其至（乎）［矣］。其至謂仁義邪？謂知死生之説邪？仁義之理，《易》固已盡之，然何不言而突然以此二句終？文理雜湊，義理未周，蓋周子學於海巖，以心爲性，不知大道，故其言多在依稀彷彿間。以聖人之言證之，可知其失。愚註聖經，期於明白其理，以訓爾等，非必與先儒争辨。爾等既問及之，又不可不明示。即太極圖説，其謬已然，他可知矣。

問：周子可謂聖乎？

曰：談何容易也。周子天資甚美，人品亦高，但其所學，出於海巖和尚。海巖静心之法，乃養後天知覺之心，非天命之性。即或静心之極，通靈通神，亦止後天氣質之靈，非純一之德。聖人達天德，故能立人極。若德有一毫未純，即天理未合，又何能立功立業，輔相天地？聖人未嘗欲以文字傳也。德至而在上在下，民心懷之，重其德，因重其言。周子亦有德之士，以常人較之，則如威鳳祥麟，不可狎視。以聖人較之，則如泰山培塿，相去猶遠。非其資學不及，不遇聖人之師故也。程師周，朱師程，推獎張皇，遂以爲繼孔孟，而其實聖人之道不全。學者罕遇聖師，因功令以四子書取士，必遵朱註，爲求名計，鮮實踐聖人之學者，故無能深知其得失矣。

問：聖人之道，成己即以成人。若窮而在下，不求聞達，既無功業垂世，即有著作，其可信今而傳後乎？

曰：聖人曷嘗謂吾學可以成人，求知於當時，傳名於後世哉？耕莘釣渭，即終身匹夫，亦何所損？版築魚鹽，涸迹風塵，亦不失其爲聖賢也。爾何必求信今傳後？

問：然而内聖外王，本一貫事，子何不一言世務，以今證古歟？

曰：天下有道，庶人不議，不在其位，不謀其政，幸生聖世，勉自修持，但求無愧怍於天親、衾影，已覺甚難，何敢輕談時事，臧否人物？若謂託諸空言，不如見諸實事，則愚已註《春秋》、作《史存》矣。且爾欲聞者，何哉？

問：商鞅廢封建，開阡陌，而貧富不均，後世興養難矣。又何以教？

曰：商鞅之罪，在於刻薄寡恩，若廢封建，開井田，未可全非也。天下統於一尊，在上者誠能身修道立，本成己以成人，較各君其國、各子其民者易安。井田之制，聖人欲人人安養，其意固美。而飽暖生淫慾，飢寒起盜心，諺云原自不錯。春秋豪強兼幷，由於世禄、世官之故，民多飽暖，易生怠荒，久而禮義亦廢。雖法久必敝，然即委窮源，事有由致，則封建亦何必定然？《易》曰：天尊地卑，乾坤定矣，卑高以陳，貴賤位矣。氣化不齊，則貴賤賢否不能不分。商鞅廢井田，亦似有天意焉。民生固不能人人使之安樂也。孟子言，降大任，必受諸艱。生於憂患，死於安樂，天理固然，人世安能外此？且貧賤未必無成，富貴尤多蕩佚，果能因貧賤而自修，則栽培傾覆，亦未必遂終於餓莩，是廢井田，不必爲商鞅咎也。

問：當今治術，以何爲先？

曰：我朝聖聖相承，大化翔洽，但能恪遵王章，修身自愛，更復何求？第人心易惑，有恒甚難。父師養教，久而多歧，或有失其正義，第求名利，不踐倫常者，果能力行大學之道，即可入爲孝子，出爲忠臣，又何問焉？

問：方今儒道昌隆，而僧道亦兼存之，愚民用多炫惑，學士亦相非薄，何以正之？

曰：此士民無知，不體覆載之仁，豈本非理而故姑優容哉？僧道以養窮民，愚屢言之，不必贅矣。四海之外，六合之遥，民風治術不一，難以枚舉。我國家廣大，凡殊方異俗，任其君長之，自爲治而並生並育之，是以來享來王，中外一體。凡有血氣，莫不尊親，非無故也。儒者生居中土，見聞不廣，執先儒異端攘外之説，以爲理學。而其實聖人之道，未嘗實踐，徒區區與佛、老争辨。爾何不觀《一統志》及《高厚蒙求》等書乎？

問：科舉取士，詩、文、字三者，學人刻意求工，或竟不知修己治人之道，將何如而可？

曰：國家以經義取士，原欲人味聖人言、行聖人事，儲爲國家有用之材。有德者，必有言。有言者，不必有德。衡文者，果有德有言，又何難得士？第恐有文無行，苟且剽竊，希圖成名，則志趣自卑，並非文章不可見道。朝廷功令，明示人以先德行而後文章，奈何因習俗之非，妄爲輕議也？

問：兵農禮樂，法制刑名，其道多途，曷略爲言之？

曰：王章明備，士惟謹遵軌物，恪志自修，又何容參末議？所謂博古知今，内聖外王者，在於修身。學問思辨，以擇乎善，篤行以誠其身。至於國家之事及當時之人，不可妄爲置議，以干爲下不倍之義。

問：時文代聖賢立言，策論可徵經濟。若詩、若字、若詞賦，其可有可無者乎？

曰：是何言也？文以載道，道見於文。文非道不立，道非文不行。詩道性情，該物理，乃人身之天籟，人品心術所見端。不特三百篇可以勸懲，即尋常謡詠，亦聖王所必採，較時文尤要。賦頌以爲賡拜之資，亦何可無？但必以崇德修慝爲本，必忠孝仁義，問心無愧，然後不爲空言，可以有益於人，無害於道耳。

問：然而漢武尚詞賦，建安六朝繼之，有文無行者遂多，將奈何？

曰：上之所好，下之所從。其本不立，其文不行，安得以流傳之失，遂並其本然之理而亦廢之？

問：文士華而不實，其弊昭然，有志者知戒之矣。理學之儒，自謂名家，而品義多舛駁，自春秋戰國至於宋明，論説彌多，經義彌晦，又何以故？

曰：師道不立，而一得自以爲是也。聖人之道，雖止天理二字可以該括，而天理在人，何以遂全備無虧？孔子十五志學，七十而後從心不踰。孟子有諸己以至化神，其功候非一，尤非朝夕可能。非明師固不知其實，非恒久亦不能深造。漢人篤實，不求聞達者多，學雖未純，而孝、悌、忠、信、廉、讓等事，力行者多。至唐，而昌黎倡爲道統之言，後人宗之，以己所造，謂聖人不過如斯，解經既誤，又或竄易經文，以就己説。不知聖人之言，皆是天理，非天理爛熟，何能知聖人之言？而天理之熟，必由内外交修，本末兼全，始能合人天爲一致，通古今而不差。經史子集，於今不勝屈指矣。而有益民生、不悖於聖人者，殊不可多得。爾等其自修以求之，毋斤斤以議論古今爲事也。

問：今世禮從宜，使從俗，不事苛求，是並生並育之量也。但冠、婚、喪、祭等事，民生所共，其義當如何？

曰：從古聖人，道同而事不同，皆因所處之時勢不同，民生風俗，萬國九州，尤難一致。必道明德立，然後隨其所居之位，盡其當爲之理，皆可以爲法於天下，可傳於後世。方今聖人在上，教化昌隆，中夏人民固有所法守。第六合遼闊，勢難一視，冠婚等義，就鄉俗而言，則可姑存其義，若執一相衡，謂天下之大，皆盡於此，則不可也。試爲爾言其槩。

一、冠禮，今不可行矣，當統於婚禮。

功令十五以上爲成人，則冠婚當自年十六以外至於二十之内。然人事不齊，有不及待者，則年十八而亦可婚矣。惟六禮必不可廢，蓋男女有别，必鄭重詳慎，固所以爲别也。今猶彷佛近之。初央媒求婚，爲問名。既定，换庚帖，爲納吉、納徵。將婚報期，爲請期。度禮，即納幣也。迎婚或親或否，各隨其宜，總以鄭重爲合禮。貧者不能備禮，亦須如其制而不必具其財。凡結婚必於其賢，不可慕財，切不可苟且貽禍。古人二十而冠，今以受室爲成人冠，一切必異於長者，方爲教子教弟之道。暨乎既婚，則大學之道必身體力行，賢父母正身以率之，委曲以誘之，而又得賢師友玉成，則不患邪僻矣。大學之道，修身爲本。修身者，明其明德。何謂明德？天理良心而已。不欺不苟，不忍不敢，念念如斯，事事如斯，則不必定作學士，即爲聖賢之徒。夫婦者，人倫之本，自古聖賢，未有無賢配者。五倫之義，獨夫婦曰有别，異室異牀，節欲保身，相勉以正，各修其身，即别之義。若重色忘義，狎昵而徒燕好，則無以守身延年，不特爲父母之罪人，亦違禽獸不遠矣。切當戒之。

一、喪祭之禮，古人最重。父子祖孫，本一氣相通者也。生誠敬而没不然，豈事死如事生，事亡如事存之道乎？聖人誠其身以事親，生存至性肫摯，惟恐不得不順固已。至没而尤深哀痛，多爲之禮，所以致其哀，非徒備其義也。祭禮、喪禮，今太簡略，果能以至誠行之，衰麻哭泣，哀慕如禮，亦可以格幽明而將孺慕。愼終追遠，民德歸厚，衹是一片天良眞切耳。士大夫率之於前，愚百姓從之於後，念念不忘其親與先，則可以爲人子孫矣。而崇德修慝，尤爲至要。蓋吾身爲父母之身，父母從祖先而來。己爲聖人，則父母祖宗皆聖人。故舜之大孝，由其德爲聖人。而不誠其身，則不能事其親，職此故也。

問：衰制，今不同古，何如？

曰：豈惟衰乎？今世宫室、衣服、飲食皆異於古，安可以古禮行之？第衣服、飲食、居處，人所以生，即嗜欲所以甚。居喪，自必異於平時，不可以無禮也。衰制，古無今布，皆以麻爲之，故以極麤者爲衰，以次而降，至功布緦麻。今布類甚多，當以極粗麻布爲衰，功服以下，白苧麻布。人子百日内不去衰，百日外，哭奠服衰，餘則服素。期年，除衰，要絰不除。期年内，夫婦分房。不婚嫁，有姻家不達禮，必來娶，女亦可從權應之，但不可受賀燕會也，惟弔唁親友不禁。

一、葬禮，古有定期，無卜地卜吉之事。今則不然，亦不必異於俗矣。但未葬，必朝夕奠，起居不得如吉。卜地一事尤難，古人不敢必。有以爲非者，有溺其說而過爲營求者，皆非也。孔子曰，卜其宅兆而安之，事親之終也。又曰卜其宅兆，魂體得安焉。憂其不吉而親之魂體不安，乃人子之心當然，何可非之？但人得天地正氣而生，有正理斯有正氣，故生爲全人，死始不朽。人子平日諭親於道，成親之美，得親順親兼盡。象賢則如武周，幹蠱則如舜禹，既能承歡，亦不阿意曲從，斯爲誠身以事親，吉地可不勞而得矣。不然，死而無靈，魂魄渺然，形骸亦腐，吉壤奚益哉？若夫禮有貴賤之别，人有貧富之殊，不敢踰制，不可過豐。所謂不厚葬者，亦不可不知也。

問：服制，律例已詳，而臣民於國憂不一，當如何？

曰：君父，一也，存没固宜皆同。第朝廷不欲以喪故妨臣子私務，又居官有必從事吉禮之時，則不得不略爲變易。終三年喪，其定義也，而在官在野、中國外夷，不能無異，此非庶人所可議也，姑爲爾言之。現居官者，囚首服衰百日，莅政臨民暫服素，期年之禮與子同。祭祀則從吉一時，樂止一二器，禮畢，即反素服。期年後，要絰不除，祭祀以樂，己身不嫁娶，不作樂燕會，士庶與在官者同。百日外，除衰服絰，亦不爲婚娶等事。期年外，惟要絰不除，遇祖宗父母壽及子孫婚嫁，許慶賀，燕會，不作樂。其服期以聞訃之日爲始，遠近不得一致。太上皇、皇太后，曾臨馭者同於君后。其未臨馭則不禁髪，如服祖考妣之禮。

問：服制，本宗自高祖至玄孫緦麻止，如何？

曰：高祖爲玄孫緦麻，玄孫當服小功。孫及曾玄，皆有承重。有父母没，而祖曾高撫養成人，則非承重而亦服三年喪。

問：九族外有三族，先儒謂爲祖父身，子獨不然，何故？

曰：祖父與身，一體相承，何可分族？父族、母族、妻族，斯爲三族。晏平仲曾言之，後人因外戚往往爲害，故易之。然因父而有伯叔，因母而有甥舅，因妻而有翁壻，此亦人倫之事也。妻父母愛壻不亞於子，愛外孫不亞於孫，而必薄視之，以爲遠嫌，實無以教孝矣。孝子不匱，允錫爾類，至於一草一木，亦不敢非時伐之，所以廣親之仁，即所以充其孝親之量。外祖，尊於父母。妻父母，與親爲行。中表妻兄弟，則昆弟之倫。推愛親敬長之心，以暨於民物，仁義所以周洽，而天下可以一家。况母族，因母而及，妻族，因妻而及，母與父同，妻則卑矣。然上承宗廟，下延子孫，中和兄弟，相夫成德成家，安可薄之？女嫁則降，其本生父母而服吾親及吾身以三年，壻乃輕其父母，而但服緦麻，且恐其爲患，必預遠之，聖人無是説也。外戚不肖而薄外戚，豈將因臣子不肖而棄臣子乎？夏塗山，殷有虞，周姜任，何嘗非外戚？而忠賢著美。漢代如馬鄧，亦不可槩以奸邪目之。人主正身修齊，以爲民表，何賢否之難辨？不揣其本而齊其末，因噎廢食，以三族爲本宗，服制太輕，天理人情均不可通，聖人其若是邪？

問：然則母族、妻族，其與父族並重乎？

曰：非也。仁者，人也，親親爲大。由一本而推及本宗，次則母族、妻族，錫類不匱，正所以爲仁人孝子之事也。但禮有等威，其施有序。由父母而有伯叔，伯叔等於外祖父母、母舅、妻父母，可也。由兄弟而外，有堂弟兄，堂弟兄等妻兄弟，可也。然聖人不敢以外祖父母、妻父母儕於伯叔，妻兄弟同兄弟者，恐人重彼而輕此，然情誼不可不周，賢否不可不辨，盡其心，理之所安，相維相恤，固禮之宜也，而可故爲輕置乎？隋文混一海内，亦能勤政，何以子廣弑父、弑兄，旋就滅亡？蓋受其壻之顧命，篡女孫而代之，大悖天理，亦非人情，受天罰耳。孔子删《詩》存渭陽，周公述祖言任姒，曷嘗謂外戚必槩遠之？禮者，天理之節文，外天理人情，猶可以言禮乎？何前人之拘滯，而不準諸聖人也。

問：然則母族、妻族服制宜如何？

曰：外祖父母與祖父爲行，降而大功；母舅與父爲行，降而小功，中表弟兄緦麻；妻曾祖父母緦麻，祖父母小功，父母大功；此其正也。然禮存其常，權而得中，乃無流弊。或誼本當服而情誼乖離，則不服矣。雖疏族而患難周恤，則又當服。《禮》曰：有從無服而有服，有從有服而無服，有從重而輕，有從輕而重。原非教人拘拘一例，惟父母之喪，無貴賤一，其餘固當酌之矣。古叔嫂無服，而韓昌黎服之，嫁母服殺，而範文正公服之三年，人不以爲非，是亦可以隅反矣。

問：服制，古人實踐，今但具文耳。父母之喪，服衰者罕，何論乎他？且俗以白布纏頭，名爲孝服，可乎？

曰：白布纏頭，免之遺也。凡有服屬與無服屬，弔喪及襄事則免，亦無傷於義。至三年期，則服之重者，不可以此塞責耳。

問：世俗倩僧羽誦經禮懺，謂迎亡者而祭薦。先儒非之，而世俗猶習爲之，其得失何如？

曰：人生得天理而爲人，得父母而後有此身，故全而受者全而歸，斯爲大孝。君子曰終，小人曰死。孔子曰，朝聞道，夕死而可。生死原不可視爲泛然也。儒者避因果輪迴之説，謂偶然而生，倏然而死，如花茵墮地，藩溷茵褥，惟其所遭，則全歸與夕死可之。理不明，而以死生爲夢幻泡影，實乃同於僧流。名爲不信佛法，一何可笑？聖人教人修身立命，以全受全歸爲大孝。佛言因果及不生不滅，亦謂無愧於生，始無愧於死，非以生死爲無足輕重也。覺悟謂知此理，得道謂全此理。或有曾行惡事，既而自新者，佛示以誦經禮懺之法，其文大抵皆修身、養性、改過之義。懺文則臚舉不善之事，使其一一返躬，有則改之，無則加勉，與吾儒寡過修身之義，亦本無殊。儒者罕詳繹其書，末俗又弗踐其實，於是誦經、念咒、祈禱等事，流爲矯誣矣。愚民無知，謂人生死必有知，陽世罪則有殃，善則有福，親没恐其不無罪咎，不忍其親，爲誦經禮懺，代親悔罪，亦人子之心，君子不深罪也。且古者，祭禮繁重，今太苟簡，以此等事代祭禮，尤爲有裨於人心。古者，祝史陳信於鬼神，引咎自責，聖人以爲禮制。祝鮀治宗廟而衛靈亦免喪亡，若以迂儒之見言，祝鮀小人，靈公無道，神安能受其享而福之？今之僧道，即古祝史之遺耳。若必以爲誕而廢之，祭奠其先，一飯一盂，叩頭跪奠而已，不太簡乎？但誠身事親，生則諭之於道，哀慕精誠，没亦事之如生，始爲正義。誦經、薦祭等事，可以無庸，即或從俗爲之，亦降格事矣。聖人大學之道，不能盡人而知，乃有此等之事，君子傷之，故不必斤斤而斥棄之也。

問：祈禱，於禮有之。周官大宗伯多祭祀鬼神之事，聖人固不以天道爲無知、祈禱爲非義也。第有可疑者，武王聖矣，有疾而待周公爲壇，秉圭爲之祈壽，儺近於戲，鄉儺，孔子必朝服致恭，此後世所非笑者，况以僧道爲祝史乎？

曰：天地人神，同此一理，故同此一氣。人道即天道，神道即天道。全乎人之所以爲人，即合乎天之所以爲天。鬼神，天地之靈耳。有陰陽即有鬼神，天人無二。後世，禮制疏闊矣。此事雖祈禱之儀文，而使人知天地鬼神與人不甚相遠，由是而畏天命、禮神明，不敢爲惡，亦有裨於人心風俗。十目十手，相在屋漏，聖人固不以神天爲虚幻也。第不務民義而諂瀆鬼神，則爲妄誕。明其僞，不晦其眞，斯爲説理之全，安可隨聲附會也？

問：自古聖賢，馨香俎豆，爲人師表，所以爲不朽。而子言聖人不求知當時、傳名後世，其不使人怠於自修乎？

曰：《論語》第一章即云，不知不愠，乃爲君子。遁世不見，知而不悔，惟聖者能之。《周易》潛龍不成乎名，亦是此義。夫子曰：君子疾没世而名不稱。稱讀去聲。因人多務名，往往實不足，可以欺一時，而不可以欺後世，故以此曉之。邢疏本如此解，改爲平聲，致天下人事事求名，即學道修身亦附會標榜，欲傳名後世。然而没世不稱者多矣，孟子言令聞廣譽施於身，因人欲貴而不知良。貴，故以令聞與所欲之文繡相形，非謂聖人果欲求聞譽也。然而德不孤，必有鄰，肆不殄厥愠，亦不隕厥聞，乃民心秉彝之良，不能自已。故俎豆馨香，尊聖人者則然，而聖人本心固無此念。莊子曰：至人無功，神人無名。不居於功名，而功名自不可掩。譬如化工，不言工，而生成之恩，人自不能忘。不如此，聖人何以與天地參哉？

問：子言聖人，止是全乎人道，人人有天理，則人人可爲聖賢固已。然先儒言學聖若彼其難，子言若此其易，曷故？

曰：予屢言之矣。世界雖大，止是人情物理而已。人情物理不盡，是必以天理折衷之。聖人理得於身，義精仁熟，則本天理以成己成人，能酌乎人情物理之極則，故曰時中。下學未能遽然，而能以仁存心、以禮存心，愛敬由孝悌推之以及民物，則愛人者，人恒愛之，敬人者，人恒敬之，不特一家之恩誼和洽，即達而在上，莫不尊親，亦由乎此矣。故聖人之所以不朽者，以其德盛禮恭，愛敬之入乎民心者固，而人亦愛敬之耳。若夫正衣冠、尊瞻視，謹其禮度與一切威儀、文詞。仁熟義精之人，亦何患不修飭而必拘拘古制，生今反古，使人畏而迂之，則不達於時中，故謂聖人爲難學也。禮與義雖分二名，而實一也。禮以節文天理，合宜即義。仁義禮智信，分之爲五常，合之止一性字。仁配義、禮、智、信而爲五，以其散著而言，若全體之仁即性也。故曰，統四端、兼萬善。理固當窮，然拘泥而不會通，則成理障，最當戒之。

問：聖賢不朽於世，半由功德固已，然古今没而神靈，遺迹可考者甚多，或隱見不測，護國佑民，無論聖賢仙佛皆有之。前人止言理而不言此等，以爲荒誕，然載籍所傳已盛，而以近今聞見尤不少。如嘉慶間，賊匪私入宮牆，關聖立於牆上，紛紛墜落，其有藏於幽暗者，電光隨霆而下，朗朗不收，搜捕盡淨。閃電放而不收，自古未之聞也。乾隆乙未，征討金酋，貯火藥於省城南關外南臺寺，不戒於火，烈燄飛騰，連雲大厦、茂林喬木，蕩然無存，而大佛三尊完好不動。河決清江浦，吕純陽現身，示以方略。匪徒擾蜀，文昌示象，阻其前進。觀音之隨時救濟，天后之海若神奇，更不待言。若以前人之説求之，則一切皆妄矣，祈爲示之。

曰：此理之常耳。見理不精則以爲非常，而以習見習聞之事，等諸何有何無之列，此先儒談理愈精而愈不合於人情物理，君子故弗從也。人之所以爲人，天理良心全備四字、至於純粹無疵，便是聖人，其可感天地而動鬼神不待言。即未能純粹，大德不踰閑，行之至誠且久，亦可不朽。佛固西方聖人。孔子曰，西方有至人，不言而民自信，不令而民自從。儒者以爲非夫子之言，豈知聖人不擇地而生，非中國始有。孟子以舜文爲夷人。孔子曰：君子居之，何陋之有？佛以慈悲、廣大、清淨、方便教人，豈有外於仁義？數千年來，外裔化而爲善者，殆百倍於中夏，其神靈，宜也。至於隱德在躬，不論窮達與男女，自古已然。皇英、姜姒，載在詩書，亦何疑於觀音、天后？若夫關聖之所以爲聖，人亦罕知，愚已爲關子考辨矣。其細玩之，天地人神，同此一理，此心此理與天地符，天必眷之，没而顯著靈異，爲國爲民，昭昭赫赫，豈非常理乎？淺學寡聞，不知人道之貴，則舉一廢百，否或妄爲訾毁，又惡知聖賢之實與造化之心哉？

問：術數之學，何如？

曰：術數者，道德之輔也。聖人無不通術數，然以理爲主，不專恃之。外理而言術數，輕則罹災，重則爲害家國。神禹平成，周公驅虎豹，皆爲救濟民生計。至於歷代名流，禦災捍患，忠主愛民，尤不一而足。京房之流，不明大理，專語災祥，所以致禍。近世邪教，大半弊亦由此。爲民上者，必正身蓄德，導民於仁義之途，而又隨時訓誨，使禁邪誕，自可俗美風清。乃或不自修持，甚且虐民自利，至民激而爲亂，畏避譴責，目民爲邪教，則無有人心矣。且古今邪教，如黄巾、白蓮等，有幾人倖成大事？邪不勝正。愚民惑於幻術，謂爲神仙，黠者藉此煽誘圖利，苟有賢吏，忠主愛民，隨時教化，導以仁義，明其妖邪，即可靖亂，又何俟紛紛擾擾爲也？

問：道流謂眞意爲眞土，孔子下襲水土，無有明其義者，敢問？

曰：水火本相剋者，賴土調和之。心爲離，腎爲坎，以虚無之意，凝神調息，歸於中黄，使心腎相交，即爲水火既濟。土，爲黄婆。黄，土之色，婆，取婆心之意。心、腎亦非以形質言，謂理氣之粹，即有象以明無象耳。水火交而金木在乎其中。昔人謂和合四象，攢簇五行，蓋返本還原，歸於抱一，乃存養之實功、養氣之要義。惜乎流傳妄而儒者概以爲異端，則道彌晦矣。眞意，始基也。德之既成，即乾元之體，陰陽五行統於一性，存養心性，全賴中土。至静而後，德方得主而有常。德之至者，乾元與坤元合一，所以能配天地也。天地之理，全在於人。上律天時，天以時爲用，下襲水土，土以水爲神，合之而見聖德。體用之全，動静互爲其根之義。先天水土摩盪而生兩儀，後天水土融合而成生養。土生金以凝精，金生水以流行。聖人之性情即天地之性情，非窮理盡性以至於命，固不能臆測也。

問：五行相交爲用，而中土爲本。今云下襲，專言水土，何邪？

曰：此二句重在上下二字，上爲天，下爲地，人身亦然。德至於聖，則乾元一氣，主宰於上，而其運行不已者，統乎地之全，四時變化、寒暑消息，地承天而時行，生成以遂，即此可以見天之功用。坤元凝聚於下，而其含藴不窮者，通乎天之極，水土合一，静中有動，天得地而無爲，各正性命，即此可以知地之精神。人身備太極之全，故爲五行之秀。五行藴於太極，其分合動静，神妙不可言盡。上律下襲，仍是言參天贊地，而特以四時水土寓言其精，然後上律下襲，不爲虚談。惜乎知者罕耳。

問：神氣精，道流所言，聖人不以言性學也，子胡爲而援之？

曰：天地以一元之氣生萬物，而人得其秀靈。其秀靈者何哉？理宰乎氣，氣以行理，理氣之靈，其名曰神。神也者，妙萬物而爲言者也。天地然，人何獨不然？心即人之神明，而有先後天之異。先天神氣渾於無形，一如天之太極，太極含三，即精氣神之謂耳。後天七竅開而七情判，未生以前渾然粹然者囿於質、蔽於欲，觸物而動，有感而遷，心安能常静？而理安得不梏亡？氣早失其初矣。聖人教人存養心性，存其有覺之心，養其虛明之性，而所以使心不浮、性不昧者，則以養氣也。其實必由名師面授，其功亦必至死不渝，故古今實踐者少。從古聖賢，無不養氣，而罕言者，以其非文字可傳也。戰國時，禮教既衰，群言淆亂，孟子乃不得已而言之，開端即曰難言，以其義本精微，非身體不知，故以剛大形氣之浩然，以集義明養之不易。宋儒宗濂溪，濂溪之師爲海巖。僧流養静，衹是以空寂之意，養知覺運動之心，是告子之學也，故不知養氣，而以允執厥中，但爲言行合中而已。不知時中之中，本於大本之中，緝熙敬止，亦但以爲外能止敬，而不知内不知敬止，外亦安能止善？仁熟義精，豈分内外乎？理具於心，而心多雜妄，養氣而止於至善之地，心乃定静而安。安即神氣凝一之意。前人不知養氣何以不動心，而誤解至善，又使人物物窮理，益支離矣。程子因謫涪而遇竹篦翁，知養凡氣之法亦遂延年，朱子調息亦壽逾古稀，其餘則皆無遐壽，所以不知仁者壽、大德必壽之故。是故精氣神者，人所以生，其精則天地所以不朽。但言心性，不言精氣神，養氣不動心之故不明，而羽流養凡氣且亦與養浩然混矣。豈得以其出於道書而不察其實，徒諱其名哉？

問：程子遇竹篦講易，謂道在蜀。又因是而髮白反黑，年逾七旬，人問之，曰，吾學之效也。又言易道在蜀，則似實有所得。子乃謂其止養凡氣，不知浩然，何邪？

曰：周、程、朱、張、邵，惟伊川較篤實，議論多切要，而其解不動心曰心有主則能不動，語在依稀仿佛之間，且改竄《大學》，以一己之見，擅改聖經，豈闕疑慎重之道？注《易》不解《未濟》之義。竹篦翁曰，六爻皆失位，即爲屈服。然失位之説，特膚末耳，何得即謂爲知易？水火喜其濟而不喜其未濟。然文王序卦不以《既濟》終，而以《未濟》終者，生生化化於無窮，人物不絶於天壤，故一本散爲萬殊，是一元之所以無盡，而流而不返、全受全歸者，亦由是少，蓋寄慨深矣。夫子曰：《歸妹》，女之終；《未濟》，男之窮，而終之以《夬》。竹篦翁不知，程子又何待言？神氣者，人所以生，而元氣、元神，則理氣之粹，合之爲一太極，凡氣、凡神，豈可同論？第形所以生，亦秉陰陽之理，能善養之，故可卻病延年。精者，神氣凝結之名，非神氣之外，又別有精。因道流多養氣，亦有長年者，而不達於聖人之道，故先儒不言精氣神，而不知元精、元氣、元神，異於凡精、（凡）氣、（凡）神也。此理不明，所以養氣者，多流於邪妄，而養浩然之義亦無由而知。程子之養氣，不過如古人攝生之説，若養浩然之氣，則必能解《大學》，不擅改古本矣。古人雖往，其言行具在書冊，以聖人至理權衡之，即可以知其所學，是者不可以爲非，非者又安可以爲是？非必瑕疵古人，恐後學不察而誤從之，反失聖學之眞也。

問：元精、元氣、元神，非凡精、凡氣、凡神，子屢言之。然人非神氣精不生，心之靈，固神也，氣則體之充。醫書言，精生氣，氣生神，精固又神氣之主，凡精、凡氣、凡神，何可少哉？外此而求元精、元氣、元神，又於何而得？養三元者，又於何而致力？

曰：元精、元氣、元神可該凡精、凡氣、凡神，凡精、凡氣、凡神不可以該三元；一全稟於天地，一兼成於父母也。如萬物之生，皆由天地，而天地之元，莫可得而窺也。人身之凡精、（凡）氣、（凡）神，顯而易見，其原難窺，亦猶乎是。天地無盡而人生有盡，以凡氣、凡神，不能久也。若元精、元氣、元神，則養浩然而精神俱在，可以與天地參，故爲至貴。豈凡神、（凡）氣之可同？會三元爲一元，必由養浩然之功。苟得明師，又何患無從致力？又何患以凡氣爲元氣？

問：不動心，止鎮靜之意耳。修己治人，經綸參贊，許多事業，如何便可優爲？

曰：萬物之理統於天，天理在人爲性。性無爲，心有覺。有覺之心，易隨物而遷。無爲之性，則本天而靜。惟後天心分七情，不盡純乎天理，故須復性。復性之學，必養浩然之氣。氣非呼吸之氣也，先天一元之理即氣。而寓養此元氣至於克復功深，則後天氣質之累全無，《中庸》所謂變、化者也。化凡氣爲元氣，實乃盡去私而從理，理統乎天，是爲復性。性復而理氣渾然，不可強分，心之靈皆天之理。耳目極其聰明，百骸皆成物則，自然至明至虛，可以坐照如神，亦可無善不錄，天下有何難事阻聖人之仁智勇者哉？故曰，一以貫之也。自聖人之實罕有能知，乃以心爲性，雖明通而不皆當於理。且耳目心思，未能表裏洞然，則以事物不能周知爲患，而格物之説興。

淹博者多，去聖人益遠矣。然則不動心，豈徒鎮静而已乎？

問：道生一，一生二，二生三，三生萬物，何也？

曰：太極生兩儀耳。天一地二，其數得三，有天地然後有萬物。

［問：］非三生萬物乎？然則太極含三，止是含天地耳。子言含精、氣、神，何居？

曰：精、氣爲物，天地亦道中之一物耳。太極渾然，其凝結之意爲精，而凝然者其神，流行者爲氣。神、氣所發皇而有天地。天地雖分，仍一太極。人秉天地之正，即是秉太極之靈，故靈於萬物，而可參天地。先儒不知含三之義，故言理不言精氣神，而精氣神之粹，即天地所以爲天地，亦不知矣。

問：然則道言精氣神，實所以明性理。而老子曰，有欲觀竅，無欲觀妙，豈精氣神之外，别有竅乎？所謂妙者，又何也？

曰：善哉此問。劉子曰，民受天地之中以生，所謂命也。其義至精，愚注《春秋》，於《附解》已言之，不贅。竅者，中也。天地止一太極，太極渾然，無始無終，其理氣凝結之所曰中。人身亦然，受天地之中以生，故能得太極之全。而孟子竟曰，萬物皆備、人身藐然耳。何以能備萬物？爲其全太極也。受生之始，理氣之渾然者何？在中也。既生以後，九竅開，七情擾，渾然者，非其本來，故必有復性之學。復性、復禮，一也。於其分者、散者而合之、聚之，求放心，復天理，元精、元氣、元神寓焉。合三者而復還太極，故曰凝道。孔子求仁，孟子養氣，《大學》《中庸》言明明德、言致中和，皆謂由後天而復還生初，第不得其竅，則一切皆非矣。三代下，學術多歧，正由乎此。堯之安安，舜之恭己，文王緝熙敬止，成王基命宥密，孔子曰止於至善，無非收放心而入此竅。虚静以養其源，誠意以慎其動，學聖不外乎此。觀竅觀妙，即静養之功耳。心動於欲，則亟收而入竅，欲可息矣。心覺無事，則静而涵養，理益純矣。故夫子言，知止至善而后可以定静安。若以物理之至善言，則騖於外而不養内，又何能定静安？先儒創爲此説，而後人遵信，不敢或違，然返之身心，實不能合。後學無聖師、聖學，因爲時文，始講誦之，不知實義，取其尚易明白，相沿遵守，而聖人之學，遂無從入德，安得不亟辨哉？《中庸》曰：中也者，天下之大本。皆謂此竅、妙，而老子則直言之曰：玄牝之門，天地之根；明中即此竅，爲天地之奥窔也。曰有欲觀竅，無欲觀妙；明竅中有妙，存養必觀乎此也。竅、妙，以常語譬。《易》曰：成性存存，道義之門。成性，盡性也。存存，常常顧諟。功至盡性之後，亦須常常存養。堯舜禹皆聖，而禪授之時，以允執厥中爲戒，即是此意。先儒以允執爲勉強執持，不知下學之功，非所以擬聖人也。且其所謂中者，亦非天地之中，玄牝之門，則以爲異端，但隨聲附和，以言聖學。其貶斥老子，原不足辨，而其誤解聖經，使内外本末、次第功夫，一切皆錯，成己成人之學，罕覩其全，而矜門戶高位，置孔孟書如畫餅，不深可嘆歟？

子問卷之二

問：竅妙，何弗明言之？

曰：天地之大，豈可褻視哉？而況竅妙之義，乃天地之根也。《中庸》言天地之道，可一言而盡，即渾其辭曰：其爲物不貳，不貳，一也；一者，中之理；中者，一之府，以其專一，名之曰誠亦可，而實無聲無臭者也。

問：心性之功，子言之詳矣。第心性之德，徵諸日用倫常，佛、老雖不廢八倫，而今中華僧道及外裔之民，從佛者多，廢人倫者亦多。將奈何？

曰：吾嘗言之矣。四海内外，何止千百國，中華特彈丸耳。安能使殊方異俗，盡如中夏？吾言佛、老心性之説，合於聖賢，不過欲人知其眞則不惑於其僞，而豈謂佛、老之徒必當禁絶？儒修之事，必盡如佛、老哉？伊古以來，托身佛、老者，多有名人，但使授受眞而心正品端，皆可有功於世。故寺宇雖爲窮民而設，隱逸亦出其中，不可一槩而鄙棄之也。即出家一事，亦當分别而論。少小，窮困無依，固不容責；中歲，厭棄塵勞，或厄於遭遇，必父母已終，始可棄家養静。有情事迫而不能如意者，亦必善全其親，不得棄而自保。且無後固爲不孝，而苟有弟兄，生子承祧，亦不必定以妻子爲急。林和靖、張志和，雖未出家，而人仰其高風，又奚得謂人人必當有家乎？西方活佛，無妻子而有父母，非棄親不顧，亦必有弟兄養親而後然。否則父母或先出家，其民以出家爲貴，雖非中正之道，而務清修、重經呪，藉以收心，變亂亦少。至貪淫好殺之徒，從而革面者尤多。四裔之廣，崇佛者十之六七矣，佛之有功於世，豈淺鮮哉？中華禮法皆備，詩書之士，誦習聖人而實踐仁義者希，且多悖亂，又安得執偏見以相訾也？

問：仁義，誰不知之？何言罕人實踐？

曰：仁主於愛，而愛親爲本，義主於敬，而敬君爲大。各以其重言之，實則君親皆當愛敬也。一毫不忍欺、不敢慢，而後爲愛敬。試問能者有幾人乎？非天理良心養之者至熟，安能至誠、至敬，有死無二？古今忠孝淳篤者，半由天性之優。文人日趨於華，則誠身事親、以道事君者轉少，非薄視斯人也。

問：君、親，一也。而事君則難進易退，不可則止，非若親之終身追隨，何邪？

曰：此正所以爲愛敬也。愛其親，必使其親爲聖人，故不徒竭力承歡，而必諭之於道。敬其君，必使其君爲堯、舜，故不徒奔走承命，而必引君當道。蓋吾君覆載之恩與父母同，無論窮達，固皆宜篤忠愛也。第必君知我而信任之，乃可以行其所學，輔翼於君。若徒思爵禄之榮，苟且干進，或本無經濟、虚受豢養，或亦有財能，患得患失，則大負君恩，亦先無以對己父母。故難進易退者，不敢薄視吾君，而欲使君爲堯、舜矣。若夫爲貧而仕，則抱關擊柝，取其易於稱職，亦窮窘之至，不得已而始然，不得以之藉口。聖人忠君愛民，豈爲不至？而不遇知己，使無益於君，無濟於世，徒膺爵禄則必不爲。而其惓惓於斯世，悲天憫人，未嘗稍息，觀孔、孟可知矣。然身在江湖，心存廊廟，豈爲榮禄哉？惜此意廊廟不知，而妨賢忌能者，又多方抑塞之耳。

問：難進易退，固出處之道。然三代以下，天下統於一尊，徵聘之典不行，取人但由科舉，必難進易退，不將終身畎畝乎？

曰：春秋戰國，國非一國，君非一君，固當擇君而仕。秦漢以下，變亂尤多。如紛争之時，有道者，安可不潔身自愛？有篡竊之朝，如晋、唐、宋已居然南面，傳世久遠，前朝臣子，不宜事之。若生於其朝，踐食土茅，受其豢養，又安可不以爲君而存忠義？但出處亦必以正，不可隨俗波靡耳。取士之法不一，今以經義爲文，仿言揚之義，糊名易書，至爲公允。使孔、孟生今，亦當由科甲而進，但當實踐聖人之言，篤行聖人之事，則文藝所在，即道德所在，有知己焉，而又當宁清明，始可仕進耳。蓋衡文者主司，詢事考言者君上，固必審慎而仕，非高自位置也。

問：然則詞章取士，亦可以得聖賢乎？

曰：然。有德者必有言，有言者不必有德，言本於德者，惟有德者可以知之。無德之言，倖中而不能悉，況當代聖賢立言，非實有諸己，其言安能盡善？特衡文者無心得則爲所惑耳。劉蕡下第，衆人引以爲耻，文山登第，伯厚特以爲賀，誰謂詞章不足取人？

問：然而有文無行者多，何也？

曰：父師之教不先也。積德以爲本，修身以爲範，而又善誘掖之，自稍長以迄成人，見聞習學，無非義理，則可少邪僻矣。而又有明師益友，切磋玉成之，何慮其無德行？但君、親、師，所以主教化，而作人父母，尤爲至要。若其親無培植，又鮮德行，則子弟習而安焉，雖有聖人之君師，亦難裁成。蓋身心性命之理、日用倫常之事，自幼至長，父母所爲，見聞熟習，久則難變。又况父母不賢，則本末内外，其不足爲子孫法者必多，是以難也。

問：陶淑身心，必以禮樂，而後世多疏略，何如而可以學聖賢？

曰：此汙滯之論也。夫禮，豈必拘拘古人，求其脗合哉？本天理良心而出之，言行動静，節文其過不及，歸於中庸，隨時有之，即隨在皆禮樂，則和洽之意耳。以忠恕心，行仁義事，五倫各得其宜，天理人情，和氣浹洽，一家有一家之樂，一身有一身之樂。且履中蹈和，無入而不自得，不必琴瑟鐘鼓，天機洋溢，樂在是矣。心合天心，道合天道，無論窮達，皆有天然之趣，又何俟外求禮樂？

問：然則夫子言：興於詩，成於樂，及禮樂不可斯須去身，義又何居？

曰：此春秋時之言也。周室雖衰，禮樂猶存，孔子修明而折衷之，既以成己，亦以成人。詩、禮、樂，以此教門人，特言其功效以勖之。禮樂不可斯須去，亦因當時文、武之禮樂猶存，學者日所循習，後世無之矣。禮主於敬，樂主於和，能敬有德，則禮斯在。奚必如先儒講求《禮經》，規規求合，生今而反古哉？

問：禮樂以敬和爲本，人心易肆則敬難，人情多變則和尤難。即如一家之内，父子、兄弟、夫婦，安得而皆知敬知和？齊家是以難矣，况天下人乎？

曰：人心之不敬不和，皆私妄多耳。君子修己以敬而安人安百姓，敬在於己，安在於人。安即和也。孟子曰：以仁存心，以禮存心；正發明孔子修己以敬之義。敬字内便有愛字在。但愛不一致。如父母於子，則愛之不必敬之矣。此外，如君亦使臣以禮，夫妻相敬如賓，雖至尊至狎者，亦不離敬字。敬則人心安而和自生矣。一家之中，父子、兄弟、夫婦，心情好惡，安得而齊？能各盡其道，則彼此相愛相敬，自然而和，斯不齊者齊矣。況治國者，有權以行其道，何難齊天下之人情乎？

問：然則士庶修身立德，得禮樂之意，即可爲禮樂之事矣。而非天子，不敢作禮樂，修身之道，又不可無，將如何而可？

曰：拘禮樂之法，則學古必至戾；今得禮樂之意，則宜今亦可宜古，盈天地間，無非五倫中人，盈天地人，無非宫室、衣食、男女之事；雖至亂之朝，亦不能外。但於日用倫常，以仁存心，以禮存心，不必違王制、戾時俗、拘古禮，而愛敬周洽，人亦愛之敬之，何必待文王而後興哉？此義不明，故漢、唐、宋、明，清流得禍，酒色財氣，愚人戕生，説理安可不慎哉？

問：然則愛敬即爲禮樂，無人不可爲，亦無時不可爲矣。君子教人實踐倫常，必畏天命、敬神明，何哉？

曰：理原於天地，而鬼神爲陰陽之靈，即天地之靈也。敬天地，安得不敬鬼神？敬鬼神，非媚禱之説，凜相在而嚴畏天命，不敢一毫欺妄，然後能慎獨，能誠意耳。聖人事天如事親，一念不合乎天，即負天而有罪，故小心翼翼，昭事上帝，惟恐有違。常人未能如聖人之德，則不知天心即在吾心，然固無不求福避禍者。福由善致，禍因惡積。因其求福而使之勿欺勿肆，即可由斯進德。全部《周易》所爲，以吉、凶、悔、吝教人也。爲善去惡，人生正理，豈爲求福避禍而然？然禍福生於善惡，吉人無不天相，自然之理。夫子曰：積善餘慶，不善餘殃。善不積，不足以成名；惡不積，不足以滅身；聖人亦必以此立教。先儒恐人先有求福之想，則善不眞，故諱言禍福，恐人廢人道而求諸渺冥，故諱言鬼神。然偏於一見，致使人以天道爲高遠，神明爲恍惚，不畏天命，任心妄爲，所謂小人而無忌憚矣。夫因福而爲善，久之則不爲福而亦善，因禍而去惡，久之亦不爲禍而亦不惡。夫子所謂始於勉強，歸於自然也。

問：子注釋四子六經，又多爲辨論，蓋必前人議論有不合聖人之道者而後爲此。但世俗拘守先儒，惟恐不合，而戾於聖人，反若忘之，此類多矣。豈能盡人而語之乎？竊以爲徒勞耳。

曰：愚有何知？敢與先儒頡頏？但幸生聖世，教化昌隆，頗有聞見，又講學數十年，同人問難，啟予者多，於聖人之書，若有會心，爲爾等私語之耳。

問：然而子註四子六經，尚有不盡言者，何故？

曰：不能以文字傳者耳。

曰：如江漢秋陽，如何濯，如何暴？如何皜皜？義究何居？

曰：此形容性體之言，非身造其域不知，言之亦恐無益。第明者實希，姑爲爾示其大槩可也。人身一小天地，俗流皆能言之。孟子云：萬物皆備於我；藐然之軀，何以萬物皆備？聖人與天地參，爲其全天所賦而已。天地非大，吾身非小，故身心之道，亦可以天地之理喻。雲日神天，上律下襲，自來頌聖人者，其言河漢，非獨此數語也。孔子没而門人思之，以有子似聖，遂欲尊事。蓋第知其外，未知其内，故曾子以夫子心性之德言之，見非他人可及。江漢，水之常清者；秋陽，日之最晶者。天地無功，以日月爲功；著於上爲日月，著於下爲水火；形雖分而理氣一也。日爲陽精，火發其華，長養固克宏其功。月爲陰精，水藏其氣，流行亦復善其用。觀天地之道，通造化之微，即日月而已，無餘藴矣。人心秉天地之靈，以其未生以前，則心純乎性，既生以後，則性雜於情，乾坤破而爲坎離，生生不窮之理如斯，坎離斡乾坤之功用，乾坤之用益神，實太極之體所藴耳。人生後天之心非其最初，則所得太極之理不全。聖人窮理盡性，以至於命；心即天心，氣即天氣。日用起居，雖若與人無異，而其道與天合，並形神精氣，無一不與天地相肖矣。曾子知夫子之道而難以顯言，乃假天地之妙以形之。水即月也，日即火也。水流行於地下，實本通乎天上；日昭回於天上，亦藏精於地下；故天一生水，水之本在天，而地六乃成之；地二生火，火之本在地，而天七乃成之。日，火之精也；先天本太陽而後天則含至陰，外陽而内陰，故光外朗而清明，氣内塞而昏闇。月，水之精也；先天本太陰而後天則含至陽，外陰而内陽，故光内斂而清明，氣外浮而黯滯。火木外光，金水内景，前人固已言之，聖人之心體統乎天地，即形氣亦浮盡而晶瑩。江漢濯則清潔之至，無一毫渣滓；秋陽暴則光明之至，無纖微弗照。江漢之水常清，三秋之陽最爽；以此爲喻，月藏魄而水發其華，火外朗而金神其用，即水火之輝，以見日月之合明。故承之曰，皜皜乎。於月言江漢而不言水，水之消長不時，其微不可言盡。於日言秋陽而不言火，火之明暗兼用，其質嫌於不純；皜皜者，潔白之至也。《易》曰：大哉（健①）［乾］乎。剛健中正，純粹精也。聖人之性體如是，實踐者希，又何由知其所云乎？

問：人身血肉之軀，安得而皜皜？

曰：言其神氣，非謂形質也。然神氣純潔，即形質亦復通明。朱子解人之彥聖曰：聖，通明也。佛家謂之六通，眼耳鼻舌身意，嗜欲所由生，即物累所由入，徇其欲而不檢，天理日亡，故稱六者爲六賊，謂其盜性寶也。道得於身則性復，而人心退聽，六者即爲六通。俗云六丁六甲，即六神耳。昧者不察，反求諸幽渺，致生怪誕。聖人清明在躬，志氣如神，雖日用起居無異於人，而理氣配天，故曰至大至剛，塞乎天地。僧流以身軀爲臭皮囊，不知踐形盡性，則皜皜者通乎内外。但凡體凡神，隨性體爲轉移。必深造自得，然後解耳。

問：必有事焉，而勿正、勿忘、勿助長也。朱子以爲集義之功，子云即養氣之法，何歟？

曰：必有事焉，用功有實，落下手處，又必次第一一深造也。若入手一錯，則終身無一是處。而即有明師，若信之不堅，行之不恒，亦難深造。曾子曰：士不可以不宏毅，正謂此也。勿正，勿預期其效，蓋一求速效無效，必退。且預想將來如何，必反荒目前之功；故必由下學而上達也。勿忘，則時時内視；人心浮動，逐物而遷，養氣者，隨時返觀内照，收放心於祖竅，養之以虛静，然後一切非禮不至，觸目而移，所謂時習也。黄帝内視之法，《書》言：允執厥中，即是此意。允執，非勉强執持也。助長是有心强制，有心强制則心愈紛亂，且阻遏凡氣，反至成疾。此處誤人，尤復不少。凡若此者，皆初學切近之功而未知，其功且不能曉，况其精造者乎？世人非視道過高，即視道太淺，賢知太過，愚不肖不及，《中庸》所以能鮮，夫子已言之，而不料數千載尚沿其失也。世間一切術藝，皆必有明師始佳，而况道原於天、統於聖，雖近在吾身，其功夫次第，豈無師可以臆造？先儒之於道，勤矣，其學苦矣。特師授非聖，故不能合天人而一之，綜内外本末而全之。上有聖君，下無聖臣，弊由乎此。而淺見者，且斤斤以一得爲是，否則曰聖人不可學也，學先儒而已。夫先儒豈不可學？第學其是，不可學其非，猶待

① 查《十三經注疏·周易正義》及《周易·上經·干卦》，均作大哉乾乎。據改之。

别擇。若學聖人，則以忠恕之心，行仁義之事，不外心性而求，不離日用而在，又何必拘泥古禮、桎梏身心以從事哉？老子曰：下士聞道，大笑之，不笑，不足以爲道。道何以可笑？緣入手之功至淺近耳。若棄而求諸高遠，便非中庸。故曰：不笑，不足以爲道。必有事焉及勿忘、勿助長，皆易知者也。朱子晚年，亦學調息，而所養止是凡氣，故不明孟子之説。

問：佛道有單修、雙修之説，何也？

曰：修道之功，始終不外静存、動察二義。先儒止静持此心，使之不放，而一思天下古今事物之理無窮，安能盡通？所以改《大學》古本，加格物之説。然聖人之静存所養者，性也；先儒之所養者，心也。性即天理，統天人萬變而皆一以貫之；故盡性，即盡人物之性，而可參贊。心爲識神，雜於血肉之軀而多邪妄，故治心即殫閑存之力而不純一。單修，一端之學；雙修，全體之學；本聖人之遺而流於方外。世儒不知，則以爲異端，而其實不明矣。今略明之：始焉，收已放之心，入虚靈之舍，水火既濟，日月合璧，而元神、元氣交融，有其朕兆，孟子所謂有諸己矣。外集義而内涵養，更加功能充實而至化神，功非一端，則立命盡性兼到；道家謂之了命、了性，先了命而後了性，由養氣而至化神也。但養氣而不盡性，謂之單修，可以延年而不可以希聖。然二者，今皆謬矣。養後天之氣，以爲立命；養後天之心，以爲了性。然先天之氣，是氣即是理，非凡神、凡氣可同也。旁門不知，則其原已非，但養知覺之心，亦可以生明智。天資優者，不惑於奇邪，充之以學問，亦有功於國，有益於民，故周子得諸海巖而程、朱相沿，遂以爲聖學之全。養後天呼吸之氣，亦可以固精神。天資優者，能絶乎私妄，培之以功德，亦住世長年，爲人尊重。昔人云，三千六百旁門，此兩種最高，由斯義也。然其存養，似是而非，則欲窮理盡性以至於命，斷斷不能。自來高僧、高道，亦能言之矣。曰：了命而不了性，謂之守屍漢。言徒養形骸，不能修齊治平。了性而不了命，謂之精靈鬼。言徒守靈明，不能盡人合天。是故性命雙修，其言雖見於方外，而實言養性之功。第實踐者希，則但以爲異端，而性命之實功亦隱矣。

問：佛有頓、漸二義，何説？

曰：由下學而上達，不躐等，漸也。頓之説，則養空空之心，如前所云者。聖人無頓、漸之説。朱子一旦豁然貫通，即頓之意。聖人則次第至於神化，不可以頓言也。伊川曰：自見周茂叔後，吟風弄月以歸，有吾與點也之意。明人得事陽明者，不久即恍然有悟，蓋功效甚速，即頓悟也。陳致虚嘗譏之曰：曾子當年一聲唯，誤了閻浮多少人。試思孔子志學而至從心，孟子有諸己至化神，功非一朝一夕，豈其穎悟不如程子輩哉？陸、王與朱，本無異學，但其教人，陸使人先静心，朱使人先格物，從者推波助瀾，遂分門戶。夫由漸而致，不盈科不行也。若一旦豁然，不過心智頓覺開悟，豈遂大成？此棒喝之説耳。况入手或非，則頓漸都無是處。

問：古今不有忽然靈慧通神者乎？

曰：此亦非一朝夕之故。先德及己身宿根所積累者深，然聖人全體大用之學，罕有全也。道如水月，淺深大小不同，皆光照澤物，第全體則不易窺耳。

問：書法，近人刻意求工，其得失何如？

曰：書者，文之所以成，其功用至宏。六書流傳，聖賢珍之，安可輕哉？第辨其體，正其義，使經籍不蕪，此爲要事。其他記載及經紀一切，乃人生要務，皆賴有書，故雖非經籍，而朝野上下，簿書文案，質券碑板尤多，毫髮不可苟者，既重其用，則必求其工，固亦無害。特不修實德，專欲字工，則爲有文無行耳。作字最易收心，故程子謂即此是學。然自古以書名者，不勝屈指，惟人品端而字亦佳者，方可寶貴。柳公權心正則筆正一語，不刊之論也。不然，則一藝而已，曷足取哉？朱子學曹操書而後人譏之，趙子昂集書家大成而傅山鄙之，其義可以曉然矣。

問：程子見佛必拜，人問曰：先生不信佛，何又拜之？答曰：此亦當世之賢者。又見僧流餐飯，曰：此三代禮樂之意，何也？

曰：此所謂是者不得以爲非也。

問：佛、老修養，既不異於聖人，誠意正心，所以爲修齊治平之本也。僧道出家，無人倫民物之責，修養亦安用之？

曰：是何言歟？存養天性，崇德修慝，所以全乎爲人之理，豈必爲施措而然哉？爲僧道者，或幼年窮迫，或中年逃禪，但能守其戒規，清心寡欲，則有得於己，隨時隨處皆可立功濟人。如吾鄉大朗和尚，開渠利民，破山感悟獻忠，救民無數，皆近今所有。其他名人甚多。安得以其托身方外並非斥之乎？且佛家清規戒條，多至百餘件，皆吾儒義理之事，故能守戒者，往往品端心正。道者，天理而已。天理在心，心甚隱微，人安能知？惟天地明神知之耳。上天取人，不拘一槩。有大德者，人未及知，天早知之。俗言陰德陰功，謂隱微蓄德，人不能窺。《中庸》曰：君子之道，闇然而日章。其闇其章，豈世俗可知？夫子曰：知我其天。天生德於予。天之未喪斯文，匡人其如予何？皆是此意。使僧道皆碌碌庸庸，同於朽腐，則天心早棄絶之矣，又安能綿綿延延數千年，流傳不替哉？且凡高僧、高道，幼年出家者，長必設法以養其親。中年出家者，必父母已故，從無恝然忘親而成仙佛菩薩者。奈何不攷古而一證之？

問：儒士以禮法教人，而生徒悖妄者多。僧流常數百人入其戶庭，寂然無譁，課誦静養，至老不懈，何清規之肅穆也？

曰：前已言之，其法戒詳備，不亞吾儒。而其甘心澹泊，一意清淨，則若反勝於吾儒。亦經呪可以收心，禪定久而恭安也。周濂溪得其法，文以詩書，遂爲名儒。程、朱相沿，門生故舊推奬，竟若直接孔、孟。然泥古言禮，儒生既苦於心之難收，又苦於禮之拘滯，故率由罕人而庠序中。求如僧舍之静肅，反不可得。程子見僧徒共飯曰：此三代禮樂之遺。是者不得槩以爲非也，豈可混賢愚而斥之？孔子曰：天子失官，學在四夷。韋宗曰：九州之外，五經之表，復自有人。自來通人，固未嘗盡薄二氏，乃知其一，不知其二，得其粗，即廢其精，不知其實，徒囫圇斥以異端，亦見其惑矣。

問：心齋坐忘，儒者斥之，然否？

曰：心齋，即夫子言齋明之義。朱子亦言：齋之爲言齊也。齊其思慮之不齊者。顔子問：不茹葷三月，可謂齋乎？夫子曰：此口齋，非心齋。語何疵乎？而前人必斥之。又如南郭子綦隱几而坐，問者曰：形固使如槁木，而心固可如死灰乎？言其形狀如此，疑而問耳；非南郭子之心果如槁木死灰，而亦藉以爲佛、老之養心如此。儒者於聖人之道，未深造其藩，徒爲入主出奴，摘一二語以爲口實，亦淺陋甚矣。

問：先儒言道，令人難解。如鳶魚飛躍，高堅前後，離奇恍惚，似道乃如精靈物怪，不可方物，而子言之甚淺，謂天理良心四字即道，此四字，何人不知？豈先儒反不知乎？

曰：宋儒本禪宗，而必闢佛以求爲聖人之徒，然解經及言行，往往入於禪和子拈花、棒喝之習。學者罕明聖學，不知其得失，從而傅會，故儒門義理亦流爲口頭禪，而中庸之道隱矣。吾豈必與先儒牴牾？道本中庸，聖人非不可學，特辨明以告將來耳。

問：禮樂相需而行，不可斯須去，今樂，民罕習之，則謂興於詩，成於樂之義，不幾廢乎？

曰：古樂不可作，我朝中和韶樂，盡善盡美矣。然非民間可行。古之樂器，今蓋猶有存者，講習亦非無人，有志者，亦無難肄習；且五音者，人聲之天籟也；人身各具五音，即各有和平之天性，但能品正心誠，不入邪僻，則愧怍不生，天機已暢矣。淵明之無弦琴，蓋即此意。若意不誠，心不正，而斤斤講求器數，攷訂律吕，即工於樂，一瞽師之長耳。耳目之官，逐物而遷，姦聲亂色，蔽其聰明，雖韶舞當前，亦不入淫蕩之心。司馬遷《樂書》記樂之義，而不詳樂之器數，或嫌其太略，不知其深得大義。孔子曰：人而不仁，如禮樂何？節性陶情，其本固實在於仁也。仁矣，而何患性情之不中和？歷代儒者考究精詳，不求其本，故不能有益於時，爲法於後，不然古今之工者多矣；爨桐勞薪，習之久而自可入微，然豈遂合於聖人之學哉？

問：天文？

曰：天文以授時爲最重，觀雲物、察氛祥，爲國爲民，儆懼修慝，隨時補救君相之事。蓋天心仁愛，示兆以警，君臣能省過，則有其象而無其應。宋景一言而熒［惑］退舍，即其事也。學人通天地幽明之故，以修其德，仰觀俯察，原始返終，得志則爲國爲民，窮居亦通微合漠，則天文亦安可不知？特妄言則必賈禍，關係朝廷之事尤忌，魏高允曰：世間妙理至多，何必問此？又曰：知之又不敢言，何必求知？皆名言也。

問：天文固不可輕言，而民、物、事爲動乎下者，見乎上，不可得而没也。自來名流，審時觀變，潛見屈伸，世泰則應運而興，世否則屈蠖而處，豈不由乎天文歟？

曰：天地變化不測，聖人定之以理。理在而天不能違，其事在日用倫常之間，其本在衾影幽獨之微；聖人盡性立命，而心與天通，道與天合，不尚占候，自享天心。術數之士，則未必能然。潛見屈伸，與時偕行，如神之哲，上也；占卜而知，次也，要皆必以理爲主。故天文非不可習，習之而明其道，善其用，毋妄庸以取禍乃妙。

問：地理？

曰：地統於天，而天之精神亦在地，故天文地理一氣相通。但天文易知，地理難曉。蓋坤厚無疆，精氣所藴，非耳目心思所能窮也。國家度地，居民擇形，勝固封疆，固當精當，而民人居業亦何可輕？至安葬先人，擇其善地，人子之道也。而或以爲妄，或拘於墟，皆非。夫人子不幸而親没，思親不欲速朽，相山川之靈以希妥侑，亦何咎焉？第地非可以私妄而獲，惟仁孝之至，則無心亦遇吉壤；若希福而求，往往反遭凶禍。孔子曰：卜其宅兆而安之，事親之終也。又曰：卜其宅兆，魂體得安焉。魂安體安，所以卜地之義可知矣。無如世俗多誤，親存弗竭其力，親没藉以求榮，盲師乘機欺誘，弊端百出，明者知其非矣。而以爲隨處可葬，不必卜地，則孔子魂安體安之説，又何以通？故地理者，仁人孝子所不可少。但山川之靈聚散無常，惟德可以久安。故存没之人皆以修身立德爲本，有不朽之人乃有不朽之地也。

問：地理難曉，而自來擅其術者不乏人，且爲書以遺後，豈皆妄歟？

曰：非也。通天地人曰儒，凡爲聖賢，安有不知地理者哉？第慎用其術，不失乎中。常人則往往一得之愚，自矜獨創，既誤當時又誤後世。地理之書，至今汗牛充棟矣。而乖謬甚多。惟郭景純《葬經》，蔡西山發微，楊公《疑龍》《撼龍經》等，尚不失其正，其他惑世誣民，不一而足，切宜戒之。

問：吉地如何而然？

曰：天星下照地成形，世間日日生人則亦日日結地，但有暫聚而散者，有久而散，久而不散，且日附益之者，非通微之士，豈能知之？然其要則修德而已。孟子曰：太王遷岐非擇而去之，不得已也。周德已厚，狄人侵逼，乃去岐而應山川之靈，人心格天，天心眷佑，何患親之速朽，即天作高山，太王荒之，可以知其義矣。

問：兵制？

曰：老子曰，兵，凶器，聖人不得已而用之。佳兵者，不祥。仁者豈忍言之？而國家不可一日無備也。虞廷有士師而無司寇，兵統於刑。蓋漸民以仁，摩民以義，反復教化而不從則刑以懲之，甚或凶悖而爲亂，則以威戢之，故兵亦刑也。堯、舜之世，不聞畔逆之徒，有苗負，固以舜、禹之神而必誕歟；文德聖人，豈恃兵以治人哉？後世不然，兵制乃重周官，兵刑雖分爲二，而教養之法，詳於太宰，司徒田賦出兵，民即爲兵，是兵制之設，特備豫而已，非專恃此服民，三代而下，兵制不一，論者以唐制爲近古，而人倫之教先乖，不一傳而即生變亂，兵制亦何裨益？今則兵民分途，勢不能一矣。我國家養教周詳，民皆嚮化，兵悉知方，二百餘年，各安𢍰宇，爾等博古，自當知今，但幸値昇平，目睹文經武緯，巍乎煥乎，亦何俟外求而問兵制也。

問：自古名將必精於兵制，世傳《握奇經》等書，以爲前聖所制，儒者，文經武緯兼備，乃爲全材，何言不必問也？

曰：兵法雖多，統於仁義二字。不特仁義洽浹，可以彌亂消患，即變亂已甚，能以恩待兵士，以義嚴紀律，何患不能克敵？若計謀一切，相其機宜，愼密周全，亦至緊要，但必將士用命，而後指揮如意，故平日愛養生民，尤爲至要。孟子曰：率其子弟，攻其父母，生民未有者。素無恩義，人心已離，天意不屬，雖孫武亦何益也？

問：技藝甚多，可以學否？

曰：人生不可無執業，高言道學，泛騖百家，而不求一藝，其弊將至於無材可用，甚或仰事俯畜，皆無以資，遂有詩書誤人、文章不救貧之説；而不知其所以學者，已非也。夫子曰：吾何執？執御乎？執射乎？正恐人務博而無所成，故特言此一材一藝皆可養生，但必心術性情，端正和平。且術藝甚多，尤當愼擇。孟子曰：矢人惟恐不傷人，函人惟恐傷人。故術不可不愼。凡有益於民生，無害於義理者，皆可爲也。而醫卜尤要焉。

問：醫侔良相，范文正公言之。醫道通仙俗，人亦重之，第精良爲難，奈何？

曰：疾不一端也，醫術亦豈一端而已哉？服食鍼砭，治其已形；未形者，非醫人所及。存神養氣、寡欲清心，以固其本；省察克治，動循禮義，以善其行；而不康壽者，鮮矣。若自戕自肆，徒求諸藥物，亦復何裨？人子欲親壽安，必諭親於道；志士不失其身，必修身爲本；藥非可廢也，而必本末兼修，醫亦非但工於方術，其隨證施救，不一其端。昔人云：病有三因，外因風、寒、暑、濕，藥可得而治也；内因七情，則必改過和情，藥不可得而治，更有不外内因，有罪譴遣及冤魔，陰陽二宅沖犯，非悔過修身、多行善事，不解也。

問：左，心、小腸、肝、膽、腎；右，肺、大腸、脾、胃、命；朱子以爲僞訣，而以包絡、胸中易之，然否？

曰：非也。謂心肺與大小腸高卑迥異，故不可同部而候，不知心與小腸相表裏，肺與大腸相表裏，何不可同候？五臟六腑旋相爲宫，何心肺與大小腸不相表裏者哉？心熱而小腸淋閉，肺熱而大腸燥結，此相屬之明證其一端也。包絡者，所以包心，人身内膚所屬；胸中，虚靈之位，人心之明堂；二者皆在臟腑之外，何乃與心肺同候哉？人身一小天地，五官百骸，統於性命二宫，故養性立命，不特希天以此，即卻病延年亦以此。儒者不知，遂謂聖人之學不能延年，而醫道亦但斤斤於陰陽氣運等義。老子曰：人身百節有神靈；又曰：人壽不過百年；節省之可至千歲；不知而且非笑之，聖學所以晦矣。

問：龜卜之法不傳，惟筮尚在，而其以易斷吉凶，亦不盡由本義；竊疑聖人筮法當不如此，至奇門、六壬、遁甲、演禽及風角、鳥占等術，不一而足；子言卜與醫當務，古之卜歟？抑今之卜歟？

曰：龜卜已亡，外此，術數甚多，雖聖經所無，半出於有道之士，不可廢也。但術數必以理爲主，統名之曰占。卜，精於理而工於術，其用不窮，但必爲國爲民及人倫日用當務之事方可，不可一槩而施。古云：卜以決疑；不疑何卜？謂兩事皆合理可行，而未定其輕重緩急，則決諸神明；如兩事明明一是一非，則行其是者，何用卜哉？易爲君子謀，不爲小人謀；君子而遇危難，神所憫也，故卜必有驗；若小人無狀，神天方且誅之，豈猶示之？此義尤不可以不知，故智者不輕爲人卜也。

問：道德藝術，不正者無論，已得其正而成就不同，人歟？天歟？

曰：造詣由人，成功在天。道者，天之所以爲天，即人之所以爲人，本人人所能也；但資質不齊，志趣亦異，必有至德，乃可以凝至道。夫子固天縱之將聖，由其不厭不倦、寡過知非、無一息之懈，非專恃天資，尤未嘗自以爲足。蓋道無窮，修道者之心亦與爲無窮；孟子曰：集義生氣。無是則餒。三千陰功、八百德行，佛言度盡衆生，方得成佛。彌陀四十八願度衆生，皆謂修道以仁，必有天地生成之量，始可爲盡人合天之學耳。常人不知，則以爲流於兼愛，不知聖人民胞物與、老安少懷，豈亦兼愛乎？仁，人心也，即天理也；無仁心則事君、事親，一切俱不至誠，又何從修道？仁民愛物，充其孝弟之量，非舍本求末也。道德之至者，惟聖人無不同，其他則有淺深大小，正以其心量隱微之際，不得而齊耳。至術藝亦道德之緒餘，非品端心正，亦不能造乎其良。自來精於術數而罹殃者，其方學爲術時，亦有敬慎至誠之心，及術已得而自矜自肆，甚且妄爲，故遭凶禍。然則志量之大小，功德之淺深，豈不由乎自命哉？天不愛道，因材而篤，凡道與術，心天之心，踐天之理，則成就一矣。

問：前人云：孔子集群聖之大成，朱子集群賢之大成；故今儒者，一切皆宗諸子，而子不然，何耶？

曰：道止是天理，聖人止是全天之理，本無奇異。而至神至妙即在至平至常之中，所以爲中庸，但非師不傳，聖師尤難得。朱子之天資品學，愚豈能及其什一哉？第幸生昭代，又得明師，究心聖道，由實踐而證以詩書，五十八年矣。覺聖人如生，聖人之書，字字可以見諸施行，非徒誦讀。先儒無此遇合也，事半功倍。由先世三代苦學，頗有淵源，豈愚小子之能乎？宋人理學，本周子濂溪師海巖和尚，得僧流空空養心之法，而不得聖人盡性之學；程、朱相沿，本原既誤，故一切皆非，愚豈必與朱子爭辨哉？聖人之書，學者由之以學聖，而其實不傳，則聖人言行安能一一合於身心、措諸修齊平治？欲存其義，故詳註四子六經，豈妄攻朱子？《綱目》者，趙師淵所作；《家禮》亦門人僞造，而後人以爲朱子之書；其他凡一言一行，經朱子論斷，即不敢不信，雖顯悖聖人，亦所弗恤，朱子有靈，未必以爲知己。蓋凡聖賢，無自是而不服善者，朱子之人品，非可疵也；其不知聖人全體，由未得聖師，今發明聖人，以補朱子所不及。朱子而非賢歟？則怒之固宜朱子而大賢，豈不引爲同心哉？顯悖聖人，如改《大學》古本及親民作新人、潔己以進等錯簡是，其餘更多不合聖人。爾試詳玩朱説後，以愚言參之，自應恍然，毋草率求之，夫輕議古人，不可也，況朱子之賢乎？而專信先儒，竟失聖人之實，可乎哉？聖人之實不傳，世道人心之憂也。不然，何必饒舌？

問：先儒之學，人亦罕行矣。而況聖人？子亦何必杞憂？

曰：是何言歟？是何言歟？道即天理，人之所以異於禽獸也。人即口不言道、志不在道，而豈能一息外於道？孔子曰：人莫不飲食也，鮮能知味。孟子曰：行之而不著，習矣而不察，終身由之而不知其道；莊子曰：鳥日在風中而不知其爲風，魚日在水中而不之其爲水，人日在道中而不知其爲道；

語義相似。夫人倫日用、動静起居，以生以養者，智愚皆同，即在在皆有天理；不循天理，以爲聖人不可學，由先儒言道過高而無實致，使人迂苦而難行也。然不循天理，無以爲人；不學聖人，又何能全天理？天理豈外於人情物理？人情物理如飲食然，以天理準之，人人可知，人人可能者也。謂道爲奇，謂聖難及，如飲食而莫知其味，則虚生矣。天不變，道亦不變。六合無處非人，即皆有天理。方今聖人在上，四海從風，固有先儒所未知亦不能者，吾等幸而沐浴大化，稍有所知，何敢自外於聖人哉？無如俗士相沿，拘於舊説，反以愚爲妄，則亦無由而自解矣。可慨也已。

問：然則子之所爲，固爲來學計也。而《恒解》等書，文煩緒多，苦難得其要領，請爲分端言之，俾有所遵循焉。

曰：以聖人爲師，聖人言行一一實踐，無毫髮之謬，則道得矣。傳註之家，於道未達，往往逞其臆説，自謂發明聖人，而實貽誤後學，是以不得不辨之，豈必與前人相反？爾等幼穉，存其説以待將來，而又苦其文煩，則不得不更爲贅言之矣。

一、存幾希之理始爲人，而存之之君子皆聖人，則是聖人，止是全人焉耳。以聖人爲難學已誤，且學至於聖，大德必受命，解曰：受命爲天子；尤爲大謬。受命止是受天眷佑，祿位名壽亦非定言富貴也。此理一誤解，令人不敢學聖人。而《中庸》一書，凡言聖人者，皆歸於帝王，則子思表《中庸》而使人師仲尼，其意晦矣。

一、心可養而不可治（平聲），治者用力強持，心必愈棼。養者，虚無自然，從容涵養。佛、老言：虚無清淨，即《大學》定静安之意也。貶斥四字，謂其蔑視人倫事物，已爲冤誣。且除卻四字，心不可養，致人多畏難。天資優者，私欲少而清氣多，但静坐而易生智慧，亦或通神通靈。自宋至今，儒者養心之學皆然，然而所養者，後天之心，非先天之性，故修齊治平，一切經濟不全。濂溪得於海巖，程、朱宗之，朱子覺其未安，故改竄《大學》，解格物爲物物窮理，然物固不可勝窮，而教人静坐止是頑空，性如何盡？養浩然之氣如何不動心？皆不知也。學未至而妄改聖經，可乎哉？

一、心、性有别，以後天、先天而分，其理則本乎《周易》，原於乾坤。儒者不知，則一心而有道心、人心，其義不明，即不動心之由養氣，亦不解矣。夫後天之心，雜於情欲，若不養先天乾元之氣，則不能全先天乾元之理，何以盡性而至命，一以貫之哉？

一、道不外於日用倫常、言行動静，隨處皆有義理。一念之動，即審其是非，非則克治，是則擴充，此誠意也。而如何知其是非？必有賢父師焉，言如何忠信，行如何篤敬，身體行之，以教其子弟。不然，未能力行，徒恃口耳，則子弟亦無所取法。蓋力行倫常，必有存養之功，乃能誠敬實踐，内外交修；第其功夫次第，非明師不授。學者但念念事事，能守天理良心，亦可以爲善士，希聖則不能也。

一、孟子言性之反之，謂其用功之始，難易略殊，非謂已至聖人，猶分性反也。孔子曰：及其知之，一；成功，一。既爲聖人，則皆天性純粹，經濟宏深，世儒不知孟子立言之意，卑視伯夷、柳下，然孟子言：夷、惠，百世之師，奮乎百世之上，百世之下；莫不興起，流連而詠嘆，至爲嚮往。且又言：得百里而君之。可以朝諸侯，有天下；行一不義得天下，不爲。其抱負何如？孟子言其隘與不恭，乃爲學夷、惠而隘、不恭者言，豈夷、惠誠如此耶？至謂湯、武不如堯、舜，夷、齊不屑武王、周公，孟子英氣害道等義，不知聖人分量，誤解《詩》《書》者甚多。今若不辨明，學聖人眞茫然無有徑路矣。愚豈好辨哉？

一、戰國時，孔子道未大行，知之者罕，故孟子極力推崇。不得其詞意，竟謂孔子果賢於堯、舜，百王亦不足道，則祖述堯、舜，憲章文、武，又作何解？羲皇開天明道，亦可抹卻，於義可乎？否也。

一、意者，心之動。意誠矣，何以又當心正？其功候淺深不同，誠正亦迥異，混而一之，似誠意亦可正心，則曾子何必分爲兩事？夫誠意，愼動之功耳。若存養天性，由淺而深，必至於著動變化，然後表裏通明，心乃可正。故正心即不動心，不動心即大而化之。此中義理功候、淺深次第，非深造必不能知，何怪宋人妄改《大學》乎？

一、聖學必由師授，且其功夫次第，非一朝夕。孔子十五志學，七十而後從心，何况凡人？以爲學聖可以無師，又或得其一節，即自謂已足，託於聖人，實未通乎全體大用。後學相沿，修齊治平之道，曠世難踐，由斯故也。愚以孔子亦師老子，發明其義，而聞者非之，信昌黎不信孔子。然子言：老聃博古知今，則吾師也，吾將往而學焉，吾從老聃，吾聞諸老聃云云，嘆爲猶龍。昌黎以爲坐井觀天，是昌黎優於孔子矣。世人何尊昌黎而陋孔子如是？

一、近世邪教，亦多由静坐、信善而起，於是有司爲之厲禁。不知此特存養之學不明，愚民徒見僧道如此，必有奇異，莠民因而誘之，遂入於邪耳。静以致中，動以致和，除卻二者，更無從學聖。即程、朱教人，亦言半日讀書，半日静坐矣。雖静坐收心，未必皆合聖人之正，而能知收心，亦是欲學好之人。有司因而教化之，告以道在人倫，敦倫爲先，卻病延年，亦止須節欲爲善，則可使不入於邪矣。烏可不教而誅之哉？

一、聖學不外存心養氣，而僧流養心，羽流養氣。欲避僧、道之説，舍二者又將無以爲學，故愚反復言之也。但僧徒養知覺之心，非聖人盡心知性之實；羽流養呼吸之氣，非孟子所謂浩然之氣，皆似是而非，學者最當辨之，乃可歸於中庸之道。

一、自古聖人，皆即其所處之時，職分當爲之事，現在居遊之人，遵王章、從時俗，但必折衷以義而行，如麻冕可從，拜上不可從是也。若拘於古禮，不憚干王章、違時俗，又或誤認非聖之書，既自爲之，又強人爲之，小則誤身，大則誤世，豈可不戒？

問：《太極圖説》《通書》《西銘》《正蒙》《皇極經世》等書，皆自獨創，不必定如聖人，故卓然成一家言，而上繼孔、孟。今子註經，則訓詁而已，發明經義，或參入佛、老，何以信今而傳後乎？

曰：予豈求其信而傳哉？亦就當時之弊，即聖人以折衷之，使不至僞亂眞耳。道者，人之所以爲人，欲全爲人之理，何不可知？何不可行？聖人亦人耳。自羲皇以來至孔、孟，而人道已全備無遺，外此何須創作發明？聖人使人易知易行，足矣。何必矜己之見，冀後世之名乎？爾言太陋，況乎妄作，必多悖也。

問：何者爲悖？請試言之。

曰：《太極圖説》，愚前已略言之。《通書》云：元亨，誠之通；利貞，誠之復；夫通、復者，屈伸消長之義耳，與元亨利貞何涉？文王言，占得此卦者大吉，但利於正，不利於邪。孔子恐人但求亨利，不求合理，故以體仁、合禮、和義、貞固示人，言求亨之道，由仁、禮、義、信而得，乃誤謂在天爲元亨利貞，在人爲仁義禮智，已不合孔子矣。周子又以言通復，於義何安？又云：誠，無爲；幾，善惡。夫誠者，天之道也，而幾乃有善惡乎？此言與《太極圖説》：五性感動而善惡分同，蓋言性亦有善惡也。程、朱宗之，故明道云：不得謂善者爲性，惡者非性，而鬭越椒、羊舌虎，生而不善，朱子亦不明其故，豈非仍譌踵謬乎？若邵子，以數配易而定古今之世運，又別爲八卦，曰：日月星辰、水火土石。夫聖人作八卦，仰觀俯察，通神明之德，類萬物之情，何容更爲附益？況以日月水火爲二，至易明者亦不知之，又何能知易之微？聖狂分於一念，修德可以迴天，而拘拘於數，則修身立命之學，均爲無用矣。元會運世，至謂天地亦有盡時，則太極亦有窮盡，何其謬哉。凡諸此類，辨之不可勝辨。先儒之品可風，原不必吹毛求疵，因爾等愚蒙，必問此，則不得不略爲剖析，慎毋輕露愚言，致不知者嗤其狂誕，而不以爲明道計也。

問：道在天地，原無成毁，人即不知道，道固無損，而子斤斤辨之，何也？

曰：道者，天人合一之理。人能全乎天理，則無論窮達，皆可以正人心、化風俗，使人倫之義，不至失宜。有道之人，而爲君相歟。萬物理而太和翔洽，天清地泰，人物咸康矣。否則，五行不叙，五事不修，五常不正，而人失其所以爲人，天心亦必不安。故爲上，尤必自修道，或有道而不遇於時，亦必能以成己者成人。故聖人或在上、或在下，皆兢兢以正人心、厚風俗爲急，自成而即欲成物，其心有不能自已者。今逢盛世，教化昌明，四子六經，人人誦習，而是非多淆，使學者莫由嚮方。幸有所聞，可以補先儒所未及，而苟隱忍不言，則負君親之恩，違上天仁民之意。是以不敢避好辯之嫌，竭區區之心，豈遑計及毁譽哉？

問：佛家三乘，何謂？

曰：猶華言三等耳。西藏僧民至今猶守此説。明心見性爲上乘，講經説法爲中乘，一切法術爲下乘；亦如吾儒修身立道爲上，發明聖經爲中，術藝濟人爲下之意。

問：無人、無我、無身當作何解？

曰：此言敬止之功、至静之象耳。求放心而宅諸宥密，神安意静，一念不生；艮其背，不獲其身，行其庭，不見其人；即此之謂。背，北堂也，心之密室；庭，心之明堂；艮其背，止其所也。洗心退藏於密，中庭虚無人焉；忘乎其身，故曰不獲其身。無人、無我、無身亦此意。止者，所以爲行之本；静者，所以爲動之根也。孔子恐人誤認，偏於主静，故申之曰：時止則止，時行則行，動静不失其時，其道光明。仁熟義精，身心乃有此象。初學未能遽然，且以守中爲主，故大象又曰：君子以思不出其位。謂收放心而養虚明。聖學始終不外乎此，所以能下學而上達也。

問：七返九還，何義？

曰：此有二義。以下學言，水生成之數七，火生成之數九；人生後天，水火未濟，由未濟而返還既濟，是也。若以始終功效言，則坎離交媾而立命，道曰了命，爲玉液還丹，七返也；乾坤交媾而盡性，道曰了性，爲金液還丹，九還也。要皆身中之理而已。

問：坎離交，其水火既濟乎？乾坤交，其天地交泰乎？

曰：然。

［問：］然則何不質言之？而喻以交媾，致生無限邪説乎？

曰：理有顯微，顯者可言，微者難言。精微而至天地與人身之性命，無以加矣。不罕譬，何以明之？孔子《繫易》曰：天地絪縕，萬物化醇，男女媾精，萬物化生。媾精之言，較交媾尤鄙，聖人以之取象，豈得已哉？太極無爲而有闔闢，陰陽者，闔闢之機也。一陰一陽之謂道，其散著於事物者易見，其蘊含於一元者難見。人爲天地之心，其理氣與天地無殊，故其盡性之功亦與天地相肖。第其實在身心隱微之地，非可以指目，亦非可以臆揣，必實踐其功，至於全德，然後知天地非大、吾身非小。孟子曰：難言。《中庸》曰：苟不固聰明聖知，達天德者，孰能知之？既無聖師，則入手已錯，又何知始終功能？何由而知罕譬之故？

問：然則必取譬於交媾者，何故？

曰：太極無臭無聲，何有名象？而天地萬物，實由兹出，則欲明道之本原，不得不言其實際。人爲天地之靈，萬物皆備於我，盡人合天，必有實功。圖功之要，始於日月合璧，繼而乾坤交泰，又繼而天地定位，又繼而太極渾淪，無臭無聲，身心中有次第實功，而交媾其初基也。交媾即孔子所謂媾精，媾精者，絪緼之義。天地未分，太極在天地之始；天地既分，太極即在天地之中；天地無日不闔闢，故萬物無日不生化；而生化之原，何由而窺？則不得不罕譬之矣。闔闢渾於無形，生化自然不息。太極之妙，無可名言，而男女媾精，理氣相感，可以略爲取似。《周易》下經始《咸》《恒》，而《咸》則始合之夫婦也，六爻皆以身取象，而九四爲心，憧憧往來，朋從爾思，凡人後天之心皆然。其逐物而遷，有感即動，不能如太極之本然。正其感之原，則必由於存養。少男少女，無心之感，其感最眞。聖人有心而無爲，心純乎理，感以正而即應，感以非而不動耳。然其不動心之故，由於養氣；養氣之法，緜緜密密，絪緼不息，如媾精然。前人所謂神氣相抱，子母相依，虚無清淨之至。《書》云：安汝止是也。夫子釋《咸》之義曰：天地感而萬物化生，聖人感人心而天下和平。感以無心，是天地聖人所以合撰，而存養之始，得絪緼之意，亦非有心於感，日月合而浩然之氣自生。夫子言絪緼化醇而承之曰：三人行，則損一人；一人行，則得其友。兩而化，一而神，其義寓焉。誤解妄爲，至譌爲採補及房中等術，昔人謂其當作坑側蛆蟲，永無變化之日，蓋深惡而痛絕之矣。安得不明正義，而以僞疑其眞者哉？

問：然則採補及房中術，入胎、出胎等説，何居？

曰：坎中一陽，本乾宫眞陽，採之以補離陰，是爲採陰中之陽，由後天而復先天也。房内喻先天一竅，受生之始，姓命渾於太極在是；復性之功，水火聚於中黄，亦在是。離中陰曰姹女，坎中陽曰嬰兒。火爲中女，木之所生，曰東家女；水爲中男，金之所産，曰西家郎，土名黄婆。和合水火，入於祖竅，爲入洞房。蓋水火不相能也，賴土以和之。坎中有戊土，離中有已土，如媒人和合二姓爲婚，豈謂色慾汙賤之事哉？出胎、入胎，静極而動，動極而静，如日月之往來，爲變化之根本，亦非果有所胎。其喻以胎者，人身必朽而神明不朽，故以先天眞性爲眞，人有諸己則如初結胎元矣。充實而有光輝，變化生焉。邪説禍民，半由吾儒罕明其義，而愚妄之徒，假以行私，遂益支離怪誕。今愚詳繹前人寓言之義，正爲傳譌已久，不亟明之，其禍將無窮耳。

問：乾遇巽時知月窟，地逢雷處見天根。天根月窟閑來往，三十六宫都是春。邵子之言，知者頗罕，其果有當於心性之學乎？

曰：邵子工於術數，故其言易也，亦多主數，而易之大原，則未及窺也。即此詩已可見其所學。一陽生於子而老於乾，一陰生於午而老於坤；陽極陰生，陰極陽生，天地之定理。一陽始生爲復，名曰天根，可也。一陰始生爲姤，名曰月窟，則非。蓋月以陽爲體，以陰爲用，故曰中男，何得以姤月爲月窟哉？乾坤二氣往來，陰陽各六，爰成一歲；因陽統乎陰，而專以陽言，則一歲七十二候，止云三十六，陰陽雖分而迭運，元氣實充周其間，故曰三十六宫都是春，於人身則復性之功也。有諸已而充實矣，乃由後天復還先天，俗名河車搬運，第近世搬運河車，亦入於邪妄矣。不特只運凡精、凡氣，而且生出許多怪妄。聖人之元氣運行，如日月代明，四時錯行，乃浩然之氣，光輝發越。世俗則否。邵子亦惟知運凡氣，而不得充實光輝之道，故誤以姤爲月窟，而於日月星辰、水火土石，亦妄爲之説，求新奇而不合天地自然之詣，豈能免不知而作之誚邪？

問：邵子以日月星辰、水火土石，分屬天地云：太陽爲日，太陰爲月，少陽爲星，少陰爲辰，太柔爲水，太剛爲火，少柔爲土，少剛爲石，日月星辰交而天之體盡，水火土石交而天地之靈盡。似有理焉？子何以非之？

曰：離，爲日，爲火；坎，爲月，爲水；日月即水火之精矣。在天爲星辰，在地爲土石，一也。日月、水火、天地，一而二，二而一，孔子已明言之。天地之功用在日月，非星辰可得而並。立天之道曰陰與陽，立地之道曰柔與剛。陰陽剛柔，一也，以成形成象言，則爲剛柔，剛柔不止一物，土石亦何足以盡之？星辰土石與日月水火交合，不知日月乃天地精華，羲文先天後天圖，邵子實未嘗通其義也，妄誕奚免？

問：周、程、朱、張、邵，五子之學同否？

曰：周、程、朱，同一淵源，而尹川晚年所學較進，其言亦多肯要。横渠無待而興，言人當爲天地立心，爲（萬物[1]）［生民］立命，爲往聖繼絶學，爲萬世開太平。又言三代下學者，求爲賢人而不求爲聖人，是一大病，可謂豪傑矣。而惜其未遇聖師，所得亦淺，不足副其所言。如《西銘》發明父天母地之義，而不言如何事天立命，如何全受全歸，已屬含糊。且聖人顧諟天命，止欲全乎得天之理，不愧覆載而已；故曰：事天如事親，事親如事天。爲天地肖子，止是爲父母佳兒，非謂與天合德即侈然自負也。君親之恩，同乎天地，德即配天，斷無超越君親之理，此義切須分明，乃不流於狂肆。而《西銘》錯雜成文，語似深奥，義理實欠分明，其他更多臆説。邵子以術數名家，而大易精微，實未窺及，第人品端正，智慧不凡，亦未易。及作《皇極經世》，以天地爲有盡，古今不出卦例，已大悖於聖人。且别爲八卦，不思聖人八卦該天地萬物之理，更何待後人之添設乎？且日月即水火之精，土石即星辰之質，邵子於八卦大義尚不能知，而創此名目，抗衡往聖，其失何可掩也？先儒發明聖人，功不可没，而未遇明師、深造聖域，以一己之見，臆測聖人，又以《儀禮》爲聖人之書，拘拘求合，及誤解子罕言仁等義，致後學無所嚮方，則功不補過矣。愚是以反覆而詳辨之，俾人毋以道爲高遠、聖爲難學耳。

① 張載原文爲：爲生民立命。

問：陸、王之學，何以與程、朱異？

曰：以心爲性，朱、陸及陽明皆同也。但其教人，象山以静心爲先，朱子以窮理爲急，門人守其師説，推波助瀾，遂分門戶。然天下之物，不可勝格，而志氣不清，知識亦何以開？則象山先教人静坐，爲得其要，故象山宰江陵，人仰之如神明，而朱子未嘗有也。王陽明勳業炳炳，寵辱無驚，恐朱子亦未必過之。所以然者，養知覺之心，靈慧易而純一難。象山、陽明天資高而氣質清，不廢物理，亦不拘拘於古法，故通達較勝。後人苦放心之難收，以多能爲淹雅，故喜從朱子格物之論而窮極古今，心性不能純一，即人倫亦安能盡善？况多學而識，原非一貫之過，克伐怨欲不行，亦不得爲仁。聖人窮理盡性以至於命，豈恃昭昭靈靈之心，遂純一而配天，成己成人，無施不可哉？

問：象山云：六經皆我注脚。邵子云：吾圖雖無文，吾終日言而未嘗離乎是。然與？否歟？

曰：此過高之論也。六經該天人萬物之理，非至誠至聖，豈能一一身體而知之？象山不及此也。《河圖》《洛書》，天人性命之原，而邵子等多拘於數學，亦惡能盡其藴？終日不離圖，聖人其猶病諸。

問：《圖》《書》何以爲天人性命之原？

曰：天地未分，渾然一太極耳。天地既分，則其理著於萬物而皆備於人，然太極如故也。太極，動静而有陰陽，陰陽相合相錯而五行之變化形焉。物象且然，况人身性命之理乎？故陰陽五行、先天後天，分合變化，皆有《圖》《書》。前人未知天人合一之原，僅以《圖》《書》爲數學，又或以爲瑞應，已非矣。武斷如歐陽公，不信《圖》《書》，至謂《繫辭》非孔子作，豈非妄肆？

問：濂、洛、關、閩，咸以爲直接孔、孟，子獨不然，何邪？

曰：先儒品學、功業，愚豈能企其萬一？第幸生盛世，沐浴化澤，又乘先人遺訓，得明師指授，愚雖魯鈍，然苦志參求五十八年矣。體諸身心，驗於日用倫常，覺聖人言行皆人生常理，無不易知易行，特傳註多誤，阻後人以嚮方，是以不得不辨明是非。先儒矜門戶、闢佛、老，愚則第求明道至中庸，人人可以爲之，不敢附會也。

問：自來著書立説之人，皆自以爲無憾，而後世多議之。子今所云，尤多不合前人，恐將來以爲口實，奈何？

曰：然。愚豈敢謂能哉？第聖人之道，人人所能之道，存其是，辨其非，使門人爾輩易於踐行，豈計後世之毁譽哉？四子六經尤要，以其爲士子所恒習也。至平生雜作，爲爾等言，雖皆成帙，然非欲求知於人。夫道在力行，何取箸作特窮？而在下教誨子弟，不得不發明孔孟之眞義耳。

問：道本無多，而今則書籍繁富，學術多歧，欲得其要，不爲世俗所惑，將安歸之？

曰：諺云三千六百旁門，儒曰諸子百家簧鼓；眞贋誠難擇别。有益於身心，無害於倫紀者，皆可取也。若求至於聖人，則必先有卓見。卓見如何？《中庸》曰：本諸身，徵諸庶民，考諸三王而不謬，建諸天地而不悖，質諸鬼神而無疑，百世以俟聖人而不惑。以此六者，課其所學，全合則爲大道，一端亦爲美材，不合而妄言妄爲，則皆異端矣。

問：六者之實如何？

曰：道不遠人，人之爲道而遠人，不可以爲道。以道修身，即至於參贊化育，亦止全得爲人之量。故云：本諸身也。然道止天理，人人有天理，則人人可聖賢，特無人教化之耳。聖王之民，從風嚮化，衹是天理之良，自然契合。若外心性倫常，别求奇異，庶民行之而不便，即非大道。三王道同而治世之跡不同，隨時處中也。考諸三王而不謬，不泥古，不戾古，恰得乎人情物理之中，則義精而不失乎規矩之正。道者，天地人所共，人道盡而天道亦通。夫子曰：知我者其天；又曰：與天地合其德。文王之純，即天之穆。若有一毫悖於天地，尚安得爲道乎？鬼神，陰陽之靈，天地爲陰陽之總，則鬼神合其吉凶，仍是與天地合其德耳。鬼神不外天理，理極其精，質諸鬼神而無疑，始爲純粹之至。聖人者，與天地鬼神合德者也。自羲、農至孔、孟，勳業不同，而此心此理皆同，雖百世何異？故可俟百世聖人而不惑。此六者《中庸》明。居上必如此而後可寡過，故不可驕。今以此決言道之是非，即可以不惑於異説，入於奇邪。力行之，愼辨之，蓋非有得於心，亦無以行之也。

問：六經皆聖人之書，三禮晚出，而《周官》《戴記》疑之者多，《儀禮》則名儒奉爲不祧，昌黎苦其難讀，子獨非之，何也？

曰：天地人止此一理。聖人爲人中至人，止是全得天理。天理散則萬事萬物。聖人爲理制以相天地，不過因人情而爲之節文。人情物理以天理權衡之而悉當，即禮也。五帝不必相襲，三王不必相沿，以六合之廣，古今之遥，時勢不同，風俗亦異，不可鍥舟而求劍也。文、武、周公，制禮固上衷往聖，下範千秋。而大綱節目不可移易者多，以日久而當損益者亦復不少。周末文勝，夫子所以思夏殷之禮而惜其無徵，蓋以當時文勝，又宜以忠質之意救其弊耳。其平日立身教人，固未嘗拘拘周公之制，但念念天理，事事天理，無過無不及，即是禮。《儀禮》所言，規規於末節，絲絲而比副，本原之義多略，非周末文勝之流所爲者乎？其中亦有聖人之遺，愚擇别而存之，欲人勿苦學聖之難，得乎時中之意，則人倫日用，隨處可以踐行。禹鼎商盤，亦非時王所尚，但天理良心，近求諸己而即是，何必效迂儒也。

問：《禮》曰：坐如尸，立如齊。九容，固下學所必遵，是以明道。終日静坐，如泥塑木雕人，先儒稱之。子何言道之易乎？

曰：聖人敬止之學，以畏天命爲主。一念之動，鑒觀有赫，所以當慎獨，而後言行可以漸飭也。敬之一字，固學聖之要，然必静存動察，内外交修，久久而後，無在不敬。初學循循禮法，只須不欺不苟，不怠不肆，不忍爲不仁，不敢爲不義，則不言禮而禮在乎中矣。夫子言：人望而畏之。不過正衣冠、尊瞻視。聖王亦不過齋明盛服，非禮不動，未嘗必如死人一般。手重足恭，周規折矩，亦行禮之時始然。若燕居，則申申夭夭，居不容矣。有泥塑木雕以爲禮者乎？六合至遼，民生風俗嗜好亦異，古今時勢及宫室衣服、飲食日用事爲，今皆與古殊，而猶執古禮以教人，誤己誤世何極邪？爲禮之時，朝廷、宗廟、祭祀，賓客也。

問：顔子問：不飲酒、不茹葷，可謂齋乎？子曰：此口齋，非心齋。齋心之説，其即夫子所謂齋明乎？朱子亦言：齋之爲言齋也，齋其思慮之不齋者，以交神明，而儒者多以爲非，何故？

曰：因僧流多茹素，故必以爲非耳。然寡欲清心，澹泊明志，存養之要義，乃理之常，茹素亦復何害？至心齋，止是居敬之義，更無可疵而必非之。且因顔子簞瓢陋巷，謂學道必耐窮，不知顔子非貧也。有郭外郭内田共九十畝，非貧困無告者。夫子賢之，謂其不求安飽，以戒門人之務安飽而怠於學者，豈謂父母妻孥啼飢號寒，尚嘵嘵然曰：吾有道可樂乎？忌心齋而但言口齋，梁武廢犧牲，事親廢甘旨，其弊誤人，何可勝言？

問：佛果以齋爲重乎？

曰：非也。嗜欲甚則天機淺，以口腹之害爲心害者多人。君子遠庖廚，佛戒殺生，即斯義也。未嘗一概而拘。今西方活佛，以酥酪爲生，歷代高僧，不廢葷酒者尤衆，何嘗一定茹素？但無故不妄殺，不至恣口腹而過戕物命耳。若中華僧流，一寺多至數百人，使皆以酒肉養之，何能久恃？學士斥茹素而縱欲，愚民甘藜藿而入邪，二者皆非，由矯枉過正，反滋弊端也。

問：讀書貴多，析理宜精，而史稱孔明獨得其大略，陶靖節讀書不求甚解，何故？

曰：道以五性五倫爲要，能盡性敦倫，即爲全人。其他名物象數、一切泛覽之學，有關大義者，不可不究，否則等諸遊藝而已。大略者，根本之學；不求甚解，可以不必深究者也。孔子言明善誠身擇執之要，曰學問思辨篤行，曰有弗學問思辨學者，誠慮人泛騖而無益於身心也。三代下，書籍日多，道術益歧，儒者以多識爲貴，遂有學窮二酉，而忠孝仁義不能體行者，又或人倫大節，表表無慚，而猶以不學少之，使人謂爲聖爲賢，必需學問。中材以下苦其難，而明敏之士矜其智，聖人中庸之道，遂鮮能矣。

問：孔子曰：吾道一以貫之。孟子曰：夫道一而已矣。先儒解者紛紛，轉令人茫然。今子言：一即理也，在天曰太極，在人曰性也，仁也，德也，道也，誠也，皆是物也；可謂直捷了當矣。然則佛云：萬法歸一；道言：得其一，萬事畢，一粒米藏大千世界，一莖草化丈六金身；皆此之謂乎？

曰：然。

問：然而三代以後，不特異端邪術紛紛假託於道，即儒門道藝亦復多途。班固創立九流之名，嗣後紛紛踵增，理學、儒林、文苑、方技等，史家各爲一類，謂各有所長，不容一格而論，故分類節取固已。然核其品詣，多未允當，甚有脗合於聖賢者，亦列諸方技、文藝及諸術數。且道藝判爲兩途，或理學偏於主静，又凡有用之學，亦以爲小道，揆以聖人，似屬非是，可詳示之歟？

曰：以道之全體大用而言，莫能載、莫能破，聖人亦有所不知、不能矣。分類而觀，節取其長，何嘗不是？第萬事本於一心，萬殊歸於一理。夫子言擇善固執，以學問思辨五者爲目，而又云有弗學思辨行，蓋不必知、不必行者，固多也。全才難得，一技一長，有功於當時，即可傳名於後世，記載所以不可無。然必其人心術品行，不外天理，其藝乃精，而後人亦珍重之，不然則不容濫取。蓋天理者，天之理而人之性也。人人所有，人人可能，但大小不同，有仁義之心即可名世。至於學人體道，以希聖賢，則欲爲完人矣。然道在五倫，五倫該於性，學即至於聖人，亦止全得己身性命之理，有何奇異？必立道統之名，以理學自名，使人謂道不可能，阻人進修，不亦謬哉？夫道即天理，非此無以爲人，亦非此無以爲道，而以爲獨得之奇，試問孔、孟有是言否？

問：聖學罕真，異端雜出，子以天理二字定百家之説，發明道一，固正大中庸，無可疑矣。第今教分爲三，聖賢先佛爲功於當時，留蹟於後世者，往往不同，欲比而同之，不可得也。後來其誰信子之言乎？

曰：試言其狀。

問：曰如長生之説，妄矣。然如唐玄奘、李八百、孫知微等，皆數百歲，變化飛昇，誕矣。而三醉岳陽，留形少室，固非無稽之事。泉州無量壽佛，簡州石經和尚，明明肉身尚存，枯而不朽。其他爲國爲民，神奇之迹更多，若以常理衡，豈可通乎？

曰：善哉此問。不可少也。天地之性，人爲貴，故天之尤愛者人，輔天地之功化，立萬物之紀綱，聖人所以爲天之肖子，無論窮達，其荷天眷，固不待言矣。其他德行道藝，苟能寡過遷善，術藝精良，以利濟民物爲心，亦無不受天之佑，故生而有功於世者，没而亦著其靈。天心仁愛，於道藝有德之士，必顯異之，使民知人人可以自立，不至輕視此身。故自古清修之士，或以德，或以功，或以術，或以言，皆有遺愛之留，不没其善，天心也。德由自修，而佑由天宰，孔子之聖，終於布衣，久而始彰，其餘湮没而不傳者尤衆。人受天地父母之恩以生，全受全歸，方不愧俯仰。若身後之名，亦何必計？但自修則不可求福求名，取人則一長必録耳。

問：然其留蹟不同，何也？

曰：事業不同，成就亦不同，安能不異？儒門聖賢，禮樂文爲垂世，誦其詩，讀其書，見羹見牆，即其人時時在目，可以不必留異蹟矣。然而鹽池琴音，荆州之息壤，孔壁之絲竹，及歷代名賢勝蹟亦多，蓋英靈不可没也。至佛道兩門，半皆鰥寡孤獨之民，幼而出家，否亦遭遇憂患，避世避禍之士，不得已而托於空門，苟所師得人，不至入於邪僻，既謝塵緣，專志修養，必有成就，天安得不憐之惜之，眷顧而成全之？所以高僧高道，遺蹟尤衆。有長年不死者，有變化不測者，有肉身留世者，有降龍伏虎、驅魔伏怪者，其人平生，必心存忠孝，濟物利人，積累之久，乃至格天地而動鬼神，其顯然留功業於世者，生崇敬而死馨香；其不遇而隱處，及閨闈之賢，心可以格天而事未嘗名世，亦必没而神靈，爲國爲民，叠著功效。所以民間尸祝之神祇，往往有史籍所不載而神功赫赫，人民愛敬，不可輕議者。鬼神受命於天，百官受命於君，其理一也。人不知而天知，天申命之，人安能違？其不正鬼神，憑依草木，舞弄精靈，僞託聖賢，竊人間供養，君子能辨之，愚民多惑之，則爲上不可不詳察而懲戒也。

問：亦有精於藝術，不知天理而倖免者乎？

曰：無之也。凡精於藝術者，其初學時，亦必敬慎專一。迨術藝有成，往往自矜自肆，妄想妄爲，遂至殺身亡家，非其始學即邪妄而能工於術也。諺曰：邪人學正教，正教亦皆邪；佛家言：萬法從心生，一切福田不離方寸；皆此之謂。安可弗明辨而慎行之歟？

問：道固人人所有，而不輕授人。天道亦止人道，而天機不可洩漏。何邪？

曰：天地既分，道固在天地之中；天地未分，道已在天地之始。天地亦道中之一物耳。愚夫愚婦可以與知、與能，而及其至，則聖人有所不知能，天地猶有憾，苟不至德，至道不凝，安可輕授哉？天地神而莫測，人心邪妄尤多，一念聖狂，人鬼遂判，天地不可欺也。而苟不遠而復，則天良忽發，猶有轉移之路，故天地神明，固未嘗迅速而禍福之。且即善惡已成，而其人前修及祖宗積累功罪不相掩，得失必詳參，是以善惡之報，遲速大小不一，由人心不可窺，天心尤不可測也，而何得以區區私見泄天機乎？聖人以敬慎修德教人，盡其無愧天地者，而不貴前知，以此。

問：子云人人可爲聖賢，而又不輕授人以道，不幾相矛盾邪？

曰：不輕授，非不授也，鄭重之耳。如教人以誠，而其人奸欺太甚；教人以敬，而其人狂肆已多；負罪深重，天罰將及，更何可與言道？又或浮慕矯託，始勤終怠，而輕與之言，則爲輕褻天道，即輕授術藝，亦必遭譴。蓋凡道術，皆以天理爲主，必先實踐正理，不欺不肆，而後可以爲道與藝。有一分正氣，斯有一分心田，不可忽也。

問：近世學人，日日誦習聖人，沐浴教化，而爲聖賢者甚少，何歟？

曰：拘守先儒，阻於嚮方也。

請言其概。

曰：言之近於毀訕，不言又無以明得失，姑爲爾私言之，勿外示可也。

一、以天道爲高遠也。人爲萬物之靈，衹因得天之正理。修身立德，止是全此天理。理與天同，而謂人與天遠，可乎？故聖人畏天命，嚴相在，曰明曰旦，顧諟天命，無非事天如事親，欲爲完人，以無愧於天親。若以天爲高遠，凡事只在人爲，天不與知，是小人不知天命而不畏也，小人而無忌憚矣，尚安能敬慎爲人也哉？

一、以神明爲荒渺也。鬼神不見不聞，似於荒渺，而體物不遺，則至眞實。蓋理氣之主宰，物莫不由理氣而生，故鬼神之微而顯，即是誠字，諸子亦言鬼神陰陽之靈，天地爲陰陽之總，則鬼神止是天地之靈耳。敬天地，安得不敬鬼神？敬之非媚禱以求福。人藏其心，不可測度，惟天地神明知之。畏天命而敬鬼神，然後一念不善，恐獲罪於神天，慝日修而德日崇。《大學》《中庸》言愼獨，以十目、十手、相在爲言，即此義也。乃諱言神天，不言畏禍。但曰指視及相，謂一年之動，無指視相之者而已。既知之，即如人知，夫恐人見之而不敢爲惡，猶是間居不善，見君子而厭然之意耳。曾子之言，不若爲小人倡乎？其嚴乎，嚴字又作何解？先儒恐人不修民義而媚禱鬼神，故以鬼神爲荒渺，聖人惕厲身心，戒其一念，則以鬼神爲至誠，誠之不可揜如此夫。盈天地間，無在非天理，即無在無鬼神。鬼神一理而已，敬鬼神，亦自修以全理而已，豈欲人不務民義而諂瀆鬼神哉？文王小心翼翼，昭事上帝，夫子曰：知我其天。凡聖人無不敬天帝神明者，外此安能恐懼修省？

一、不言禍福也。人生在世，所以養生者，不過宮室、衣服、飲食、男女數事，聖人不能外也。而有禮以節之，故不爲身累。凡人則困之而毀義悖德，無所不至。善惡既分，則禍福頓異，非天有意禍福之也。善即天理，反之爲惡；理與天合而天自應之，心與天違而天必罰之；如響應聲，自然而然。故孟子曰：禍福無不自己求之也。《洪範》五福六極，《大易》吉凶悔吝，孔子言餘慶、餘殃；善不積，不足以成名，惡不積，不足以滅身。何在不以禍福戒勉人？豈導人希冀哉？人情莫不喜安惡危，安即福，危即禍，君子不妄求福，豈必求禍？如有疾爲禍，無疾爲福，飢寒爲禍，飽暖爲福，人情有願疾厄飢寒者乎？聖人不外人情而生，又豈外人情而教？以禍福示人，使知禍福生於善惡，遷善去惡，乃爲成人，曷爲非是？夫爲善不求福，去惡不因禍，惟大賢以上能之耳。凡人因福而爲善，久之無所爲而亦爲之矣。畏禍而不爲惡，久之不畏禍而亦無惡矣。孔子曰：勉強之久，歸於自然；又何必云善惡不必徵諸禍福哉？謂善未必福，惡未必禍，而惡不妨爲，善不足恃，其爲世道人心之害，可勝計乎？

一、以禮爲必遵古制也。禮者，所以節文天理，凡事順天理而行，豈必遠法唐虞三代哉？聖王之禮，三代後，什一千百，且多漢儒妄説，據之爲聖制，而又誤解其是者，於是不合時勢，不近人情，生今反古，自治且以治人，至罹災殃。而異世痛惜之，更宗仰之，以爲守道反辱，不知其昧時中之義，大謬於聖人也。且如此言禮，使人率由，智者病其迂曲，不肖苦其難行，勢必致厭棄禮法，肆意妄行，至當爲而亦不爲矣，禮幾廢矣。

一、以虚無清淨爲異端，不知其爲養心之法也。以聖人爲天授，非凡人可學也。中國爲始有聖人，外夷不能與也。立道統理學之名，互相推崇，凡人不能爲聖賢也。是古非今，謂聖人必有神奇也。以淹博爲賢，不讀書識字，斷不能與於道也。凡若此類，書之不勝書，辨之不勝辨，愚已備詳於《恒解》諸書，而爾不能解，何也？

問：前人著述，所以不朽者，多因一朝典故人物，籍以參稽，否則自爲著作，成一家言。今子但訓詁聖經，其他辨正得失，大率皆以孔、孟爲宗，折衷先儒，至朝廷典章、草野風俗及當代人品學術，並不言及，何歟？

曰：自古聖賢，道明德立，得志則爲國爲民，經綸萬有；不得志則獨善其身，友教同學；從無自炫自恃，欲求知於當時，傳名於後世者。故曰：不知不愠，乃爲君子。孔、孟不遇於時，亦惟與從遊諸人，相與問難講習，世所謂删定纂修諸事，皆後世推崇之詞。其實，孔、孟當時，衹是師弟私相告語，明是非以定從違，非自逞其才，欲留後法。君子居是邦，不非其大夫，孔子何以斥三家、臧文仲等，又取國史而筆削之？蓋爲門人指陳事理，定其指歸；其始，特一家私相授受之言，不料後世遂傳爲天下公論。若當講學之時，即欲爲萬世師，是妄人矣。後世儒者，緣不知此意，偶一有所得，即自尊貴，朋輩互相標榜，以博聲稱，甚或妄持清議，反罹罪殃。漢、唐、宋、明，黨禍清流，可以爲鑒。夫子曰：龍蛇之蟄，以（藏[①]）［存］身也。明哲

① 《十三經注疏·周易正義·繫辭下卷八》及《周易·繫辭下傳》均作以存身也。據改之。

保身，修凝之效，豈不可知而忘爲議論？愚本無知識，但承先人家學，生於盛世，講學多年，偶有所得，與門人商酌，渠等私爲抄存，欲毀棄之；因爾等生晚，恐一旦奄忽，爾等不知愚之平生，是以聊存所言，使異日有所考驗，豈著述以求不朽哉？况聖人在上，賢俊彙征，太和翔洽，恪遵自淑，常覺負愧之至多，又安敢妄爲臧否、稍有私議乎？其解經辨難，甘爲訓詁者，聖道大明，本無庸贅説，特傳註多譌，學者或至迷於趨嚮，聊申明之，亦以爾等幼穉，存之以將來，不得已之私慮焉耳。

問：方今學聖，必學宋儒，經義更不待言，果當然否？

曰：聖人，人倫之至，亦止全得爲人之理。人人有天理，即人人可爲聖賢，然必以聖人爲師，毫髪無差，然後修己治人，不至誤世。自羲、農以來，聖人作君作師，禮樂制度無不明，人倫大義無不著，至周而大備矣。夫子亦不過綜聖人之道，折衷至善，以訓門人，故曰：述而不作。孔子已不待作，况經孔子刪訂，曾、思、孟推衍周詳，猶待於後人之作乎？孔子何以能集群聖之大成？以其得聖人之師，道全德備，非生而知之也。夫子所謂生知，不過天質過人，不踐迹之義。若天人性命無不悉貫，豈能無師而得？夫子曰：吾聞周有老聃，博古知今，則吾師也，吾將往而學焉。適周問禮，留連三年，臨别稱爲猶龍。《史記》云：歸而門人日益進。蓋以聖人之資而遇聖人之師，故道冠古今，後人乃以子爲生知。夫子自言十五志學，三十而立，經十五年，始脱盡少年恍惚心情，何得云其生知？人止知尊聖人，不知聖人只望人學己敏求，不喜人過譽。後儒以淺見測聖人，謂道以獨得爲奇，於是矜己傲人，並己之師承亦諱言之。如宋儒學本濂溪，濂溪學本海巖，然稱濂溪者，第言從高人逸士游，故聞道獨早而已，其意恐人誚其學於僧流，不可以訓。且海巖静心之法，乃《六祖壇經》，佛教自達摩來東，始傳養性之法，本末功夫俱全。不料數傳以後失之，《六祖壇經》遂成偏寂之學。宋儒得之，智慧開啟，但覺不能修齊治平，故加日用倫常之功，教人窮理，理不勝窮，又不知聖人如何便一以貫之，先教人物物窮理，必多學而識，久久方能一旦豁然，由是自以爲聖道在是，自治治人，俱不外此。不知聖人内外交修、動静交養，其功一時俱到，雖學先博文，然有弗學、有弗思、問、辨，未嘗教人泛務也。即篤行亦有弗行，况既曰擇善矣，如何盡天下物而格之？中庸之理，止是日用倫常，明其是非，而存養心性，實踐倫常，乃可篤行，非教人多學而識。君子多乎哉？夫子言之矣。不知聖學，而以其偏見爲是，遂擅改聖經，尊德性不過存心，養性之法不問矣。不動心如告子，浩然之氣不知養矣。誤以湯武爲北面，而臣則不得征伐，故疑其不如堯、舜。舜、文生長中國，何以爲東夷、西夷之人？則謂四裔斷無聖賢。凡諸此類，似是而非者，不勝枚舉。愚於四子六經及雜著已屢言之。若必遵其所學，不顧失聖人之義，其奚可乎？夫宋儒表章六經，覃思苦學，品學安可瑕疵？第其未遇聖師，故心性倫常，發明前聖，多欠精微。今聖人在上，道學昌明，孔、孟之書，如天日昭回。愚等幸生此時，以孔、孟爲師而已。豈可拘拘俗說，畏得罪於先儒，不畏得罪於聖人邪？

問：學品如先儒，且未知聖道之全，子今何以知之？

曰：是有天幸焉。愚自幼善病，至弱冠而已羸，早失所怙，家貧授徒，講習聖經，久久頗知大義。既而溷跡名場，謁見名輩，覺其言行多與聖人不合，未知所以，下第歸來，家貧親老，聊盡豚犬之私，邂逅野雲老人，示以窮理盡性、内外本末之功。老人氏李，字果圓，不欲求名於世，往來啟導，七載有餘，稍知省躬，苦學忽忽五十八年矣。無德無材，上負君親，而經義則頗爲體行，用能略知得失，所以與先儒辨者，恐失聖人之義，則必入於歧途，安能爲國儲才？俾聖人成己成人之道，不至湮没哉？

問：子言先儒亦有是者，而又言從其經説，必入於歧途，何邪？

曰：非禮之禮，非義之義，大人弗爲。先儒未能及此，則失聖人之眞者固多矣。不知而誤信誤爲，則成己成人，必似是而非，故不可曲從耳。

問：似是而非，非大人不免，世上有幾大人？是非豈不淆亂乎？且所謂似是而非者，何也？

曰：朱子云：三代後撑架子過日，亦只是言是非之不明。然朱子苦心積學，仍多未明，則今日補其所未及，想先儒亦未必不喜。篡逆藉口於征誅，以爲湯武已然；利達藉口栖皇，以爲孔、孟亦爾，言博文則浮騖而忘實行，言致身則利禄而忘父母。凡若此類，若不會通之、明辨之，則舉世遵聖人，實無一肖聖人，百家簧鼓，將何以正之？

問：子言宋儒闢佛，而言理實多入於佛，何居？亦有實證乎？

曰：難以枚舉也。姑摘一二言之，如孔、顏樂處，以下學言，則時習而説也。若功力深造，則内而汝止安安，外而從容中道，不愧不怍，無入而不自得是也。夫子自言莫我知，亦止不怨不尤，下學上達，何嘗謂時人不識予心樂乎？今人尋孔、顏樂處，其語亦近矯飾。鳶魚飛躍，承上莫載莫破而言，道雖至大，然實在耳目之前。人各有性情，各有當爲之事，盡其職、盡其道，無愧於心，則如鳶魚飛躍，各得其所，不期而自合天機，故曰：上下察也。若以爲子思吃緊爲人處活潑潑地，似子思此語原未説明，待人徐徐參悟，豈非禪機乎？顏子如有卓爾，止是見道已真，操守已定，因夫子言行動静，至平常、至神妙，一時難及，故曰：雖欲從之，末由也已。顏子嘗言：夫子步，回亦步，夫子趨，回亦趨，夫子絶塵而奔，則回瞠乎其後矣。此章即是此意，不是言道恍惚離奇，不可捉摸。錯解使人視道如物怪精靈，所以日用倫常即通天載之義，不明生死之説，沿范靈花茵墮地之言，謂人氣聚而生，氣散而死，同歸於盡，則聖賢奸宄，都無分别；全受全歸，聞道夕死而可，夫子何故言之？且聖人何以配天也？此其言死生之理，幻妄難憑，惟陋劣禪宗，乃有此説；佛言：金剛身、鐵羅漢，不如是云也。凡若此類，令聖人實學，入於虚無，而其著書立説，則方攘斥虚無，謂佛、老爲異端，先儒豈不明智哉？由無聖師授受，僅沿海巖和尚之學，自謂合乎聖人，不知其一錯皆錯也。

問：子言孔子十五志學，七十而後從心不踰；孟子有諸己至化神，其功夫次第，非旦夕可至。又言道本人人可爲，安得人盡遐年終學道之功乎？

曰：吁。子何言之陋也。道雖蟠天際地，止在一心，心多妄想，性所以漓；存其心，養其性，内外本末，不可偏廢。誠得明師，則宅心宥密，致中致和，返身即是。故曰：仁遠乎哉？志仁便可無惡。安有曠日累年鑽研，尚無實得者哉？夫子曰：能用力於仁矣乎？我未見力不足者。仁者，天理良心而已，人人有之，即人人能之，但能念念事事保固，便可積久而安。夫子諄諄教人爲仁，而漢儒謂子罕言仁，後儒相沿，顯與聖人之言相悖，由是學聖更無他法，而天理良心亦視爲身外物。有言之者且曰：此三歲小兒所知，何得以此即爲學？世教之不宏，其弊豈在多乎？

問：羲、農至孔子皆聖人也，而孟子獨盛推孔子，豈前聖果不如乎？

曰：戰國時，孔子之道未彰，孟子以孔子教人，人不尊信，不得已亟稱孔子。然孔子折衷群聖，刪定《詩》《書》，以定指歸，雖前賢所未及，自後觀之，功高百王，誠不爲過。但孔子之聖，亦不過祖述堯、舜，憲章文、武，安能跨越前聖？世儒不知孟子立言之意，相沿崇奉積久，遂以聖人爲不可學，甘心自棄，且拘守宋儒，彷佛於言行動静，性何以盡？修身何以平？

天人何以合？終身茫然，則益嘆聖人不可及，而孔子實天授，非人所能爲矣。且孔子固道大德全，然其所以爲世師，亦止閻復四語盡之：先孔子而聖者，非孔子無以明，後孔子而聖者，非孔子無以法；已足包括一切，安得謂五帝三王皆不如孔子哉？蓋羲、農至周，禮樂道德，一切修己治人之法皆全，本無庸作矣。但聖王不世出，上無以持其綱，而百家淆亂，後人何以嚮方？得孔子删定，曾、思、孟發明，乃無餘藴。學聖者，但學孔、孟足矣。不料才人迭起，逞其臆見，竟於孔、孟之外，另標義理，且於孔、孟之言，實多不合。予何人斯？敢妄語乎？亦以孔、孟爲宗，折衷百家而已。

問：士人言文章隨世運遞降，風會所趨，雖聖賢不能外。如《周易》，羲、文、周、孔，文亦顯奥不同，故元、明之文不及唐、宋，唐、宋之文不及秦、漢，此其大槩。然歟？否歟？

曰：此不學之談也。文以載道，道寄於文；道得於身者，淺語皆存深義。孔子十翼，明白顯易者固多，而雜卦則簡奥至矣，羲文豈復過之？聖人不欲以文字傳，特闡明義理，貽教後世，不得不然。豈如世俗專貴詞章，道實未得，而説理則藏頭露尾，言事則彷佛含糊，謂不須説盡，且謂令人漫漫尋味，甚至支離穿鑿，詭異者指馬黑白，中庸之義日晦，其誤世非淺鮮矣。夫子曰：詞達而已矣。但使義理昭著，文之工拙在次，若第求工麗而無益於倫常，有害於人心風俗，亦何取焉？六朝靡曼，自漢武倡之，曹氏父子繼之，物極而反，昌黎適逢其會，遂以爲文起八代之衰。然昌黎於道無得，文起衰運如時尚衣冠，久而厭棄，昌黎適符衆志耳。殘唐五代，文復大敝，歐陽公又變革之。二公人品端正，學業亦佳，而其爲文章宗主，則遭際爲之；若謂言言合道，則未能也。夫子曰：文，莫吾猶人也，躬行君子，則吾未之有得。故大賢以下，文皆合道者甚希，安有聖人之文而隨世轉移者哉？

問：然則辭章記問等學，非歟？

曰：不然。道非文不著，宇宙無窮，事物皆賴文義以傳，豈可小視？但專務其末，不得其本，無益於人心風俗而反有害，君子所以惡之耳。處士横議，積久而禍起坑儒；大言清談，相沿而害及家國；聖賢覺世牖民，必防其漸。楊、墨亦非大不善人，祇因偏執一義。人多效之爲我，久而置天下於不問，不止無君也，其弊必至斤斤私己，父母亦不致其篤愛。孟子言無君，以其重者言之；其實不忠，又安能孝？兼愛久而等至親如路人，不止無父也，其弊必至僕僕徇人，君上亦無殊於同輩，其言無父，亦以其重者言之；其實不孝，又何能忠？若非其言有害人心風俗，孟子豈區區攻人之惡乎？故詞章不可輕，而天理良心，念念事事必由之，所謂據於德，依於仁也。若但求工詞章，不循天理，則窮極二酉而有忝君親，緣飾才名而抱愧衾影；名教中罪人，衣冠中禽獸，將入其中而不覺，爾等最當戒也。

問：聖人至難，而子言易學，且必使衆人學之，於何圖功？何爲而後馴至其域？可得聞歟？

曰：爾等幼而且愚，尚未問津，固宜難之。又俗習相沿，不易解脱，即有志之士，亦多拘守先儒，非失之迂，即失之雜，欲學聖人，其又奚從？愚老矣，若不爲爾等示之，則異日成立，更無由知，姑撮其大要如左：

一、本源也

木有本，水有源，祖宗父母，人之本源也。其先有陰德，其後斯有達人。陰德者，存之於心，不求人知，不望福報。孟僖子述孔子先世曰：聖人之後，必有達人，固未有世無積累而忽生聖賢者也。人以瞽瞍與鯀爲疑，不知瞽瞍特惑於後妻耳。《左傳》云：自幕至於瞽瞍，無違命；舜重之以明德。人因其有賢子而不知，名之曰瞽。其實瞍爲有虞君長，未聞他有無道之事。鯀治水亦勤勞，但剛愎自用耳。堯言其方命圮族；命即君命，蓋堯命亦不能遵，族則同姓及宗親，禹爲鯀子，可以平地成天而不用其圮族可知。後人以鯀入四凶，妄傳黄能等事，不足信也。禹平成之後，以鯀配天，祭法云：禹能修鯀之功。使鯀果凶人，爲天下指目，而禹私崇其父，以之配天，毋乃瀆天？又何以爲聖人至公至正之典禮乎？俗云：十年樹木，百年樹人。先人培植，至少亦須百年。以凡人百年之内，主家政者，大約不過三四十年。夫子言周之人才，比美唐虞，而推原文王服事以爲周之至德，正謂其有如是之德，方能毓如是之才，不曰文德而曰周德，即文以槩其先世耳。誤解而反謂夫子不足於周武王，其誣不少；愚《論語恒解》已詳辨之，不贅。若祖宗父母毫無培植，而欲有賢子孫，不綦難歟？或曰：醴泉無源，芝草屋根，亦不通天人者之言。夫二者，豈無源哉？山川之靈，更非偶也。

一、胎教也

祖宗父母皆本源，而父母尤要。若周家后稷，粒食生民，功配彼天，其源深矣。然若非世有賢人，修德傳家，安能聖德相承，久而光大？且人之生也，受氣於天，成形於地，天地即父母，父母一天地，形氣具而有身，所以宰神氣者，理耳。理者何？在天曰太極，一元之氣，渾然粹然，無一毫偏倚駁雜。是氣即是理，理氣之靈，其名曰神。心即神明也，但有先天後天之分。先天未生以前，得於天者無不全，故人性皆善；既生以後，七情擾而知識紛，乃失其本來，故曰性相近。人之異於禽獸者，全恃此天理，以其獨得於天，故曰德。生後能反身而誠，亦曰德。此理含於心而通乎天地，著爲萬事萬物，語其要，止天理良心四字盡之。性也，仁也，誠也，德也，道也，仁義也，皆此四字。愚夫妻可知可能，聖神亦不外此。但不實心檢點，實力奉行，則失其所以爲人，又安能修身齊家？故爲父母者，念念事事，能不昧良心，不悖天理，則必日日知非，日日改過，而德日以積，源遠者流長，慶流子孫，固自然之理，此胎教之原，父母同一當行也。尤有至要者，則保養、作善，二事詳後。何爲保養？人之生者，精、氣、神。元精、元氣、元神，得於天之理也；凡精、凡氣、凡神，具於身之幹也。男女夫婦，陰陽之大義，而最易縱情滅理。凡男女十五六七，父母善教防閑，第一勿犯淫慾，非夫婦者，皆爲邪淫；夫婦無節，亦爲縱慾。戒淫寡慾，在家則夫婦分房，在外則非禮勿視。凡婦女視如吾母、吾姊妹、吾子女，而一念之起，即爲禽獸，則悚然省悟矣。更有存養之功，久久習爲固然，自然見如不見、聞如不聞，此一關看不破、守不定，則終身福澤皆爲空花，短命絶嗣，尤其易者。至於夫婦之誼，原是上承祖宗，下延子孫，男正位乎外，女正位乎内，乃人生所以上承天地，光前裕後根本，豈可縱慾戕生哉？夫婦相勉以正，相戒以有節，白頭相保，豈不可喜？而何圖一夕之歡，短命乏嗣，上負父母，下貽後世之憂？至於作善，不可殫述，但能念念天理，事事天理，存心則不欺不苟、不怠不肆，言行則不忍不仁、不敢不義，如此自修，善教其妻，心術品行，可與我齊，而有身之後，更端莊正直，敬愼仁慈，則父母太和之氣，積累薰蒸，起於床第之間，通乎六和之表，胎教立而生子敗類者，寡矣。前人但以母儀爲重，而略於父之胎教，故特詳之。

一、諭教也

世人好言命，一切俱謂命已生成，不能解脱；此大惑也。氣數不齊，生質各異，命何嘗無之？但命定於有生之初，已然者，不可全知，賴今生崇德修慝，變化氣質，挽迴造化，而父母則人子性命之本也。精氣神者，人所以生，能善養則神氣強固，多爲善則天心來復，聖人盡其性而盡人物之性，參贊化育，皆由乎此。區區卻病延年，其小效耳。父母以此自修，即以此教子，雖愚必明，雖柔必強；明者明理，強者壽康。先儒不知聖學可以延年，顔子未全仁聖，而以其短命之故，謂學道止是修己，至於貧賤困苦，生而已然，無可如何；故人遂以聖人之道，竟不能挽氣數，而夫子餘慶餘殃、祿位名壽必得等言，皆爲妄矣。愚幼羸善病，瀕死者數，三十始知修身，毫無善狀，不過不敢毀身，不敢爲惡，而今倖至耄年，况聖人全體大用，與天合德者乎？故確然信聖學可補造化，學道非徒虚名，凡一切困阨皆可消除。不得以忠孝節義爲短折，亦不得以不知行藏爲不幸，力而行之，久亦無倦，平安壽吉，必有可期。然非父母師長，自幼即詳示之，曷從致力哉？父母諭教有方，更得賢師導之，則入芝蘭之室，久而不聞其香，與之化矣。第諭教之法，非可言盡，善養之而已。孟子曰：中也養不中，才也養不才；以善服人，不如以善養人。父母師友皆賢，自幼善誘，長而習染，安有入於邪僻之憂？世俗錯解嚴父嚴師，謂教子弟以嚴，其誤天下不少。嚴，非寬嚴也。父母師長正身作則曰嚴正、端嚴、威嚴，在子弟則嚴憚之。若不修其身，不善其教，所謂身不行道，不行於妻子；使人不以道，不能行於妻子也，徒嚴何益？孔子曰：苟正其身矣，於（正人）［從政］乎何有？不能正其身，如正人何？爲人父，止於慈。父子之間不責善，責善則離，安有父必嚴者？爲師則循循善誘，誨人不倦，豈徒嚴厲？師嚴然後道尊，謂師以道自修，端嚴嚴正，子弟愛而敬之，故道尊耳。然必先有賢父母，蓋父母於子，生之養之教之，終身依之，故諭教尤要。從古至今，未有父母不明，而能令其子親賢取友者，上如顔、曾，下如程、朱，其父皆知道之士，可以例推矣。

一、友教也

友該師在内。師無當於五服，五服弗得不親？自古以配君親，何其尊榮若是？蓋父母未必皆聖賢，必有聖賢之師，乃可學爲聖人，參贊造化。即克家亦必賴師，故曰：父母生我，師以成我。至事君，亦必有德乃能致君。是事親、事君，亦必由師而成，故重之也。但聖賢之師不易得，而紛紛俗學、曲學，皆儼然爲師。孟子歎人之患在好爲人師，非謂師不可爲，謂師之道不易耳，其可不擇明師乎？至於朋友之道，孔、孟言之已詳，泛愛衆而親仁，可以永守。如己德已成，則尊賢而容衆，嘉善而矜不能，亦可要之。友以輔仁，不可不慎。世俗邪僻之事，惑人者尤多，非自愛自重，又有賢父師善誘，不比匪人者寡矣。以上數條，皆子孫善惡根源，而古聖賢未嘗明言者。以光前裕後爲象賢，爲幹蠱，全在自己返身修德，不可專恃先人栽培，尤不可稍歸咎於前人。即祖宗父母有過，亦不但不出於口，且不可稍存於心，惟負罪引慝，刻刻遷善，思蓋前人之罪愆。吾身固父母祖宗之身也，我爲聖人，則父母祖宗亦皆聖人。孔子曰：善則稱親，過則稱己。予克紂，非予武，惟朕文考無罪；紂克予，非朕文考有罪，惟予小子無良。子思曰：先君子無所失道，道隆則從而隆，道汙則從而汙，伋則安能？此爲子孫之法，今爲爾等愚稺，不得已示其由來，切勿誤認，妄存非薄先人之想，反遭天譴也。戒之。戒之。

一、立志也

以下皆自己修身立德之事。人身難得，幸而天地父母生我爲人，超乎萬物之上。聖人亦人耳，而參贊天地，爲法於天下，可傳於後世；我今儼然爲人，乃不盡人道，邪心妄想，非禮非義而行，致失了人理，不成爲人，與禽獸類，何以立於世間？且人身不過百年，世人快心之事，不過衣服、飲食、男女，然衣服不過飽暖，男女之樂，夫婦間且當以禮節情，然後可以白頭相保，有室成家，免於飢寒，已爲全福，何必因此縱情悖理，喪卻人道？况凡人生死二字，自己必不能知早晚，不循天理而縱情肆慾，小則窮困傷生，大則非災凶禍，墮先人之澤，貽後世之殃；若不立志痛掃非禮，力行善事，何以爲人？世人求名利，悖天理，苟求稱心，不知昧了天理，所欲必無所成，即倖得之，亦如浮漚晴雪，豈能久長？立志者，必先看破名利關頭，一心以聖賢爲師，節情寡欲，誓爲天地間不可少之人，則聖賢不難爲，亨吉更不待言矣。但世事甚多，人心易惑，非有賢父兄家訓、明師友陶成，安能習慣而成自然？若賢父師善教而子弟不遵行，則更非人類，戒之，戒之。夫立志，豈旦夕之功哉？孔子十五志學，三十始立，少年心性易放難收，雖聖人亦猶乎人，而十五年中，克治防閑，念念期於中正，不知費多少心力，豈旦夕致乎？先儒謂聖人生知，則夫子三十而立，乃爲謊語，其誤人多矣。夫子教人據德、依仁，以志道爲先，又曰：苟志於仁，無惡。皆諄諄欲人立志，故學聖第一關在此。

一、明善也

善止是天理，天理無不善，故人性皆善。但其善也，在有生之初；既生以後，則知覺開、七情擾，有善不善矣。學聖人以全善性，必由一念之動，以至於念念求其至善，而言行之不善即除去，久久動静語默，無一不善。斯無一念不合天理，聖人亦不過如此。但人心浮動，不善之事觸於七情而即擾，故須詳悉辨明，乃可致力。夫子言，學問思辨以擇善，篤行以固執，其義已包括無餘，但須行之以正與誠而已。正即天理，凡言行動静得其正，即誠心而行，如孝便真孝，忠便真忠，以暨一念一端，無不實踐天理，則雖未必毫無得失，而大德不踰閑，可以當之矣。子曰：不明乎善，不誠乎身；即《大學》所云：欲誠其意，先致其知。明善者，人倫日用、身心切近之事，辨明是非，以便力行不誤，非物物而盡知之。先儒添出格物一層，教人即凡天下之物，莫不窮究。天下之物，安能一一窮究？窮究而或無益於身心倫常，窮究又何用？民生日用及百工技藝，聖人必不能盡知之、能之，而亦何必知能之？夫子言明善，不外學問思辨，誠身必篤行矣；而又恐人泛濫無功，故申之曰，有弗學、有弗問與思辨，即篤行亦曰：有弗行；未嘗教人物物而格之也。汝以予爲多學而識之者與？非也。予一以貫之，君子多乎哉？不多也。即博學於文，亦所以爲約禮之地，故曰：弗畔矣。夫錯解明善二字，使人疲耳目、役心志，終身不能盡天下之物，而大本大源、人倫心術，邪正誠僞，反不能辨，篤行華而不實，有文無行，修齊治平遂不知其所以，爲天下害，其有極乎？明善不必遽求深奧，譬如一言也，必審其合理否？合理了，又審其可言不可言否？如理所當言，而其人、其事、其時、其勢不當言，則決不可言。如此類推，即一念之起，必辨其是非，父母倡導之，賢師友曲成之，交遊切磋之，善惡二字，至易分明，而其要，總不外誠正二字。毋苟且、毋欺詐、毋怠肆，自童蒙至成人，習爲固然，反身更有存心養性之法，則内外交修、本末交養，何患善之不明、身之不誠哉？

一、堅恒也

孔子言：有恒可以作聖，無恒不可以作巫醫。《易》曰：立心勿恒，凶。恒之一字至重，而有恒若甚難，皆無志者也，豪傑之士，豈有此哉？凡事無恒，斷斷不成，况欲全爲人之理？若怠心肆心一起，徇其私欲，不顧天理而行，即入於邪僻。有恒者，擇業正、立志全耳。宫室、衣服、飲食、男女，人所以生，聖人亦不離此，而不爲所累，只是一恒字。欲爲完人，雖可欣可羨之事，必斷以義理，不肯任意而行。夫子志學之後，十五年而始立，可見立字原不容易，但當以理節情，切戒肆怠二字，久久自然習慣成自然矣。故恒字不外堅字。惟是少年心性，易於放蕩，最要加倍克治私欲，禮行義理。程子好獵，周處横行，一旦悔悟，改絃易轍，遂爲名人。故少年無恒者多，果能遷善，至死不倦，即希賢希聖不難。俗云：放下屠刀，立地成佛。聖人不以無過爲難，而以改過爲貴。堅恒者，堅其爲善之心，不徇世俗之好，日日知非，日日遷善而已。

一、畏天命也

天者，理氣而已。理宰乎氣，氣以載理，理氣之靈，其名曰神，以其主宰理氣，亦謂之帝。天之命也，即太極也；太極無名無象，無臭無聲，又何有氣之可見？理之可窺？况求穆穆之命乎？然太極雖渾然無爲，而有動静之機，一闔一闢，往來無窮，變通出焉。陰陽五行效其用，億萬名物著其功，其彌綸布濩者無涯，皆其主宰理氣者有定。人爲天地之心，天地之性人爲貴，人無心不能生，天地無心又何以立？天地之性既在於人，則天地之命亦屬諸人，明矣。有志之士，愛重此身，則必愛敬天地父母，不負天地父母之恩，始成爲人。孟子所以云：仰不愧、俯不怍，爲二樂。孔子言：全而受者全而歸，可謂大孝。欲全人道，安得不畏天命乎？堯、舜業業，湯、武皇皇，小心翼翼，昭事上帝，凡聖人皆然。孔子，一介布衣耳。而曰：知我其天。畏於匡，厄於桓魋，曰：天生德于予。未喪斯文，以天命自信；不明其義，聖人不幾僭妄哉？蓋天之理備於人，理在而神氣統焉。人所以生者神氣，神氣不外天理；天理，性也，而具於心，故存心養性，便是事天。心性本於天，得天之全，始有此人身，然非父母，又何以有此身？故乾父坤母與夫母爲四大。畏天地者如畏父母，乃理之常，非異事也。聖人事天如事親，事親如事天，故曰：惟聖人爲能享帝，惟孝子爲能享親。以貴賤之分而言，則天子始可祀天；以生人之理而言，則雖庶民，亦當敬天。敬天，非敢僭其禮也。念念思天日照臨，神明相之。《大學》《中庸》言愼獨，曰目手指視，相在屋漏，皆畏天命之意。父母生存，不能知人子之心曲也，而父天母地則悉知之，安得不仰觀俯察、戒愼恐懼乎？天蒼蒼，地塊然耳，何以鑒觀有赫？蓋天地無心，而陰陽之靈名曰鬼神。天理，陰陽之主也。故鬼神，陰陽之靈，即天地之靈。陰陽二氣，流行布濩於六合間，大莫載，小莫破，凡理氣所充周，皆鬼神所相在，故夫子曰：體物而不可遺也，神之格思，不可度思，矧可射思？夫子引《詩》此言，以明體道之功，而結之曰：誠之不可揜，如此夫。舍敬鬼神，何以爲畏天命哉？自先儒恐人不務民義而諂瀆鬼神，不修人事而高言天命，乃云天道高遠，神明恍惚，致使人以天爲無知，鬼神不司禍福，凡言行心術，任意而行，無所不爲，喪其幾希之理，於是天人一氣之理晦矣。夫人生飽暖安全，孰不願之？然非智力可以強求。天無二理，惟善之一字，賞善罰惡，萬古不移。凡人有一分天理，即有一分福澤。自古聖賢，幾人餓殍？其忠孝節義，或不幸捐生，然扶天綱，立人極，爲天地靈神，全受全歸，天之佑之者更無窮，非作善者無益也。孔子言餘慶、餘殃，積善成名，不善滅身，及栽培傾覆等義，不勝枚舉。而《大易》一書，四聖人諄諄以吉凶悔吝教人，豈導人諂媚神天、徒思福利哉？善即天理，惡違天理，爲善去惡，始合天理。合天之理，即遵天之命，聖人與天地合德，亦只是念念天理，事事天理而已。合了天理，便是與天地合德。日月，天地之精；鬼神，陰陽之靈；故與日月合其明，鬼神合其吉凶，即在其中。此理至神至奇，卻至平至常，起於一念暨於念念，一事暨於事事，能畏天命而糾衾影，乃能去其邪心妄想，非謂不修心敦品，但諂瀆鬼神也。一念之起，帝天臨之，則不怠不肆，愼獨之根源乃清。先儒教人愼獨，而又諱言天地神明，致賢者放縱自恣，愚者入於奇邪。不知天地人神，一氣相通爲其本，一理相貫，分而爲二，盡人合天之學，所以鮮能。最當明辨是非，不可稍有所偏，斯人道修而天命合，不藐視天地神明，亦不惑於邪誕。慎之、戒之可也。

一、慎執業也

俗云：衣食足而後禮義興。從古聖王，無不先養後教。三代以下，貧富不齊，失業者，多不能免於飢寒，安能學習禮義？故許白雲謂儒者以謀生爲急，而論者多以爲非。然白雲之言不錯，但辭不達耳。謀生豈昧天？良工持籌，非道非義亦取與之哉。凡人必有執業，以贍身家。夫子曰：吾何執？執御乎？執射乎？蓋恐人務博而無專業，故即党人無成名之言，教門弟子也。士農工商皆正業，外此，技藝百家，苟無害義理，可以謀生，皆可爲之。但不可只圖名利，不擇藝而爲之。若壞了心田，乖了正義，損人利己，不特所謀不遂，且必反遭大凶，即徼倖得之，免禍一時，必貽禍子孫。孟子曰：矢人惟恐不傷人，函人惟恐傷人；術不可不慎。謀生而至府禍貽殃，亦何取哉？人生在世，只要飽暖安全，便是大福，即富貴極品，亦不過宫室、衣食、男女數事，快樂一時，禍敗終身，甚而傾家喪命者，不可勝計，試將非禮善謀之人後事細觀，又何必羨之慕之、悖天理而效之？但使一技一藝，粗足衣食，仰可以事父母，即爲至樂之事，至俯蓄妻子，已爲次矣。况爲己身嗜慾快心，蠅營狗苟，圖一時之快樂，喪良心而不顧，一旦死亡，如腐草螢火，水上浮漚，亦何益乎？要知天地神明，福人惟此天理，心術端莊，人品修潔，勤於執業，儉於用費，忠於仁義，念念不忘，斷無飢寒困苦而死者也。

以上數條，大義已舉，其要不過天理良心四字，便該括許多善事在内，其功用不過知之明、行之勇，死而後已。所有一切言行動静，修己成人，經天緯地等義，四子六經，無不詳盡，而《古本大學》《俗言》及《下學梯航》，尤爲易曉。爾等能細細體貼，終身不離，則愚雖德薄，不堪爲爾等儀型，亦可以告無罪於先人矣。勉之。望之。

又問

男

崧雲　椅文　楝文　檍文

椐文　桂文　榠文　果文

敬録

崧雲、椅文、桂文等嘗請問曰：

大人著四子、六經《恒解》《孝經直解》，發明聖人，可謂備矣。慮文繁義深，人不能盡覽，又爲《大學古本質言》《正譌》《俗言》《下學梯航》《子問》諸書，綜聖賢義理而言其大要，用心良苦，然經注猶有不釋然者。又近世人情風俗之事，亦當略爲指示，祈憫而教之。

大人允諾，積久又復成帙，謹録存以便時常恭閲。

崧雲等識

問：成己成人，聖人之道，明德成己，新民成人，俱要做到極好處，此朱子《大學》首章之解也。大人非之，而以爲學者必與民相親，有所本乎？

曰：然。善乎爾之問也。上天愛民，亶聰明，作元后，使爲民父母，代天養教赤子，故曰：民以君爲心，君以民爲體。父母之於子也，性情心術、起居日用，無不知者，以其瞻依膝下之故。父母於子，曲盡其愛，曲盡其教，未嘗自以爲功，所以恩同天地。君與民，則相去遠矣。然萬物雖天所生，而去天亦甚遠，天又何以並包而涵育之不遺？日月星辰、風雲雷雨，天光下濟，生養成實，無一不在宥也。君之於民，豈外是哉？聖人治禮，天子諸侯，必立三朝，燕朝宴息，治朝治事，外朝朝群臣，詢萬民，詢衆庶，其與群臣百姓相見也，當依當宁，雖天子不敢安坐，豈過謙哉？爲群臣百姓之主，則必以其心爲心，以其事爲事。深居高拱，堂下遠於千里，君門遠於萬里，而欲民情上達，豈可得乎？下情不通，政制又何以行？聖人舊勞於外，爰暨小人，文王卑服即康功田功，兢兢惟恐不知民情。後世九重高遠，即大小官僚，亦威福自用，群黎屏息重足，惟所指揮，行一事、出一令，唯諾盈廷，而四海之内，譁然拂然，置之不問，尚能安宇内、子元元者，寡矣。周制以鄉三物教民，德行道藝，天下所同服習。其父師爲之於前，子弟率之於後，閭師里師、黨正州正，無一非三物中人，相沿相習，則不出里閭，固已通知世務。迨道藝既成，升於國學，天子之顧問、司徒之選造，皆在於此，猶恐方隅所限，聞見不周，故以親民爲教。王畿，首善之地，大學，天子之學，天子元子、諸侯嫡子，卿大夫、元士之子，皆在焉，至九州俊秀，由鄉而升此者，尤衆。合天下之人，講求天下之務，上下古今，相與研究，而又常與民衆周旋，物理人情熟悉，則所學皆爲實用，而可以措諸施行。豈如後世坐擁縹緗，高談性命，偏執自封而遂欲修齊治平乎？修齊治平，不外天理，天理具於心而散著於萬事萬物。萬事萬物豈可勝窮？成己成人，只是養教二字周全無憾而已。萬國九州、風土人情，及日用事爲、智愚清濁，情事百出其途，養之之法，亦非可執一而行。因其俗、制其宜，適合乎人情天理，而民皆樂從，非明明德之聖人，不能隨時處中也。至教之之法，固不外乎五倫，五倫本乎天理，天理即德也。人人有天理，則人人皆可以明明德，然而方隅所限，教化所不及，習俗所濡染，種種不齊，有易教者，更有不易教者，亦非聖人不能立教。聖人者，人情物理通達至於精微處耳。人情物理，多不合乎中正，聖人明明德者，天理渾全矣。仁熟自然義精，故以天理折衷，人情物理能曲盡其道，悉契乎人心之所同，然此豈爲學之人不與民相親而能臆想施行乎？宋儒以知覺運動之心爲性，故謂明德未必可新民，而孔子言修己安人、安百姓，子思言盡性、盡人物之性，孟子修其身而天下平，俱不明白，所以後世科名成就，方學吏治，文章道德分爲兩途也。可無辨歟？

問：《周南》《召南》，説者紛紛，究不明白，祈示。

曰：南，國名，其地甚廣，以其均在豐岐之南而名之。如庸蜀羌髳本在西，而自周觀之，則在其南。汝墳，江漢則本南方，文王爲西伯，統制西南蠻夷，則不得不約束教化。教化行而由近及遠，南國之君與民胥化之，故有《桃夭》以下諸詩。其教化之也，豈文王躬至其地哉？身修家齊，本治岐者以漸而推，有當更新勸戒者，則命周公、召公，代爲撫循。迄武王有天下，制禮作樂，採當日詩歌入樂章，就當日周、召二公分巡地所有，别爲《二南》以之分篇，亦不没二公之勞耳。後人誤以爲文王在時，即已分二公陝東、陝西，豈非大謬？夫分陝者，武王事也。孔子與賓牟賈言武樂曰：始而北出，再成而滅商，三成而南，四成而南國是疆，五成而分周公左、召公右，已是十分了然。武王克商仍歸於周，乃疆理南國。既而命周公、召公疆理王畿之地，其天下諸侯各君其國、各子其民，但禮樂征伐，奉命天子而已。若文王爲西伯，雖六州嚮化，猶各安其國，文王方且服事拳拳，何由而遂分陝東西於子哉？舞以象功，其事如此，孔子稱之。不參考而妄談，可乎？又或疑《二南》篇中，召公有詩，周公無詩，不知武王制作未備而没，周公成文武，即或《二南》内有公詩，公亦必芟之矣。惟《豳風·東山·九罭》諸作，美周公之詞，孔子乃存之。至《大雅》《小雅》篇首諸詩，皆公所作，然孔子删詩，以其臚陳世德，及燕享等樂歌、典禮所在，故録之，非必表揚周公也。凡事理以孔子爲主，則是非不謬，況事實經義昭昭可據，安得而臆言之乎？

問：泰伯三讓，朱註云固讓，其事可疑。

曰：此事聖人大節，不可不辨，愚已於蔣德峻文後評論之。《吴越春秋》《史記》俱載此事，而其詞自相矛盾。合二書觀之，蓋太王有疾，需要藥，命泰伯往荆蠻求之，且命仲雍同行，殊採藥未返，太王即逝，國中無主，王季不得不暫立。已而泰伯歸來，季歸國於兄，伯知季賢，可以治國，不受。季讓之三，伯辭之至三，故曰三讓。仲雍，夫子稱爲逸民，其恬退性成，更不難固讓，二兄不立，季不得不立。《詩》云：帝作邦作對，自泰伯王季。若伯曾嗣位者，然與王季同稱，可知伯之讓、季之立，各行其心理之安而無一毫勉強矣。然亦太王臨終未曾言及定須泰伯嗣位，故伯得以遂其所懷。若太王有命而伯不從，讓與王季，則爲不孝。三讓是實事，《吴越春秋》載之，夫子言之，惟其兄弟和協，授受毫無痕跡，故人罕知。夫子因好名之人矯讓，反生變亂，特表伯無求名之意以爲法，奈何不詳始末，不以天理相揆？謂太王有翦商之志，而伯不從，陷太王於莽、操，泰伯等爲不才子，而周室開基，無異阿瞞、典午，並孔子言纘緒繼述，一切皆爲謬妄，可乎？

問：止至善，朱子謂明德新民俱要到恰好處，亦是。子何非之？

曰：一言一行極好，皆可云至善，若明德則功無窮盡者也。孔子，德豈不明？而曰未能一焉，是吾憂也，假年學《易》，乃無大過；非聖人故作謙詞。德即天理，天之所以爲天，安有盡境哉？但人人皆有天理，能盡其日用之所當爲，内而存養，外而敦倫，果然欲淨理純，即可無愧爲人，無愧於天耳。聖人以德化民，止是一己之德既明，即以成己者成人，無施不可。苟德明矣，而不能新民，則所謂德者，已非天命之性。宋儒以昭昭靈靈之心爲即純一之性，故雖強治此心，至於至虚至静，而修齊治平不能也，此告子之學。後世禪和子，不得文佛眞傳，以此爲了性，周子得諸壽涯和尚，程、朱衍之，遂矜爲聖人之學，是以一錯皆錯。云新民當止至善，堯之巍巍則天，夫子亦第謂其功業文章貽後世法耳，若天下無一人不得所，無一人不明理，則堯、舜亦不能，而何有止至善之日？況如朱註解凡事知道至善所在如何便可以定静安，於理不安，於事無確據。如知子當孝、臣當忠，是知止至善之所在了，而尚未止也，如何便定静安？夫子言：知止而后有定。非謂知至善便有定。如朱子解則白文當去了止字，止字有多少實功？知止是實能，止非但知其當止，止於至善，則心静而理明，凡事物來前，一經籌慮，其理易明得，得其理之是非，此存心養性實功，不是説外邊事，是致知之本原也。恐人謂事物甚繁，如何止至善便可以慮而得？故下文緊接：物有本末，事有終始。言事物雖多，卻有本末始終，凡事物皆本於心，心不定静安，由嗜欲蔽也。知止至善而定静安矣，則天性中靈明日生，凡事物之來，本末始終了然，從本始用功，則末與終自舉，不必事事物物上去求知。夫子若預知後世有朱子一輩人物物窮理而爲此言也。

問：人身太極之所，即虞廷所言中字，夫子何不言中而曰至善？

曰：道止一理而散爲萬殊，則不可一概而論。聖人因時立法，隨俗化民，無印板文字，故五帝三王，禮樂亦不相沿襲，然其本於心性、踐乎倫常則同也。時俗所趨，各有偏重，聖人因而立教亦異。夏尚忠，商尚質，周尚文，所以不一，言道亦然。如孔子時，僭亂太甚，故常言禮；繁文太甚，又特言仁；人而不仁，如禮樂何？重仁也，實所以重禮樂也。子思因言道者多奇誕而作《中庸》，孟子因世多戰争而言仁義，皆救弊扶衰，同歸於道。中之一字，周時六德六行教民，劉子亦知天地之中，則人多知矣。夫子平日教人爲仁，豈外執中而有他法？但人習而玩之，以爲無奇，故夫子標以至善之名，言盡人合天不外乎此，歆動學人之詞耳。至善之地，老子名曰竅，竅中有妙，妙竅之意即止而定静安意，必身心自得，始知非可以言傳，故曰玄。然至善之地，實至平常，故老子曰：下士聞道，大笑之。然若有奇異，又非中庸矣。故老子又曰：不笑不足以爲道。夫子曰：道不遠人，人之爲道而遠人，不可以爲道。豈必定言中與執哉？孔子單言仁，孟子兼言仁義，孔子言爲仁，孟子言養氣，《大學》不言性，《中庸》不言心，而理則無二。凡言語文字，必有益於心性倫常，實可施行，豈徒作空花視乎？天地雖大，止一元之氣，氣即是理，渾渾淪淪，無終無始，無臭無聲，而萬物莫不由之生化。上天之載，其渾含凝聚，有一定不移之所、神妙莫測之用，無可名也，名之曰中。人身三百六十骨節，八萬四千毛孔，皆血氣所凝，知覺所使，惟中之一竅，血氣不到，私妄不能干，故曰至善。生前，得天理氣全在於此；既生以後，九竅開、七情擾，乃非受中本然。人身之中，與天地同，故聖人亦不敢洩天地之秘。周制智、仁、聖、義、中、和，人人學習，故雖春秋衰亂，劉子亦知，曰：民受天地之中以生，所謂命也。如何是命？如何是性？此豈文字可傳？子思言：天命之謂性。其義亦同。惟有生以後，非受中之本然，故當學以復性。復者，復其初也。若不得受中之本而存養之，性何以復？心本虚靈，如何能存性無聲臭？如何能養？孟子特明養氣之學，言持志、無暴。志者心之所之，持其志即存心，無暴其氣即養性，而要不離乎中，存之養之，即止於至善，乃實功也。《河圖》《洛書》皆五土居中，夫子《繫易》曰：君子黄中通理，正位居體，美在其中而暢於四支，發於事業。定静安之久而其效如此。於《艮》曰：艮，止也，止其所也。動静不失其時，其道光明。《大象》又曰：君子以思不出其位。虞廷及湯言中、言執中，文王緝熙敬止，成王夙夜基命宥密，學有緝熙于光明，皆是此理也。《連山》首《艮》，《歸藏》首《坤》，《艮》，止也；《坤》，止之所也。文王雖首《乾》《坤》，而曰得朋喪朋，安貞吉及艮其背，未嘗外禹、湯而别爲他義。子思曰：天地之道，可一言而盡。正爲至善之所，止而造其極，則天地瞭如耳。前聖於中之一字，其説已多，夫子又以至善名之，蓋其教人事天立命之意更殷。於《易》言：一陰一陽之謂道，繼之者善、成之者性也。百姓日用而不知；終之曰：成性存存，道義之門。言欲成性，全不外乎中。道義之門，即至善之地也；存存，常存於此。自聖學罕傳，異端蜂起，將聖學要理，歧而爲邪怪雜説。前人云：三千六百旁門，只爲不識中之一竅。知言哉。子思曰：中也者，天下之大本；性之德也，合外内之道也，故時措之宜也。明德而不知止至善，安能漸次以至大成？第難得明師口授、終身有恒耳。

問：子謂《韶》一章，朱子據此言武王不如舜，子獨言此章論樂，非論舜、武優劣。又嘗言武王應天順人之實，其說甚善，但不知經義有可證否？

曰：孔子已言之矣。其與賓牟賈言武樂，何不細繹之？

子問：賓牟賈言：備戒已久。有心克商？

對曰：病不得其衆也。然天下皆畔紂，推戴武王，武王雖欲復存商，而衆心難以挽迴，無術以止之，非患不得商人歸心也。

又問：賓牟賈言：詠歎之、淫液之。何也？

對曰：恐不逮事，則諸侯已來邀請武王共伐紂之時矣。武王見天下同心伐紂，恐己去而諸侯已滅紂，己不及預其事，則必斬湯祀、殘商民，心甚惶迫，非謂武王恐伐商遲也。子言：發揚蹈厲之已蚤。乃太公之志，非謂武王聲淫及商。賓牟賈亦言：非武樂本音。乃有司失傳，若非有司失傳，則武王之志荒。是武王之志本未嘗荒。下文又言武舞，自一成至於六成，詳言其義，又申之曰：夾振之而駟伐，盛威於中國。言舞象周家德威，早已布於中國。久立於綴，以待諸侯之至。象周家可以代商，而服事不改，必八百諸侯伐商，然後不得已而應之，是子言武樂本無一毫貶辭，其因賈問而曰：某聞諸萇宏，亦若吾子之言。蓋當時已有疑武樂如賈者矣。夫子既與賈言武之音、武之舞，猶恐賈未通其義，詰之曰：汝未聞牧野之語乎？告之以武王實事，使知武王實心。曰：未及下車，封黃帝堯舜之後，下車而封夏殷之後。則前聖宗祀，紂王早已廢墜可知。封墓、釋囚、復位，及庶民弛政，庶士倍祿，皆皇皇爲之，不俟西歸始行。《書》曰：反商政，政由舊。此其實事也。迨安輯諸侯各返其國，武王乃歸西岐，故曰：濟河而西，散馬華陽，放牛桃林。衅車甲，包干戈，將帥使爲諸候，申之曰天下，知武王之不復用兵。言武王本無以兵取天下之心，不過因代商而王。且嘗東征不臣，樂舞象功，不得不象其實，然武王之樂名武，以其功而云，然至其德，則猶是聖德，與前聖同。其樂之未盡善者，不得已，心自然流露，與湯憂慙德同一欿然之懷。季札曰：聖人之宏也，而猶有慙德，聖人之難也，正與夫子盡美未盡善意同符。凡聖人皆視天下如敝屣，行一不義，殺一不辜，而得不爲，奈何不知，又誤解孔子之言，大誣聖人乎？賓牟賈問樂一段文，愚《禮記恒解》言之未詳，此篇可以參證，毋忽。

問：或言《周易》卦名係文王所作，非伏羲；爻辭亦文王所作，非周公，然否？

曰：此瞽論也。伏羲因《圖》《書》而畫卦，因八卦而重之爲六十四卦，乃天地萬物自然之理，故前人云：未有易以前，易在天地，既有易以後，天地在易。但古人重實行，不重語言文字，故易理賢聖相接，多口授力行，或有文字，亦復無多。夫子言黄帝、堯、舜垂衣裳而治，蓋取諸《乾》《坤》，及他製作，皆取諸各卦，則是古已有卦名，非文王始有卦名矣。禹、湯序卦，首《艮》首《坤》，《艮》止者，存養之義；《坤》者，中黄之所，皆天人性命要義，想亦必有文，特爲秦火所燬耳。紂王無道，文王憂易道將湮，乃復爲各卦彖辭，教人以之占卜。蓋喜吉惡凶者人情，然吉凶由善惡而生，不知爲善去惡，安能有吉無凶？故以此教人，使改惡從善，善則禍福皆可自主，仍是教人爲善耳。周公推廣文王，又明各爻之義，孔子爲十翼而易義遂全。《連山》《歸藏》《周易》，三易本並行，同掌於王府，其以之爲占卜，則自文王始。秦焚典籍，《連山》《歸藏》亦亡，而《周易》以占卜之書獨存，是文王之先見不可及矣。夫子曰：作易者，其有憂患。正謂文王而周公賅焉。《明夷·六五》曰：箕子之明夷，利貞。若文王作爻詞，何以通耶？韓宣子至魯，見易象曰：吾乃今知周公之德，亦以周公爻詞之故。學者於聖道實功既罕力行，於經義又不詳究會通，而逞其臆説，歧路又歧，良可慨也。

問：文王序卦，《乾》《坤》二卦之後即首《屯》卦，夫子云：剛柔始交而難生。剛柔者，陰陽耳，陰陽交而何以難生？

曰：太極渾然耳，然闔闢機露而有陰陽，萬物得陰陽之氣而生，成形成質，始有剛柔。《易》書發明天地以後之理，卦爻取象，即有形以明無形，故言陰陽之義，多以剛柔立説。陰陽在天地，本無偏駁，物局於形質而始有失中之弊，有一毫偏駁，即有一分患害。柔非剛敵也，而必相爭，安得無難？雷乃陽剛之氣，水本陰柔之質，水上雷下，陽動而爲坎水所陷，雷不得施其功用。凡事理所當爲而艱險阻之，其象如是。然水有潤物之功，若雷雨交濟則成化育，故《屯》又爲物始生之象。人事斷無盡亨通之理，全憑以理勝乎氣數，陽剛可以克柔，水本就下，雷本震動，險者不能終阻，難又何患弗平？聖人補天地之窮，不聽其難，故有經綸以濟《屯》。如洪荒初闢，人物之難何窮？聖人作而養教，興功業文章補造化所不及。天造草昧，宜建侯而不寧，夫子所以云然也。

問：喪禮各處不同，以吾鄉言之，報喪、封喪、止弔、將葬、展奠，均用訃文，可爲禮否？

曰：亦可，而不盡善也。始死有當報喪者，古人謂之赴，即訃也。因宗族親誼有服制者，不可不使知，故遣使赴告，今人報喪亦此意。封喪止弔則非也。弔者，哀死而往哭，《禮》云：知生者弔，知死者傷。雖非親誼，聞其喪則往哭之，知生者弔也，哀則慟其死，何乃爲酒食以飼之？且令人此日以後不須弔乎？將窆而奠，人子哀親將歸窆，並柩亦不能長見，故治飲食哭奠，惓惓不忍别之情，非爲親友也。宗族親黨，知其將葬而往助葬，賻贈執紼等事，不待主人之命，拮据襄勤，情也，禮也。爲時既久，豈可無以款之，則飲食固宜，而必豐其饌酌之酒，甚至呼號太肆於有喪者之前，豈非大無禮而傷名教者乎？世俗報喪、止弔、展奠，俱用訃文，於禮已爲重出，而訃文直用子名尤謬。人子在苫塊之中，凡事昏憒。聖人以天理教人，哀喪哭踊，皆人子至性至情所不容已，聖人恐其太過不及，故爲之制度。古者，喪必有主，以人子誠於哀親則無心一切，故使主喪者代爲經營，禮度必宗親密友爲之，自始死至葬，附身附棺及酬應諸禮儀悉主之，子既得盡其哀誠，而禮儀亦復無失，此聖人精詳之意，萬世所宜法守也。今雖古禮不可行，而居喪則必有主，俗習難迴矣。而訃文通乎貴賤，形諸筆墨，必使子心安，親友之心亦安，豈可不準乎情理哉？凡訃必不可用人子之名，當用主喪者之名。如壯者及婦媳等喪，則父母、翁姑、伯叔、兄長等，父母之喪，則弟兄、子姪、母族、妻族、良友等，皆可。

其式列後：

敬訃者

○○○○（或字或號）

於本年○月○日某時，因{①疾去世、②老壽終、③不幸去世}，現在治喪。夙叨厚誼，禮當訃　　聞。謹訃

非族人則書治喪某人：○○○　子：○○○　壻：○○○

有服者則書主喪：

①兄：○○○　②弟：○○○　堂子侄：○○○　頓啟

師友則書攝喪主某人：○○○　　　猶　子

右式如主喪係宗族親黨之有服制者，則當稱其誼屬，如師友則只書某人頓首啓。報訃如此，展奠訃亦如此。今人多不報喪，但封喪、止弔，隨俗爲禮，即以封喪、止弔爲報喪之禮亦合。但報喪訃内云：現在治喪；此訃内

言：現在如禮小殯，再爲卜期安厝，屬在　　親誼，謹此訃　　聞。云云。後二行寫主喪某人，又後一二行寫人子之名，棘人：〇〇〇泣血稽顙。

問：衰服。

曰：今布種類甚多，古皆無之，古布用麻，衰則用極粗之麻，斬衰十五升，以次而減，然亦只是被胸前後，以别於衣耳。今衣非麻，則當服麻衣，不必更循古制。古人居父母喪，無丁憂之禮，在官無事亦常著麻衣，惟朝則否，故曰：齊衰不入公門。今既有丁憂解任之制，則衰自可常服，特有故出外去之。慶弔親友，弔可著衰，慶則決不干預，况以衰而往乎？世俗喜簡便，又士庶不能不以身應事，故難常服衰，而但素服亦可矣。而無論慶弔皆然，則非禮也。

問：服制。

曰：喪禮莫大於父母，故其制獨詳，其餘皆由父母而推。上殺、下殺、旁殺，三年而期、九月、五月、三月，斬衰、齊衰而大功、小功、緦麻，父族、母族、妻族，以次而推，實以恩誼而降也。後人惟拘古言，服制而不問其情誼之厚薄親疏。且哀敬者，情也，服制者，文也，無其實而但爲虚文，或應服不服，或服而不如禮，服更何所重輕哉？《記》曰：或從有服而無服，或從無服而有服，或從重而輕，或從輕而重，言禮有定制，亦有權宜，不可一概而論也。如本宗五服，近人高祖爲玄孫緦麻，玄孫亦緦麻，由父母而祖而曾祖，三年、期、大功以次上殺，玄孫亦當服小功，何乃僅緦麻耶？父母爲子服期，因子爲親之後，不敢自謂有子，歸美於父母也。由此而推及於高曾祖皆有服，爲其德與愛同。第所生爲重，故父母獨三年，此本身一脈，非他可比。由父母至高祖、高祖父爲始祖服緦麻，是爲正五服。今人多及高而止，故脱缺小功，以緦麻終，而不知五服必五代始全也。下殺、旁殺，皆自父母而推，若母族則由母而推，母與父同。先儒誤解父在爲母期，及妻卑於夫之義，於是薄妻並薄其族，且薄視母族，其誨天下以不厚奚極哉。母族、妻族，與本宗爲三族，其來已舊。先儒因外戚僨事，去此二族，而以本宗分三族。夫族者，類也，本宗安可以類分？母族、妻族，自堯、舜，虞姒、姬姜，皆君臣上下相佐爲理，不聞有外戚之禍，後世德不修而父綱、夫綱不立，乃有外戚之患。如吕雉、王莽、若漢高、成帝正身齊家，弊何由生？太公爲武王師，夾輔成王，非岳翁與外祖乎？母屈於父而不屈於子，有父無母，又奚有吾身？愛敬母而不愛敬母之父母、兄弟，可謂孝歟？第賢否當辨，不遽同於本宗耳。至妻者，齊也。妻與夫齊，夫家乃其家，承宗祧、延子孫，亦豈可以外視？夫子於《詩》錄《渭陽》，恐人薄母族也。於禮重大婚，《易》言正内、正外之義，亦不以妻爲可輕。所以禮制母族、妻族遜於父族者，重本之義。而由親親以推，敬老，爲其近於父；敬長，爲其近於兄；凡與父兄近者，不可忽矣。而况母族、妻族，非近於父兄者乎？妻以夫之父母爲父母，而夫以妻之父母爲路人，母以子之父爲天，而子以母之父母爲外人，天理人情皆爲不順。是故母族、妻族，雖不可竟與父族同，而情誼則當自盡其中。恩義有厚薄，人材有賢否，服制亦不可一概而拘，衰麻哭泣等事，皆略矣，而獨區區重服制乎？平日敦其禮意，臨喪則服素衣，致悃忱，哀敬如禮，可矣。聖人因人情而爲之節文曰禮，人情必本乎天理，天理之不順者，禮弗在也。喪服一事，今已難如古人，雖三年之喪，亦不恒衰麻，何况於他？故母族、妻族，敦忠厚以禮之，審輕重以行之，要必自親親、長長而推。親親，仁也，敬長，義也，可以達之天下也，孔子曰：不愛其親而愛他人者，謂之悖德，不敬其親而敬他人者，謂之悖禮。能孝能悌，則必能以愛敬推於六親，又何患薄視母族、妻族？不然，事父事兄尚無愛敬之誠，何論其他？又何必斤斤於服制？

問：三族，先儒只以本宗分論，今以母族、妻族同論，孔、孟未嘗言，經亦罕見，人其信之乎？

曰：周禮，宗伯掌三族之别，以辨親疏。族者，類也，本支皆同類，安得又各分族？鄭康成註云：三族，父、子、孫；人遂信之。漢吕雉擅權，王莽篡逆，武帝至立其子而先殺其母，不明大義，其害可勝歎哉。商之虞、姬之姜，賢聖夾輔，何嘗不是外戚？因外戚之不肖者而廢外戚，豈臣子不道，將概廢臣子乎？夫聖人未言三族者，以自古其義通行，人人所知，本無疑問，故罕言及。孔子於《詩》錄《河廣》以罪宋襄，登《渭陽》以明大義，堯妻舜而禪以天下，孟子稱曰帝館甥，武王師太公而夾輔成王，不嫌岳父外祖，謂聖人不重母、妻二族，有何證據？今且以舅字稱名之義言，已可曉然其理矣。古今稱母之兄弟曰舅，妻稱夫之父、夫稱妻之父皆曰舅，三者即三族也。妻何以不稱夫父爲父而曰舅？蓋妻異姓也，歸夫家而有家，尊夫則不得不尊夫之父，然究非生身之父也，故稱曰舅，妻既以夫父爲父，夫安得又輕妻父？其父與父同行，而究不得比於伯叔，則以妻之稱吾父者稱其父，所謂報禮也。既不直同於父族而亦不失其尊，如伯叔之意，情至而禮亦稱矣。

若夫母與父同尊，母舅弟與父如兄弟，而可褻視乎？然竟以伯叔呼之，不可不以伯叔禮事之，亦不可非本宗而儕之爲伯叔，誼當分别。壻稱妻父，妻稱夫父，皆曰舅矣，則呼母舅弟爲舅，而己名爲甥，亦爲允當。甥，生也，女非男也，外嫁而生男女，其父母視之，固亦己子之子，不直曰孫而曰甥，甥之音同於孫而實異於孫，故又曰彌甥、外孫，夫壻則非若女爲己所生也，而亦曰甥者，吾所生之女配彼所生之男，彼既視吾女爲子，則吾亦當視彼子爲子，而不可竟呼以子，壻亦不得竟以妻父爲父，而曰舅矣，則從乎舅之稱曰甥。是三者，稱名同而其實迥異。如此古今相沿不改，固以其爲人倫至親，邇之戚誼而非可屏棄之，書籍相承，亦無異言，何乃以因噎廢食之見妄談哉？晏子在春秋與孔子同時，云三族明言父母妻族，此非古今通行共知之一證乎？三族誼本不疏，而賢否不齊，但當擇别用之，酌其情義之厚薄而處之，不可一概視也。楊堅受子壻托孤之任，而奪外孫之國，子楊廣手刃父兄，孰謂母族、妻族可以忽視？天心賞罰，不在斯乎？

問：祁奚内舉不避親，外舉不避讎，可以爲法否？

曰：事可法也，而左氏謬矣。解狐既爲賢者，則其品與祁奚同，是賢者何自而有讎哉？且讎之一字，惟君父之讎不可忘耳。君子責己恕人，横逆不計，何讎之有？既可讎者，則必其不賢者，何得又薦之？或云：解狐家與祁奚家有宿怨，奚亦舉之，故云不避則善矣，而左氏所云，未必然也。

問：孔子言生安、學利困勉，又云生而知之者，我非生而知之者，孟子言性之反之，是聖人不一致矣。子獨言天下無生而聖人者，何哉？

曰：聖人之言，不得其會通，往往若相矛盾，儒者於此多誤，所以義禮曰：晦，誤世人不少也。夫子告哀公以三達德行五達道，將告以困勉之功，不敢徑直，故言凡人於五達道，皆有能知能行者。但資質不同，知與行皆有生安、學利、困勉之分，只要百倍其功，則雖愚必明，雖柔必强。蓋謂五倫之道，本於天性，人人俱有；生而知、安而行者，如孝悌忠信等事，有一字不識，未嘗教訓，即能知之、行之者；古今忠孝節義，多有如此等人；不是説五倫皆各造其極，聖人全體大用之學能生而即知、安而即行也。五達道，知行並到，必由從事大學之道，一端則有性生成者。其曰生而知者上，我非生知，因人多以聖爲生知不可幾，故夫子曉之。夫子之聖，至矣。然自言十五志學，又十五年始立，是十六至三十歲，此十五年中，聖人心情外放亦如尋常少年，但夫子能篤志於學，知過即改，久久識力堅定，故卓然立耳。從心不踰矩，七十方能，聖人豈故作謙下哉？德之純等於天之穆，固非易易。後人既不得聖師，又不自深造，徒高視聖人，以爲莫及，而誤解生安，將生安二件合併而言，謂知行極致，聖人有生安兩種，全不俟學，遂於聖人之中分出等級來，堯、舜、文王、孔子，俱是生安，其餘聖人俱不能及。又不知孟子性之反之，亦是言其方用功時，非謂已至聖人，猶有性反之異，於是學道者援爲口實，聖人不可學，達道亦難行，而孔、孟之學術晦矣。

曰：子又言上古有生知聖人，三代後乃罕，又何也？

曰：洪荒初闢，百制未興，悶悶淳淳，非有出群之才，安能開天明道？故多生而神靈者，皆天意憫下，特生聖人以興萬代樂利。如禹、稷、契平水土，興養教，各有專長。禹剖胸而生，稷履武而生，契元鳥而生，其生也不常，由其人皆代天工而垂億萬無窮之澤者也。其他德行道藝，凡貽生民之利者，亦往往材智不凡，故曰：上古多有生知。然亦不容一概而視也。如禹、稷、契皆聖人之全德，非但各能一藝，外此則有所知、有所不知，有所能、有所不能，斷未有美大聖神之詣，可以憑虛而造，不待師傳力學者也。此義不明，恃一得之見，妄附於聖人，並卑視一切，謂聖人之道非我莫能學步，而天下靡然，推尊理學，不敢希聖，孔、孟云愚者明、柔者強，皆可爲堯、舜，悉虛語矣。

問：子路在聖門居十哲，孟子稱其人告之有過則喜，未之能行，惟恐有聞，是勇於改過者也。孔子嘗戒之以不得其死，如何尚不改過，死於孔悝之難？

曰：善哉問也。愚哉問也。爾既知仲子勇於改過，則當知死於孔悝，非不改過之故，何乃隨人學舌，汙前賢乎？仲子之死孔悝，非不義也。因家貧仕於孔悝，藉升斗之祿以贍家，此春秋寒士常事，亦如仕於季氏，藉膏火以從孔子也。出公輒拒父一事，愚《論語（恒解）》已詳言之。其立也，國人因晋趙鞅借納蒯聵爲名，實欲吞衛國，故立輒拒之，原非輒背父私立，然此權宜之計。晋兵既退，禮當迎父入國，而輒不然，蒯聵乃僞以衰絰逆者，潛入衛國，孔悝爲輒臣，故劫悝登臺，使立己。子路，悝家臣耳，倉猝聞其主被人劫去，不知何事，因往視之。及至，乃知爲蒯聵所劫，亦不知聵劫悝何也，但求將孔悝釋放，有事好好商議，蒯不肯釋，子路以燔臺恐之，蒯聵慮其果燔也，下孟黶、石乞敵子路。子路並無兵器，未嘗與二人交戰，大概言語不合，石、孟遂以戈擊之，擊之非欲遂殺之也，不料誤傷頭上致命處，遂死。左氏以爲斷纓，蓋誤傷耳門太陽等致命處也。子路臨死曰：禮，君子死不免冠。乃結纓而死。是其死也，出於不意，非不當死而死，故孔子聞其死曰：天祝予。天祝予。又曰：柴也其來，由也死矣。以子路好義之人，衛家父子争國，必不免於兵争，子路身在其間，必赴義而死，亦不料其並未兵争，遂死於不幸也。此事張甄陶雖辨之而未詳明，得爾之問，愚得引伸其説，故善爾又愚爾。

問：子言聖人可學，且必學聖人而後爲人，三代下，聖人甚希，豈非世上無人乎？歷代名臣宰輔甚多，又將何説？

曰：非也。講學所以明理，訓誨子弟，必辨明是非，使有所遵循。言人人皆有天理，人人可學聖賢耳。純全天理，非聖人不能。學聖人者，只要知道修身，則凡事不敢不循天理，小有小成，大有大成，皆不至無補於世。若修齊治平，一以貫之，則非從事聖學、深造自得不能耳。三代下，天資高明，或學問有得，或才能治術擅長，心術端、人品正，或出或處、在野在朝，即均有事業，而豈一概相量，抹殺許多賢能哉？然使大學之道，常在君、親、師三人，則養士、取士亦不患無名命之才，所惜者，自魏、晋而下，至於趙、宋，十五代皆以篡奪爲君。宋儒知宗聖人，而以私意竄改《大學》，致後世無從入手希聖，是成己成人、在上在下，雖有明智，苦無師傅，而聖人不可幾，遂成定案矣。

問：簃臺之事，一朝天子，即至無聊，何至借債爲生？又至於無償築臺避之？

曰：善哉問也。周家以忠厚開基，本無得天下之心，三分服事，文、武同心，其欲匡扶補救，挽暴主而得歸於清明，一片至誠，見於《詩》《書》、孔、孟者，人每不察矣。紂惡不悛，八百諸侯皆叛，同會孟津，以周家世德，天下歸心，推戴武王，欲其爲主。武王若不應從，諸侯亦必滅紂，斬湯祀、廢湯政，天下紛争，人民塗炭，其禍不可勝言，且堯、舜以來，聖人之政斬矣，故不得已而應之。八百諸侯先帥兵至於紂郊，武王聞之，始決意遄往，非欲得天下也。恐諸侯不俟己至即滅紂，則紂全家被害，成湯之裔斬絶，故孔子論武樂曰：恐不逮事。此之謂也。紂知天下皆叛，必不自保，遂衣寶玉自焚，武王甲子昧爽至朝歌，紂即以是日自焚。使其不死，武王必善全之，是紂王之死，諸侯迫之，非武王迫之也。諸候見武王已至，遂不敢妄爲，群候武王號令，亦以周家世德，天下共知，故歡心歸戴耳。武王告誡約束之，所以有《牧誓》一篇文字。紂王已死，天下無主，群推武王爲君，武王乃安慰諸侯，各歸本國，諸侯欣然從命，各各散歸。武王乃封黄帝、堯、舜及夏、商之後；反商政，政由舊；封比干墓，式商容（廬①）［閭］；庶民弛政，庶士倍禄；孔子言其未下車如此，下車又如此，皆當時實事。武王在紂都，别有安輯民人、撫恤臣工，及命武庚仍爲殷主，理民人、奉宗祀等事，書闕有間，以孔子所言而可知者也，安輯已畢，乃仍返西岐，故孔子曰：渡河而西，歸馬放牛，載櫜弓矢，示天下不復用兵。既而紂黨惡之，臣有不歸周者，武王乃命將征之，故孟子曰：有攸不爲臣，東征。其他天下諸侯，有虐民不堪守土者，武王去之，别選前代聖賢之後，守土治民，故孔子曰：興滅國、繼絶世。而諸侯之殃民者悉除，故孟子曰：滅國者五十。武王得國時，規爲如此，因秦火以後，不得其詳，而即孔、孟之言紬繹其事，情理定當不謬。蓋聖人之心，敝屣天下，第求天下人人安樂，便快然無求。非如後世以天下爲私物，欲久踞之。周制，諸侯各君其國，各子其民，惟立巡狩、述職、朝聘、貢賦之禮，禮樂征伐統於天子，使天下同歸仁義耳。數傳而後，生齒日繁，井田之制，難給世官，世禄之徒，恃強兼併，天下乃紛紛多事，亦成、康以後，聖王不作，日久無人變通法制使然。然春秋戰國，兵争侵奪，數百年未已，而無一人覬覦周室者，周王雖不能統馭諸侯、亦不能爲害諸侯，其祖宗不以天下爲私業，故天下亦不利其子孫天下也。考王弑君自立，封其弟於河南，是爲西周桓公，桓公子惠公，又封其少子班於鞏，號東周公，於是有東、西周之名。考王仍爲天子，居成周，而封圻之地，漸爲二周竊據，天子惟擁虚名，子孫日繁，王畿之地日蹙，所以窮困。赧王在位五十九年，不爲不久，使安分自處，周尚可以不亡，乃不量力度德，欲與諸侯伐秦，秦乃使人攻周，是周之亡，赧王自取，非文武之德不足也。使考王不弑逆，貽禍於後，周或未必遂亡，秦至無道，未嘗殘殺周之子孫，非前人仁義忠恕不特固結民心者厚，且克享天心者久乎？自古及今，惟周家享國最長，國亡而不遭慘禍，亦惟周室。有國有家者，所以必忠厚積德，乃爲承先啟後之善策也。

問：臧文仲居蔡，朱註蔡，大龜也。按龜不以大爲貴也，龜能伏氣，故壽。靈龜千年游於荷葉，愈小愈貴，海中大龜極多，有大如圓蓋，縱橫數尺者，殊無甚可取，文仲何以居之？

曰：善哉問也。古人龜卜最重，小事用筮，要事乃用卜，自朝廷及於氓

---

①《十三經注疏》之《尚書正義·卷十一　武成第五》及《禮記正義》，均作：式商容閭。據改之。

庶，有疑求神必用卜，其次用筮。《左傳》：筮短龜長。以龜卜叩神，尤非尋常事。周官記卜人、卜儀最詳。龜，一物耳，豈能有知，而以墨求神示吉凶者。龜，四靈之一，長生服氣。《洛書》，天假之以明道。蓋天地神明，非人心可臆測，至誠則神降鑒，食墨者吉，否則凶。聖人知可通天，亦不敢自恃，必以卜請於神，龜之靈，神憑之耳，然王制所在，造物亦遂鐘異。龜多靈者，人貴之而不可多得，蔡地所産，靈於他處，故文仲敬重之，而遂山節藻棁以居則愚矣。龜背灼墨，一龜不能用幾次，故當時得龜最難，惟君上乃有守龜，家不藏龜。文仲大夫不知不藏龜之義，又不知龜之靈乃神之靈，所以爲不知。若解爲大龜，則或者以其大可多用數次，然亦末矣。此書義之小者，爾能問之，則亦可喜。

問：十升爲一斗，十斗爲一石，今人讀石爲擔，何也？

曰：此小事，然亦可見人心之好異，而不問理之是非也。擔讀平聲，當也，讀去聲，則現成語，一人可以擔之行耳。周制權量小於後世，如一夫授田百畝，只得今二十畝。古之一升，僅今半升，推而至於斗石皆然。古之十斗，今之五斗，凡穀實即今量五斗亦可負而走，故相傳呼石爲擔耳。漢制彷周田賦制禄，萬石君所以傳名。凡制度因時制宜，原不必定如古制，但形器稱名不謬於禮，亦聽之矣。惟五性、五倫，變古而失聖人中正之理，則大不可，乃當明辨也。

問：子言虚無、玄空，皆至誠之妙，誠乃實有之詞，與虚無、玄空四字迥異，子何以比而同之？

曰：善哉問也。天地未分，渾然者，無聲無臭、無名無象，是何物乎？及天地既分，成象成形，萬物昭著，則凡形色所在，無非實有之物，其中理氣存焉。有物必有則，形色，天性也，是無聲無臭之理即物而存。學者當即實有之事物，盡其義理之當然，而所以然之理，則不可以見聞盡。如忠孝節義，實有者也，而感天地、動鬼神，則玄也、空也。聖人以誠立教，而謂誠者，天之道，誠之者，人之道。蓋盡其當然，即通乎所以然，非廢人倫、事物而徒言玄空也。實有者物，無聲臭者，物之原。如五音，聲也，金石絲竹匏土革木，宣暢五音，清濁高下不齊，此實有者也，而五音各别，諧和則又一致，其原從何而來？不可見、不可聞也。五味，臭也，酸鹹甘苦辛，調和飲食，春夏秋冬各異，亦實有者也，而五味不同，調和方能適口，其故又從何自？亦不可見、不可聞也。可見可聞者爲誠，不可聞見者爲虚矣。問其所以虛之理而難言，則曰玄；求其虛玄之理而聲臭俱無，則曰空。人日在五行氣化之中，而不知五行氣化之妙，則惟知從實處講求，而不求其理，以不知虛無玄空之故也。臣子自誠其心，則事與人同，而心與人異，君父可格，豈非理之在虛無者乃天性自然，而事之顯然者必本乎此乎？至於通神明、光四海，人以爲誠之至也，而不知其乃天理之具於心，而不可見聞者極其至也。老子言玄，謂心性之微，近在吾身，與天地通；夫子知我其天，此理而已；佛言空，但願空諸所有，不願實諸所無；謂宫室、衣食等事，養生不可無，而中有義理，不可悖理徇欲。聖人飲食起居與人同，而無一非道理，即無一非天理，故佛又曰：色不異空，空不異色，色即是空，空即是色，眞空不空。若外義理而恣嗜欲，則陷溺喪其天性，遂爲墮落，孟子所謂庶民去之亦此意。僧羽之徒，不得明師指示，别開蹊徑，謂元空别有神奇，而一切奇幻之術作矣。儒者不知其爲傳譌，而謂佛、老異端，甚於楊、墨，豈不誣哉？天之所以爲天，即人之所以爲人，天無二理，人安有二理乎？外聖人之理，又安得爲仙佛？六合之廣，人類之繁，中華禮樂之教不能遍及，則天必生異人以統馭之，所以文佛爲西方至人，以慈悲、廣大、清淨等立教。慈悲，仁也；廣大，度也；清淨，無欲也；曷嘗外有雜説？以今宇内而言，四裔除西洋回部外，無不敬佛，出家者多，清修者亦衆，咸安分樂業，未嘗滋事。我朝因其俗、治其民，二百餘年，從無外夷滋事，是佛之教化有以安民生而靖海甸也。至於老子，孔子所師，尤非異端。因流傳失實，凡禦災捍患、治病驅邪等事，本聖人之常，禹象神奸、周公驅虎豹可證，而以爲老子之術。今僧羽之徒已多，朝廷藉以養鰥寡孤獨，固仁政宜然。儒者讀聖人書，果能將聖人之言一一實體於身，心聖人之心，事聖人之事，則不必言佛、老，不必闢僧、道，可也。若不踐聖道，而徒與佛、老争辨，何益？

問：《大學》一書，子更改極多，惟心不在焉一節，以不聞、不見、不知味况爲心正，作不動心解。孟子言養氣始不動心，《大學》未言養氣，只説誠意，久久便心正，何以比而同之？

曰：心本浮動，逐物而遷，况人身血氣之靈，生命所繫，如飲食財色，不可一日而無，然甘食悦色，雖聖人不免，而聖人不以爲累者，心純乎理也，非養浩然之氣至於大而化之，安能如此？《大學》雖未明言，而其實養氣之功即在誠正二字内，且其功須面授，非文字所可傳也。孟子大而化之也，惟天下至誠爲能化，穆穆也，純也，江漢濯而秋陽暴也，皆正心之後始有此，曾子故就忿懥四者言。凡人心不正，由此而正心者，無氣質之累可知，只説反面，未説正面，人遂惘然。不正之象如何，亦難明言，故但以尋常人心不在之狀形容之。人於物，心不在，便視聽食亦如無，有正心者，雖不正之物紛至沓來亦如是。愚亦因正心難以名言，故即孟子不動心參解之，何乃拘誤耶？結之曰：此謂修身在正其心。言心爲一身之主，心難正如此。若明明德，而學未到正心境界，身何以修？故夫子曰：此謂修身在正其心。聖人功夫，原非不實踐而可知，然孔、曾已是説得詳明，奈後世罕有聖師，徒作文字觀，胡猜亂説，遂貽誤後學矣。

問：子路、子貢問：何如斯謂之士矣。今凡讀書人皆謂之士，孔門如何將士字看得如許鄭重？

曰：善哉問也。此世俗之所忽而聖賢之所重也。後世官職分九品，周制惟卿、大夫、士三等，但分上、中、下。士者，周時官名，學本無官，以其考道修業，有受爵受禄之階，故亦稱爲士。爲士者，從事大學之道，内而存養心性，外而實踐倫常，便把治國平天下經綸全行學習，不是沾沾咿唔、騖詞華而尚空談，遂爲名教中人。孔門以實行教人，凡格致誠正、修齊治平，全體大用之學，俱在草廬中實踐。子路、子貢從事其中，覺得有許多不洽意處，不能問心無愧，如何又可以治人，故難其詞曰：何如斯可謂士？晚近聖學不講矣。弋科名、登仕版，便侈然自足，否則高談理學，而孔、孟全功實未體貼，又惡知士之名不易，而其實不易居哉。我朝定制，初進曰生員，謂備員學中而已；稍進曰舉人，可以爲人矣；南宫録取始曰進士，其視士字亦不輕。學者果能立身行己，求無愧於士，則自不屑與流俗爲伍，况不爲君子而爲小人乎？禮王制，秀士升之司徒曰選士，選士之秀升於學曰俊士，升於司徒，又升於學曰造士，造士之秀升於司馬曰進士，周之重士，何如？又何疑於子貢、子路之其難其慎也。

問：子言文、武無利天下之心，並言應天順人之實，援據孔子，其説已明。但《史記》云：觀兵至孟津，爲文王木主載以車。似武王有心伐紂，又恐人疑其悖文王服事之心者，何歟？

曰：此《史記》之妄説，採周末浮言而不知遵孔、孟也。孔子不云乎，天無二日，尊無二上。齊桓公亟舉兵作僞主以行，及返藏諸祖廟，廟有二主，自桓公始。古者師行，必以遷廟之主行，天子巡狩亦然，藏於齋宫，言必有尊也。八百諸侯同心畔紂，推戴周家，武王初尚未允，因聞衆諸侯已近紂都，乃亟赴之。蓋武王不至，諸侯亦必滅紂，斬湯嗣、廢湯政，無人統一，互相争奪，自堯、舜以來，聖人之政必湮，生民必遭塗炭，故不得已而率革車三十乘迅往。武王以甲子日至，紂已於是日自焚，諸侯等見武王已到，便歡忻推戴，聽令而行。此情事之可考而知者。無端謂有心伐紂，撰爲木主之言，比武王於小人，並不詳考孔、孟及《詩》《書》，豈可信乎？秦火以後，百家傳記，妄言妄記，若非孔、孟幾卷遺書，不特邪説害民，即聖人無不受其冤誣，愚所以多贅而詳辨之也。

問：子注四子六經多年，好事者刊印流布頗多，今子又多改正，云晚年訂本，人將何所取信耶？

曰：學與年而俱進，義以閱而彌精。愚曩年因先儒誤解聖人太多，故爲之補註，羸多疾，恐填溝壑，是以汲汲成書。今天假之年，已近九十，内而心性，外而倫物，識力頗增，自非昔可比，然所註只是發明聖人，必於聖人不謬，方可匡正先儒。世罕力行聖人者，後學第知有先儒，不知有孔、孟，人材從何而來？故不得已顯斥先儒，知我罪我，兩所不計，惜乎耄矣。當改正者猶多，僅能就四子書加詳正而已，餘俟後賢爲之。

問：學問二字，今人以之譽人，凡詩、文、字皆工，記醜而博，曰：某某好學問，是否？

曰：學問二字，乃希賢希聖要緊工夫，被人錯認錯爲了。聖人雖往，聖人如生，以其言行俱在遺經也。凡聖人所言所行，必將以爲權衡，日用倫常、言行動静，一一循天理而行，雖時勢不同，不必盡如聖人之事，而義理是非，毫髮不爽，即爲善學聖人，此學之實也。世安得盡聖人？尋常倫内中人，晋接周旋，見賢思齊，見不賢内省，三人行，擇善而從，不善而改，亦爲善學聖人。如此學之，若義理不明，即問能者，二字行之，乾乾即妙。自朱子錯解《大學》格物，教人凡天下之物皆必窮究，而訓格爲至，至物既不成語，且不知聖人所謂致知，致字中便有即物窮理工夫矣。内而身心性命，如何存養省察？外而日用倫常，如何慥慥篤行？有工夫，有次第，非明師益友不明，所以必須學、必須問，後人墨守朱子之論。漢武尚詞賦，曹魏夸詩文，踵事增華，文字之學日興，記問之學日衆，而君君臣臣、父父子子，五倫如何洽浹？如何盡道？反置爲緩圖，知其所不必知，亦行其所不必行，而學術非人材少矣。愚爲四子六經恒解，又爲《俗言》《子問》《正譌》等書，豈得已哉？學問二字失其傳，其弊如此。

問：學者以周、程、朱、張配顏、曾、思、孟，然否？

曰：非也。顏子學未大成，曾、思、孟皆已至於聖，非顏子劣也。顏子明知好學，非曾、思、孟所及，而不幸短命矣。夫子惜之云：未見其止。許以三月不違仁，亦未嘗遂以爲仁，蓋有諸己而未充實也，若充實則必不短命，夫子所以言仁者壽，大德必壽。此理先儒不知，周濂溪得壽涯和尚禪學，養空空之心，百日靈通，遂以静心爲盡性，聖學不過如此，相沿至今。不知盡性必由養浩然之氣，至於不動心，則灝氣塞乎天地，安有短命之理？若天假顏子以年，則仁聖又何足道？曾子之年不可考，子思、孟子皆一百四十歲。後儒未踐聖功，其尊聖人多想像語耳。

曰：然則曾、思、孟與孔子班乎？曰：然。

何以言之？曰：《大學》一書，乃自古聖人盡人合天之法，孔子恐其失傳，爲聖經一章以授曾子，曾子又恐人不知力行之法，爲傳五章，將夫子所言明德、親民、止至善、格致誠正等義，盡納入一誠字中，其言不過發明孔子之言而精微周至。學者不實行大學之道，則觀之如五花八門，迷惘莫知向方，所以朱子不得其解，妄爲改竄。子思因道漸支離，述孔子中庸作書，使人知道本至平至常，又至神奇，神奇即在平常之中，雜引孔子之言，以己意貫串，嶺斷雲連，神理一片。學者讀之亦如誤入蓬萊仙境，炫目駭心，實不得其門徑。此二子之學，固人所不能也。孟子值處士横議之時，不得已而好辨，以明聖道，其言布帛菽粟，其理廣大精微，述孔子所已言，發孔子所未言，無不詳備。此三人者，天生以衍孔子之傳，然後前聖後聖學術歸於師儒，即聖道有時不在君相，而匹夫亦可參贊化育。四子之道，豈偶然哉？周、程、朱、張，人品亦佳，而無聖人之師，剽竊後世禪學，以養知覺運動之心爲天命之性，孔子十五志學至從心，孟子有諸己至化神功夫，全未得知。朱子以大程子爲顏子，二程子優於孟子，盛推周、程一家之私言、一人之偏見，舍河海而守溝渠，自謂滔天，亦大謬。眞西山宗仰朱子，作《大學衍義》一書，表彰朱子改本，明永樂以朱子爲同宗，令學者作文必宗朱子。今則但知朱子不知孔、孟者多矣。《大學》一書，格致誠正、修齊治平，自古聖人全體大用之學，被程、朱改竄，使後人無從問津，安得不反復而詳辨之？

問：昔人云：《三百篇》後便有《離騷》，以風雅風騷並稱，宋玉之徒相衍，於是風騷遂爲文人所重。及漢武帝好詞賦，曹操父子矜文才，而詩詞歌賦大行，六朝綺靡，唐人以詩取士，自是孔、孟門牆遂增詞賦一科，覺子游、子夏以文學名，皆不過如此。此理是否？

曰：非也。道非文不見，文非道不立。夫子自任，亦曰：天之未喪斯文。又豈可輕哉？然而又曰：文莫吾猶人也。躬行君子未得，無德而徒文，貌爲君子，實爲小人，大則誤國，小則誤家，其禍可勝言哉。太史公受腐刑，不自返躬而終身憤恨，借屈原受讒困厄，自抒不平之氣，盛推《離騷》，至謂其與《國風》《小雅》同調，日月争光。後學不察，又憫屈原遭逢，於是才人落拓，多託於屈原，而孔、孟時行、時止之道亡矣。夫屈原，楚同姓，固宜憂國獨殷。然貴戚之卿，位隆誼切，始可以社稷爲重，若群居下僚，未膺重任，盡其職分所應爲、心力所能爲，如三仁事紂，劉更生忠諫，已可以對先王，何至反覆哀鳴，懷石赴江？孔子言學《詩》可以怨，小弁、凱風，孟子又申明之。《三百篇》中，忠臣孝子，憂讒畏譏，不得志而屈辱者何限？有如《離騷》《天問》，憤懣無聊，必以身殉者乎？聖人大學之道不明，微論庸愚多咎，即忠孝節義，亦每每雜而不純。如屈原者，不得於君，不事二姓，藏身草野，存此忠愛之心，告於先王、先公，可也。《離騷》一篇，已盡其懷，其餘皆爲贅設。宋玉、景差，無屈原之遇，而踵原《騷》意，創爲《好色賦》等，使後人效尤，學人有才者多，有德者少，於是詩詞歌賦，愈廣愈荒而的然日亡，並孔子爲仁，孟子存養心性，倫常實功，置爲後圖，是誰之罪歟？夫道德文章，相爲表裏，原不可畸輕畸重，而人之所以生者，五倫也，五倫之至則修齊也。存其心、養其性，盡性敦倫，以之修身齊家，即以之平治天下，乃天地常經，聖人嫡傳，不此之務而專攻文詞，可乎哉？後世往往言文章華國，賡歌頌揚，然夫子所謂煥乎有文章者，民物各得其所，光被四表，瞻雲就日之義，非謂徒尚詞章。屈原之作，豈遂足以入尼山門牆，而況剽竊屈原餘緒，妄言妄作，何云風雅也？

問：子注四子六經，與先儒時俗多不合，而曰恒解，何也？

曰：恒，常也，久也。天地之常經，古今之通義，人道之當然，人人可以知、可以能，亙古而不朽者也。天有定理，人有常道，聖人法之，故聖言皆天理。天理貫乎萬事萬爲，如大路然，故曰道。秦火而後，聖學罕傳，漢儒承周遺風，雖未遇聖師，篤行、孝友、廉節等事，實踐者尚多。曹氏父子不忠不孝，逞其才智，文辭巧慧，煽誘天下，建安七子爲文士所宗，典午繼之，倫理遂至蕩然。五胡擾亂，延及六朝，詞華美麗，聖人中庸之道，化爲烏有矣。唐太宗天授神武，而不敦倫常，上天震怒，降以妖孽武、韋之流，濁亂宮闈，腥聞後世。在上者如此，更何人知崇聖學？韓昌黎有雄傑之才，而毫無闇修之學，值大道不明之時，知宗聖賢，亦有可取，而義理不甚分明，言道尤多舛誤；宋儒沿其闢佛、老之見，遂推爲儒宗。孔、孟之言又多被誤解，使天下視道與聖人如登天之難。欲學聖人，必如周、程、朱、張，而周、程、朱、張，又無可問津也，於是困勉可以成功，人皆可爲堯、舜，孔、孟之言全不可信。夫道乃天理，天理只是一個仁字，孔子曰：仁者，人也；孟子曰：仁也者，人也；合而言之道也。仁即是性，性即是德，德本天理，人人可知可能，人人有之，人人可以爲聖，如大路然，故曰道。愚何能知之哉？第承先人之遺訓，少羸多疾，長歷艱難，幸遇明師示以大學實功，蹉跎至耄，未嘗有所得也，而於聖人之言，稍知其概，故勉爲註釋，使兒輩學之而已，非敢問世也。

問：《大學》格物，朱子講爲窮究事物之理，凡事事物物皆有理，即身心性命、日用倫常皆事物也，若不窮究，如何能知？則朱子之説，自不可易，子何以云其非耶？

曰：朱子解格物，仍是孔子所言致知，於義爲重複，於文爲不通，文人習焉不察耳。朱子訓格爲至，至物成何語耶？至物不成語，必加一句云窮至事物之理方明，此文理不通也。窮至二字即致知，致字之義，凡義理由淺而深，由近而遠，漸次推致以求其知，故名爲致知，即物窮理，便包在致字中矣，此爲義理重複。夫子言明善之功，博學、審問、愼思、明辨，致知無過此四者，亦包在致字中。聖人之言簡而該，豈留罅隙待後人補綴耶？知得了便眞心力行，即爲誠意，朱子但以眞知爲誠意，亦非孔子之義。知如何致？存心養性也。子思曰：致未發之中，必屏除物欲，久久始得志氣清明，事物之來，義理乃易明白，故曰在格物。張横渠、司馬溫公，俱如此解，非獨陸象山也。如爲臣當忠、爲子當孝，誰人不知？而天下不欺君親者無幾人，豈俱無天良乎？孟子曰：人少則慕父母，知好色則慕少艾，有妻子則慕妻子。讀書人伏處皆欲效忠，一登仕版，身家利祿念重，事君便輕。少艾、妻子、利祿等，即物物交物則引之而已，格去物欲，即格其非心，知止即能存養也。《書》曰：欽止安止。《易》曰：艮止，止其所。至善，天地之中。孔子曰：成性存存，道義之門。艮止在天地成始而成終，在人身則洗心退藏於密。止至善之名，孔門爲仁者皆知之，後人不知，故以爲怪。宅心宥密，久久到了定静安，便是物欲漸少了，所以能慮。慮即知也，慮而得，知得也。格物所以清其知之源。夫子又恐人專知静存，忽於事物，故下文接言，知止非廢去事物，但事物有本末終始，凡義理是非，必從心上辨別，知止至善爲本始，則可近道。道即天理，在人曰德，凡事物之理皆統於德，能止至善，則慝日修、德日崇。其上者，坐照如神，其次亦心静理明，志學而立而不惑，從此漸基。下文又從天下國家至遠處説起，滴滴歸源，仍歸到致知，結之曰：致知在格物。仍是繳歸上文，言格物知方易致，知了方好去行，誠意有根基，動静交養，從此漸至心正身修，身修則德無不明。下文言功效，從格物説到天下平，總之曰：壹是皆以修身爲本。身修德明，窮理盡性之功何不全備？齊治均平，一以貫之矣。故結之曰：此謂知本，此謂知之至。孔子言知，本末詳盡如此，故曾子不更釋，而但從誠意起作傳。朱子將此二句删去，别撰傳五章，而曰此謂物格，此謂知之至；似孔子、曾子俱不知致知要窮究物理，可乎？君子於其所不知，蓋闕如也。郭公、夏五，孔子不敢删舊史，而朱子竟删孔子，豈不可怪？且必即天下之物一一窮理，耳目所不周，心思所不及者，何窮？雖聖人，豈能遍六合而啟聰明？未實行《大學》，深造自得，故私心猜想，疑聖人一貫必定是事事物物窮理，然夫子曰：女以予爲多學而識之者與？君子多乎哉？不多也。不以物物窮理教人也。明善誠身，知行並進之法，學問思辨行已詳，恐人騖耳目而踈心性，申言之曰：有弗學問思辨行，惟當知當行者，則百倍其功。朱子錯解夫子，故並《大學》亦不明白。朱子宗程子，程子學濂溪，濂溪師壽崖和尚，養知覺運動之心，百日便可通靈通神，遂以爲聖人之學不過如此，其實乃告子不動心之法耳。此心虚靈慧悟，而修齊治平一毫莫展，程、朱覺其不安，故以格物爲物物窮理，以一偏之見，擅改孔子、曾子。亦言静存動察，而其静也，存有覺之心，無以養天命之性也；其動察也，眞知善惡而誠好惡之，不知眞心爲善去惡，乃爲誠意也。大學之道，不遇明師，則不知實際，原不足爲朱子病，但何得妄改竄聖賢耶？孔子十五志學，七十而後不踰矩；孟子有諸己而美大聖神，皆由格至誠而至於正心，此四字有許多功夫，許多次第，無人眞知力行至於逢源境界，故《大學》之道不明。今本《大學》，朱子之《大學》，非孔子、曾子之大學矣。自羲、農至孔子，學聖功夫皆有師承，面授不著於文。周家培養至深，乃以三物教民知仁聖義中和，後人驚爲特絶者也，當時人人皆知之、行之。孔子雖面示曾子，恐日久淆雜，故書聖經一章，存其要領，不料被朱子改壞。聖人人倫之至，不聞格物之至。人倫本於心性，心不正、意不誠，一切俱不能正誠，所以必須動静交養，内外交修。静而止至善，存養性天，格物爲要；動而體察物理，致其知即力行，誠意爲要。如此久久不懈，至天理純全，人心退聽了，大而化之了，心寂然而不動，始爲正心。格致誠正四字，可輕視哉？又豈可未踐其功，臆測而知哉？風俗不淳，由人心不正，人心不正，由學術不明，欲明學術，不實踐孔子言行，又從何處入手？愚故不得已而明辨之耳。朱子以格物教人，則格物必精，而講《論語》瓜祭，不知瓜爲北方常用之物；講《詩經》相鼠，不知爲相州之鼠，童羖不知爲無角之羊。由生長南方，不知北方物産，原不足怪，然格物之説，難行可見。云即凡天下之物，因其已知而益窮之，用力之久，則衆物表裏精粗無不到。知一物，止知得一物之理，如何一物通，萬物皆通？聖人之書，原是教人力行，不是徒作文字觀，口頭禪。孟子曰：萬物皆備於我，反身而誠，樂莫大焉。盡性即盡人物而贊化育，非物物窮理可反身而誠也。誠身即修身，故又嘗曰：守約施博，修其身而天下平。孔、孟之言，如出一轍，由《大學》之道止如此也。孔子言知修身爲本，即爲知之至，豈妄語哉？我朝沿明之舊，以四書取士，因註釋無詳於朱子者，故姑從朱子，而聖祖仁皇帝仍存古本《大學》，以待後人參稽，至公至明之見也。今遵孔子原本，發明孔子之意，非必與朱子争是非，然同人或以不遵朱子爲罪，而不以竄改孔子爲罪，則非所知矣。

問：羽流言：鼎爐藥物煉成金丹，服之可以成仙。以《參同》《悟眞》考之，似喻人身之理，非實事也。究竟其義如何？

曰：善哉問也。自羲皇至孔、孟，發明盡人合天之學，盡矣。但人藐然此身，如何便可以與天地配？此理必聖師面授始知，而聖人不世出，天下蒼生安知人身之重？所以隱德之士爲内外黄庭。略言人身之貴，魏伯陽又撰《參同契》，言了命了性之功，皆有益世教之文，惜譌以傳譌，遂目爲異端，不可不辨也。

人身一小天地，知吾身之理則知天地，知天人合一之實，乃能行盡人合天之學。天地，一人也，乾性坤命，分之爲兩儀，合之爲太極。孔子曰：窮理盡性以至於命。非盡性至命，烏能知之？天竅圓而藏性，地竅方而藏命。人身肺爲華蓋之關，自肺以上，輕清上浮，泥丸則天竅也；自肺以下，重濁下凝，元牝則坤竅也。天地無日不交，性命無時不合。人身未生以前，性命統於一元，一元藏於中土，渾然一個太極。既生以後，乾陽入於坤中而爲坎，坤陰入於乾中而爲離；坎離，日月也。日月交而萬化通天地以成乾坤功用，人則不然，心陰重而浮僞生，腎陽少而濁穢起。

聖人教人存心養性，性，理也，理寓於氣，浩然之氣，是氣即是理。憧憧往來者陰神，寂然不動者陽神。養氣之功，存虚無不動之神，養自然清淨之氣，故曰：持其志，無暴其氣。道家言虚無清淨，即静養之時，神凝氣聚，一念不生，得受中之本然耳。此寂然不動之神，即天命之性，《易》所謂乾元一氣。養氣者，聚神氣於中土，一念不生，萬緣屏絶，是爲止至善。果然到了定静安境界，神氣凝結有諸己了，是爲立命，道家謂之了命。再加涵養之功，日用倫常，毫髮不苟，久久充實矣。以一元之神，運一元之氣；道流云：取將坎位心中實，點散離宮腹内陰；名曰取坎填離，坎離變成乾坤，復還先天乾坤本然。神，火也；氣，藥也，以神養氣，喻爲以火鍊藥。性藏於乾竅，稱爲乾鼎；命藏於坤竅，稱爲坤爐。夫子《繫易》曰：時行時止，動静不失其時，其道光明。即是此義。人身性命之功與天地同，《艮》之大象曰：君子思不出其位。《鼎》之大象曰：君子以正位凝命。皆此意也。聖人盡性至命，亦如天地，天地無日不交，性命無時不合。

末俗譌傳，流爲邪妄，且謂老子作俑，豈不冤誣？儒門聖人言其理，而未實指其地與功，老子傳之，乃覺世牖民苦心，其道甚大，孔子稱爲吾師、猶龍，授受精義，不著於文。韓昌黎鹵莽，全不知道，與佛並斥爲異端，儒者附會，眞無識也。

問：佛家經咒、道家符法，用以治病驅邪，儒者斥爲異端，然否？

曰：非也。周官司盟，掌盟咒之法，古人凡事多有咒。射侯者，射爲諸侯咒曰：惟若靈侯，毋若女不靈侯。成湯開三面之網，咒之使勿入羅。飲食祝哽祝噎，祝即咒也。後人嫌咒字不妙，讀爲入聲。經即咒詞。符法用篆隸，乃古書法之常，後人變爲今字，竟不知符篆是古文。人生吉凶，由於善惡，爲善吉，爲惡凶，天之定理。若不爲善而爲惡，至於災禍頻生，忽然悔悟改行，則符法經咒，驅除邪魅，亦所常有，但必力行中庸之道，從根本上用功，不可專恃經咒符法耳。孔、孟之道，人人體行日用倫常、身心性命之理，亦何必用經咒符法？心術品行不端，天地神明降之殃禍，亦豈符咒可了？凡一切法術，有益民生者，皆聖賢所遺，但無其本而專事其末，則不可耳。儒者執一偏之見，一概屏棄，亦非。

問：《家語》云：孔子妾不衣帛，《檀弓》云：子之先君喪出母。考孔子夫人幵官氏，十九生伯魚，何以有妾？

曰：此事當闕疑。孔子果十九生伯魚，伯魚五十卒，則六十九矣，而子思方十四，孔子壽七十四歲，伯魚先顔子卒，顔子短命，夫子年尚未老，則十九生伯魚之説不可信。或夫子以止伯魚一人，有妾亦未可定，然四書五經不言及。《戴·記》一書多妄語，須善辨之。古人年歲，書傳不足信，學者考古，就事論事，以理斷之，不必曲從可也。

問：天地以好生爲心，然生生不已，人滿而患其貧，所以治久必亂，然亦惟中華則然，四裔人民稀少，若撫馭有方，往往千年安靖，其故何也？

曰：善哉問乎。此以見佛法之廣大，成全者多也。中華以不廢人倫爲貴，一人而有五子，三十年之外，食指五六十矣。四裔除西洋回部不信佛法外，餘皆敬佛，以修身寡慾爲賢，人家有三子，或盡出家爲僧，否則兩人爲僧，一人承先而已。吾蜀羌戎，至今猶然，所以人民稀少，又篤信佛法，甘受窮苦，所以禍亂甚稀。若如韓昌黎之説，人其人，火其書，變亂紛争不知又增幾許。夷人心直，不似中夏奸狡者多，伊以佛爲聖人，菩薩爲大賢，立志出家，寡慾清心，静養神氣，往往了明心性，品端心正，訓誘其地民人，使皆如此，所以人安其教，甘淡泊、受辛苦，至死不懈。必如昌黎之論，六合内外，生齒固多，而變亂豈有涯哉？吾輩讀書稽古，必達世務，乃爲通儒，不可以區區之見，量六合之大也。儒者以有室有家爲貴，而張志和、林和靖終身不娶，傳爲高人美談，抑又何説？

問：前人據《檀弓》謂孔門三世出妻，信乎？

曰：否，不然也。孔門三世單傳，孔子十九生伯魚，蓋不足信，豈有聖人年十九即娶妾之理？自是完婚數年無子，聖母爲置妾而後生伯魚。出母者，生母也，所自出之出，非七出之出。《檀弓》載子思二事，是子思亦有二母。子上無可考。後人附會，謂孔子、伯魚、子思三世出妻。聖人，人倫之至，伯魚、子思、子上皆賢，豈有不能修身齊家、刑於寡妻而生賢子者乎？儒者解經不顧義理是非，不可不辯。

問：禹生於石紐村，《詩》《書》及孔、孟皆未言。今石泉縣有聖母坪禹穴。舜殛鯀用禹，其時蜀尚蠻荒，禹何以生於斯地？

曰：蠶叢開國，在洪荒以前，顓頊生於弱水，今四川滎經縣，蜀非絶不與中國通也。禹生於石紐，豈不能至唐虞地乎？後人無識，謂聖人方生聖人，三代始祖皆以爲帝嚳之子，然履武敏歆、玄鳥生商、石紐誕禹，確有明徵，何自而必出於帝嚳？禹穴有二，一在四川石泉縣，一在湖南衡山。禹得宛委之書，乃能治神奸，後水土既平，藏其書於穴，故稱禹穴。蜀之禹穴，則禹所居。穴山而居者，洪水滔天，上者爲巢，下者爲營窟，陶復陶穴，當時常事，後人因禹生於此地，神之。今禹穴在崇嶺，不可上，而古人居之，蓋避洪水之故。鯀剛愎自用，《書》言其方命圮族，以禹之聖德而不用之，可見其剛愎矣。舜放之羽山，未嘗殺之，既而死於其地，故曰殛。石紐村之爲産禹地，豈不信乎？《詩》《書》紀禹神功聖德，偶未及其所生之地，豈可因此生疑竇，妄議聖人乎？

問：今人重宗祧，立祠堂、置祀田，設學以贍宗族，於理合否？

曰：理是而其意尤佳，然亦後世之見。雖立法盡善，可垂久遠者少矣。

曰：敬宗睦族，報本追遠，聖人之正，何云後世之見乎？

曰：凡事當以聖人爲師，大賢以下，創立法制，往往似是而非，日久弊多。古無姓氏，黎民有名而已。仕者，天子始賜姓，《虞書》：百姓昭明。是也。黎民無姓，子孫以氏爲姓，如孔子，成湯之後，子姓；至春秋，孔父被華督所害，防叔奔魯，子孫乃以孔爲氏。自羲、農至周文、武，如許聖人，創制立法，周公制作大備，範圍後世，前此不能有加，後來不能有外。周制，天子、諸侯、大夫乃有宗廟，適士一廟，其餘則無廟，然所謂廟者，惟天子、諸侯、大夫有宮室，適士一廟而宮室不備，庶人祭於寢耳。祀止五祀爲主，戶、竈、門、行、中霤，皆祭於奥，奥即廟矣。何貴賤不同如此？古者，官人以德，有德者始貴，貴者先德必厚，故不貴無廟。或問禘之説夫子言不知，天子以祖德非常，乃能祀及始祖所從出之帝。後世養教之法，皆非聖人所遺，於是人人皆得祭其祖先，孔子時已然，故曾子云：慎終追遠，民德歸厚。然當時廟制尚嚴，所謂慎追，不過盡誠盡敬而已。後世則人人可以立廟祀先，可以及於無窮。造士、取士，既不以德祀先，立廟亦不論何人，如魏晋簒逆，亦追尊其祖考，豈天理之正乎？今朝廷功令寬大，以報本追遠，係仁厚之事，不爲之限制。而凡立廟者，欲睦宗族、諧子孫，祠堂立法不可不先杜後患。愚見爲祀産等事，子孫争訟鬬殺多矣。反不如不立祠堂，不置祀田、祀産之妙。所以然者，大學之道不明，人心必不能正誠，凡好事必不能長久。有力者，當富貴之時，一片美意，立祀堂、置義田、義學，而日久弊生，至於骨肉相争，本枝相奪，亦何取焉？故祠堂非不可立，但須立法盡善耳。古今祀堂久遠者數家，皆賢人之後也。

問：天地生成之數，自一至十，天數五、地數五，《河圖》《洛書》皆五十之數對待變化。孔子言聖人則之作《易》，而卦止有八，五行該乎其中。後人以乾兑爲金，震巽爲木，坎爲水，離爲火，坤艮爲土，凡術數皆宗之。然《易》止言八卦，不言五行，夫子説卦言：乾爲金，坎爲水，離爲火，巽爲木，東西南北四象備矣。坤爲地則土，震巽皆木也，而震爲雷，山統於坤，澤統於坎，而艮爲山，兑爲澤，震又爲木，兑又爲金，艮又爲土，後人相沿不易，何參差若是？聖人則《圖》《書》，先儒折補之説不通，夫子曾辯之，究竟五行分隸八卦如何？

曰：《圖》《書》，天地理數之自然，天不愛道顯呈其象，伏羲乃因而畫卦。理、氣、數三者，主宰對待變化流行皆在其中，聖人則之者，明天地之理氣數布爲五，實止一陰一陽，陰陽止一太極。因一畫少陽少陰，二畫老陰老陽，陽數奇，陰數偶，合之得三，故三畫便成一卦，變化而成八卦，推廣而成六十四卦，只是一奇一偶，天地自然之理數。五行只一陰陽，陰陽只一太極，太極何名何象？虚無一氣而已。溯天地之始生，渾然者無五行，陰陽變化而有五行，五行生萬物，無處不是五行。金、木、水、火生於土，土在先天，無聲無臭，天地判而塊然者，土始有形。土生金，金生水，水生木，木生火，火生土，生生者不窮。土剋水，水剋火，火剋金，金剋木，木剋土，剋者亦不窮。其生也，不過言氣之長，其剋也，不過言氣之消。天地豈眞以此生彼、剋彼？然而萬物賦形，各得五行之氣，於是生剋遂顯然有形有象。火剋金，而金不能盡灼，金反借火而成器；金剋木，而木不能盡滅，木反供金而成棟梁。但五行生者太旺，非剋不能成功用，故生剋制化，人物皆不能離，然只一陰一陽消長變化而已。消長變化，《圖》《書》備呈其象。若論其源，金、木、水、火四象，分布四方，《圖》《書》中央皆土，土即坤矣。四象皆生於坤、藏於坤，其質文散著於地，而天包乎地，坤如卵黄，天如卵殼，天地只是一物，有形有象者，由兩儀而分爲五行，由五行而散爲萬物，不可勝窮，以理氣之元而言，仍一太極而已。天一生水，而金爲之母，金水凝聚，木火通明，金水剋木，火静者可制動，木生火，火剋金，動者亦剋静，天地之妙，不外五行八卦。乾兑爲金，震巽爲木，水火止一坎離，後天之坎離，先天之乾坤也。六子皆乾坤所生，而坎離獨得乾坤中氣。坎離，日月也；天地之功用在日月。日月，水火也；而木乃火之父，金乃水之母，故離宫有木公，坎宫有金母。木火同居，金水爲朋，四象已具，東南西北，四時以分，故曰：兩儀生四象。天一生水，地四生金，其數得五；地二生火，天三生木，其數亦五；五，土數也，故坎中有戊土，離中有己土，是四象分而土即在其中。有形之土，後天也，無形之土，先天也。知之者罕矣。

問：天地一陰陽，陰統於陽，故孔子《繫易》於《坤》卦曰：臣道也，妻道也。先儒以此抑陰扶陽，臣、子、妻，輕於三綱。然君、父、夫，若不得賢臣、賢妻、賢子，必不能成功化。竊嘗疑之，究當何如？

曰：此先儒之謬。太極分爲陰陽，陰陽播爲五行，萬物不能外此而生化。金、木、水、火、土，天生地成，地生天成，一生一成，互爲其功。陰陽成質乃有剛柔，《周易》六十四卦，多言剛柔，罕言陰陽，人不知其義。《易經》本於《圖》《書》，《圖》《書》之象，天地即分之象，非天地未分之象也。有物而後有象，理、氣、數存乎其中，《易》以象數明理，就已成氣質而言；故不言陰陽，多言剛柔；然陰陽剛柔，豈可兩分？亦不可低昂臣、子、妻，不賢君、父、夫，能成教化否？孔子删《詩》，首列五詩，皆美後妃之辭。十亂中有婦人。天地之大，日月星辰，其光在天，其精皆在地。夫子言有男女，然後有萬物，男正位乎外，女正位乎内，男女正，天地之大義。天子立陽教，後立陰教；君子之道，造端乎夫婦，及其至也，察乎天地；未聞坤道不立，惟天可以生化萬物者。周公述先人之德：思齊（十[1]）［大］任，文王之母，思媚周姜，京室之婦，太姒嗣徽音，則百斯男。大王、王季、文王，三世夫婦皆聖，所以螽斯麟趾，蔚爲一代人材。宋儒見孔、孟兩家不傳賢婦，遂以婦道爲輕，不知孔、孟皆三歲喪父，孟母之賢，世傳其事，顔母懿行無徵，然三歲而孤，若非有德，善教其子，安能成聖？先儒不知教化之重，以聖賢爲性生，既誣聖人，又誤後世，切當戒之。

問：朱儒兢兢行古禮、古法，爲《小學》《家禮》等，今子但以格致誠正教人，緩於禮法而急於心性，何也？

曰：善哉問也。孔子曰：人而不仁，如禮何？禮云、禮云，玉帛云乎哉？林放問禮之本，子曰：大哉問。世人止知孔子以禮教人，而不知孔子以仁教人，先儒不解，謂子罕言仁，遂誤天下後世。何謂仁？天理良心而已。人得天之理以爲仁心，凡事本天理良心，所謂苟志於仁矣，無惡。若心術不端，貌爲君子，凡事講究古禮古法，所謂色厲而内荏，色莊者也。古禮古法，豈可復行於今？國家無一定之禮制，庶民安敢議禮？只要存心不欺不苟、不怠不肆，言行不忍爲不仁，不敢爲不義，再得明師示以存心養性實功，内外交修，本末交養，便是聖賢。宋儒以古禮古法教人，而於格致誠正實功，全不知道。朱子將《大學》古本任意改竄，致後人無從學聖。今若再不明白辯正，聖人成己成人之學，掃地無存，豈非天人大恨。愚是以註釋四子五經、《大學古本質言》《正譌》《子問》等，以存聖學，而信者少、訕者

① 《詩經·文王之什·思齊》及《毛詩正義·卷十六·十六之三》原文均作：大任。據改。

多，聽之而已。

問：學聖賢從何入手？

曰：堯、舜之道，孝悌而已矣。夫子之道，忠恕而已矣。孟子之道，仁義而已矣。以忠恕之心，行仁義之事，從孝悌起，愛敬其父母，必能敬愛其兄弟，父母之前，能眞愛眞敬，久久心性和平，難忍者忍，難讓者讓，凡事只是責己，惟恐我身愛敬不眞。愛敬二字，始於父兄，推之而仁民愛物，聖人治天下，亦不過愛敬二字，使天下各得其所，故曰：孝悌爲仁之本。人人親其親、長其長，而天下平。但愛敬二字，必須父母積德，又能善教，此二字做得眞切久長，不患聖賢不可學也。

問：修齊治平，有許多事業，如何愛敬二字便可了卻？

曰：愛敬即仁義也。能行仁義之人，必從孝悌入手，能孝能悌之人，必能行忠恕二字。如父母爲頑嚚，兄弟爲象傲，衹是盡其愛敬，愛敬眞切，忠也。父母虐我，只說父母一時不察，責己而不責親，恕也。至於兄弟，親之欲其貴，愛之欲其富。忠（怒）［恕］二字，刻刻不離。聖人處人倫之變，只此二字，化荆棘而爲康莊，世俗不實心力行，所以五倫抱恨者多矣。

問：愛敬君親，如比干、申生，不能感悟，反至傾生，奈何？

曰：臣子於君親，愛敬之而彼此愜洽，作述明良，常也。愛敬之而不幸，比干、申生是也，然二人雖皆忠孝之徒，微有分別，不可不知。紂之無道，蓋不可以人理概，如斮朝涉、刳孕婦，豈復有人理者？微、箕、比干皆宗臣，進諫乃其本分，豈知不聽其言，反要剖視其心，比干所不及料也，不幸而死，故微、箕佯狂遠遁。夫子稱爲三仁，未嘗謂比干之死爲仁，微、箕之逃爲不仁也。此三人皆聖人，無可議者。若申生，則可以不死而死者。獻公不過嬖驪姬，欲立奚齊，早揣父意，讓世子之位，父必欣然，而更竭情敬愼，孝於其父，善事驪姬，何至被殺？故當時止以爲恭世子，不謂其善全父子之道也。

問：自古相傳，后稷，帝嚳元妃之子，子獨以爲不然，周人大禘祭始祖所自出之帝，究係何人也？

曰：凡事經孔、孟論斷，乃有定評。《詩》《書》，孔、孟之遺，《詩》第言履武敏歆，生子棄而不收，如姜嫄有夫，則履武敏歆，又安知非丈夫之子？惟其無夫，但係有邰氏之女，無心履武，便爾孕子，故以爲怪而棄之。

堯爲帝嚳之子，如姜嫄爲帝嚳元妃，豈非堯之母乎？棄豈非堯之弟兄乎？何故棄之？惟姜嫄有邰氏之女，有邰，姜姓，一國之君，禹平水土之後，堯聞稷能辨五穀，乃命官，使教民稼穡，封之爲君，即以其能名官曰后稷。古時，各國君長，如今蠻荒酋長。堯，唐國之君，因有聖德，衆國尊之名爲天子。其實，各國君長，各君其國，各子其民，非堯一人之疆土也，故堯封后稷而不封以地，但使之仍歸有邰，與姜嫄同居。《詩》曰：即有邰家室。即此義也。漢人知后稷無父，故以靈威仰爲后稷所自出之帝。太史公採集遺文，不辨黑白，宋儒執以爲是，謂稷係帝嚳元妃之子，反以漢儒爲非。如契本有娀國之子，禹平水土之後，疆理山川，至於有娀，始得之，言於帝堯，命契爲司徒。《詩·長發其祥》篇明明言之，而宋儒必以爲帝嚳之子，其荒謬可笑如此。然則以靈威仰爲始祖所自出之帝，未爲無禮。文人拘守一隅，謂子必有父，然如高麗日子、金元神女，未必皆有夫而生子，故學者不明天地之妙，不知六合之大，勿浪言也。

問：《論語》：有婦人焉。先儒以爲邑姜，然否？

曰：非也。周家世有聖德，且皆得賢妃。太任、太姒、邑姜，醞釀者厚，故螽斯麟趾呈祥，而天下化其德，人才蔚起。《詩》云：濟濟多士，文王以寧。以二南觀之，白茅純束，江永漢廣，賢婦女蓋不勝屈指。亂臣中婦人，安知非拔自草茅，或出自公卿之族？至邑姜乃天子之后。武王正位乎外，而理陽教；邑姜正位乎内，而理陰教。夫夫婦婦而家正，正家而天下定，何得以邑姜爲武王臣乎？或疑有婦女之賢者，無從登於廊廟。不知古禮男有師，女有姆。《記》曰：姆教婉娩聽從。《詩》曰：言告師氏。伯姬待姆不下堂，至春秋猶然，可知周家自宫幃以暨民間，皆有女師。夫子所言：有婦人焉。即此等人，必不以邑姜當之。夫子，周之臣，豈稱王后爲婦人乎？且武王晚年始娶邑姜，年八十生成王，武王即世，成王纔十四歲，故稱沖人。夫子所言亂臣十人，先儒以周、召、望、散等當之。然周、召，文王時已分理文德，非武王始有此臣。太公望，武王之師，邑姜之父。《詩》曰：維師尚父。武王自有亂臣十人，必不以師爲己臣。武王未嘗言其人，孔、孟及《詩》《書》亦未言何人，而後人必求其人以實之，已屬穿鑿，况以王后爲亂臣，於理更謬。尚論古人，必須以人情物理權衡之，豈有鑿空妄言，自謂能解經乎？故亂臣不必鑿爲何人，婦人不可以邑姜當之，此事理明白易曉者，愚豈好與先儒争辨乎？

問：老子，神仙之祖，自莊、列之徒放言高論，托於老子，而後世法術、技藝，皆以爲老子之遺，韓昌黎闢之，遂爲定論。朱子謂原壤之流，放浪於禮法之外，子獨以老子爲聖人，孔子之師，不亦駭人聽聞乎？

曰：聖人之道，罕人力行，以聖人爲天授，故不知聖人必有聖師。孔子曰：吾聞周有老聃，博古知今，則吾師，吾將往而學焉。適周問禮，問禮者，問道也。若以爲文、武、周公之禮，則當時天下所同服習，魯備六代禮樂，孔子嬉戲陳俎豆，四方來學禮於孔子，何待問於老子？十六字心傳，先儒所謂聖學之源也，然特猜想之語。一心也，何以分爲人心、道心？人心從何而來？道心從何而來？先儒不知也。老子則已與孔子言之。老子曰：吾爲汝遂於大明之上矣，至彼至陰之源矣。至陰肅肅，至陽赫赫，肅肅出乎天，赫赫出乎地，此先天後天之義，天地人同此一理。性命心性，伏羲、文王先後天圖，皆統於此。

韓昌黎全不知道，見一切異端托於老子，遂貶斥老子。宋儒以理學自命，而謂知覺之心即天命之性，並不知人心、道心，從何而分？今數千年矣。若再不明辨，存心養性之功，何以實踐？

伏羲八卦，乾坤定子午之位，坎離立日月之門，西北方多山，故艮居西北，東南方多水，故兌居東南，風起於西南，爲巽之位，雷動於東北，則震之位，自有天地，便有此理，故爲先天。

文王八卦，乾老而長男用事，坤老而兌女乘權，乾退處於西北，坤退處於西南，坎離獨得乾坤中氣。天地無功，以日月爲功，故以坎離代乾坤。東方之木，生南方之火，已生之機，患其阻滯，故巽居東南鼓動之；北方之水，生東方之木，方生之陽，患其太稡，故艮以止之。且木火金水，一年之春夏秋冬，艮土蓄止生氣，終一年之歲功，養次年之春氣，故曰：艮也者，成始而成終。

天地未分，太極渾然耳。太極分爲兩儀，天位乎上，地位乎下，上下雖分，仍然一太極。夫子曰：闔戶謂之坤，闢戶謂之乾，陰陽闔闢而有天地。天地未分，天地在太極之中，天地既分，天地仍太極之體，此太極所以無始無終，不可得而名狀也。老子曰：有物渾成，先天地生，吾不知其名，強名之曰道。謂太極也，而不以太極名。夫子衍其義曰：易有太極，是生兩儀，兩儀生四象，四象生八卦。是孔子始言太極。

然天地雖分，實無日不合，闔戶而天下交於地，坤宮孕了眞陽，闢戶而地上交於天，乾宮孕了眞陰。乾坤變爲坎離，是天地所以和合而生生不息，但純陽變爲中女，純陰變爲中男，陰陽顛倒，陰性浮而不守，陽性沈而不起。人物秉天地而生，實秉坎離而生，心多浮妄，爲其至陰也，腎常沈伏，爲其至陽也。然陰陽本一氣，天有闔闢，人有呼吸，人身呼吸即天地之闔闢，一吸而離火下降，心交於腎，一呼而坎水上升，腎交於心，心腎交而後百病不生，若再能使心腎歸於中黄，完全太極，則可卻病延年、長生住世。人未生以前爲先天，既生以後爲後天。先天精氣神渾然無名，一個太極，純陽爲性，純陰爲命，性命合一，太極全體，故孟子曰人性皆善。既生以後，乾下交於坤，而眞陽入乎其中，變爲坎卦，故坎中有性，坤上交於乾，而眞陰入乎其中，變爲離卦，故離中眞陰不爲性。文王《繫易》曰：習坎有孚，惟心亨。周公艮爻曰：列其夤厲薰心。先天後天，天地人同此一理，人心道心，分合本由乎此。

儒者不察，反以老子爲異端。子曰吾師，稱爲猶龍。昌黎謂爲坐井觀天，豈其學優於孔子乎？昌黎全不知道，安能知仁義？然老子告孔子曰：吾雖不仁，謬竊仁人之號。是當時人多以老子爲仁人，昌黎何所見而非之？

天地既分，輕清者上浮，重濁者下凝，天地幾成死物。惟乾坤無日不交，故乾變而爲離而有日，坤變而爲坎而有月，日月往來，天地無日不交，然後生生化化於不窮。

心在先天，乾性也，後天變爲離情，性轉而爲情。先天坤命也，後天變爲坎性，命轉而爲性。聖人復性，使水火會於天地之中。《傳》曰：民受天地之中以生，所謂命也。常人呼吸以喉，聖人呼必至根，吸必至蒂，根蒂者，即天地之中也。《書》曰：安女止。《易》曰：艮其止，止其所，君子以思不出其位。《大學》言：止至善。《中庸》言：喜怒哀樂之未發謂之中。止其所謂中也。致中則天地位、萬物育。以至虛至静之神，養至剛至大之氣，久久心純乎性，故孟子曰：養浩然之氣則不動心。語其要則存心養性之功，所謂静存而已。止此静存之功，佛曰禪，道曰玄。世俗不察，妄爲疵議，於是三教分、百家𧷤，而聖人養性之功，無人知之矣。夫子言大學之道，止於至善，知止而後定静安，即此。

朱子不知，謂凡事恰好處爲至善。然知到恰好處，如臣子知忠、知孝，何以便能定静安？大道非明師指授，不能得其全體大用。宋儒學術從壽涯和尚而來，以陋劣禪宗養心之法，便爲聖學。詩書中人，罕行聖人之學者，隨聲附和，遂以先儒爲得聖人之傳，且不能學步。今將發明孔子之道，則必實行存心養性之學。心如何存？性如何養？心性如何分？不知至陰肅肅，至陽赫赫之理，不惟不知人身之理，即天地萬物所以然亦不能知。故至陰肅肅數語，括天人性命之奥，即如《史記》載老子告孔子語，人亦罕知。良賈深藏若虛，君子盛德，容貌若愚，夫子之慥慥也，君子得時則駕，不得時卽蓬藁而行。用之則行，舍之則藏也。昌黎全不知其義而妄言，後世且宗之，所以聖人之學，謂爲不必有師，眞誤天下不淺也。

問：浩然之氣，如何至大至剛？如何直養？直養何以便塞天地？孟子言之，竟罕人知，祈示。

曰：善哉問也。此須實踐其功，非可以空言文字傳也。愚幼羸多疾，年十八，大病幾殆者三次。早失所天，母老家貧，思求名以贍菽水，而憂勞益甚，衰病日增，恐先填溝壑，抱恨終天。年三十得遇明師，示以存養之方，乃知道流所謂存神養氣，即吾儒存心養性之功。儒者不察，以爲異端。心即人之神明，謂存神非存心，可乎？神，氣之主；氣，體之充，謂存神養氣，非持其志，無暴其氣，可乎？此理不明，誤天下後世不淺。今爲爾詳言之。

人之所以生者精、氣、神，而有先天、後天之分。元精、元氣、元神爲先天，凡精、凡氣、凡神爲後天。養凡氣、凡神、凡精者壽，養元精、元氣、元神者，與天地合。人秉父母而生，必得天地之理氣而後爲人，天地理氣，質言之，止精、氣、神而已。未生以前爲先天，既生以後爲後天。先天，子在母胎，無精氣神之可名，渾然一個太極，故能生長五官百骸。十月胎元滿足，顛倒出離母腹。小兒墮地，必啼哭方醒，前人謂囝地一聲，乾坤顛倒，精氣神散布周身，分者不能復合，散者不能復聚，非受中之本然矣。聖人教人復性，必須存神養氣，洗心退藏於密。密者何？天地之中也。如何退藏？收已放之心，入虛靈之舍，止於其所，寂然不動，《大學》所謂止至善也。以虛無之神，養虛無之氣，爲仁之功、立誠之道。果能收心方寸，一念不生，萬緣屏絶，則神氣歸於一元。精即神氣凝結之名，非神氣之外別有精也。神氣精合爲一元，則宥密之地眞陽火生，孟子所謂有諸已也。更加靜養，實踐人倫事物，正理所謂動靜交養、内外兼修，而眞陽之氣日新月盛，充實之謂美矣。功夫到了充實，黄中通理，正位居體，美在其中而暢於四支，發於事業，美之至也。孟子所謂充實之美，本於夫子之言，更加動靜交養，充實而有光輝，根於心、生於色，粹然見於面、盎於背，施於四體，四體不言而喻，先天乾元之氣充滿此身，故曰：充實而有光輝之謂大。迄乎三千陰功、八百德行圓滿，在儒書謂之有至德而至道凝焉。正理、正氣存諸心者，於天地同其高明博厚；著於事爲者，於聖賢仙佛同其變化神明；皆莫非存神養氣之功，盡人合天實事。《易》曰：大哉。乾元。剛健中正，純粹精也。乃孟子至大至剛之言所本。大而化之，聖而不可知，皆吾身之神氣合乎天地。而一念之動，帝謂潛通，衾影之微，乾坤在抱，至中至和，知我其天，無非此理。直養者，以正理生正氣，無害者，無毫髮不合天理。理以載氣，氣以行理，天地亦止一神氣而已。生生而不窮，萬古而不息；爲乾元之氣，未嘗一息間斷；實虛無之理，未嘗一息不存。《中庸》言，不顯之德，極於無聲無臭，聲臭俱無，虛無何過於此？虛者未嘗不實，實者未嘗非虛，費而隱、微之顯，大道原止如此。

世儒全未實踐其功，貶斥虛無清淨，聲言日用倫常，而考其所謂日用倫常者，求名求利、妻財子祿，紛紛一生而已。忠孝仁義，無愧於心者，實希。浩然之氣，剛大者其功用，虛無者其本原。即以人身心而論，著於言行日用者其實，存諸心者則無聲臭。謂人倫日用、美惡不根於心，可乎？謂虛者與實者兩不相屬，可乎？故聖人之學，卻病延年乃其小效，以存心養氣即所謂養浩然，養浩然即存神養氣。所謂神者，非憧憧思慮之神，乃先天不老元神，氣非口鼻呼吸之氣，乃先天虛無元氣。神氣凝結即爲精，止此靜存之功，道曰玄，佛曰禪，無二理也。諱言神氣，止言心性，儒者通弊。不知心性只言其理，神氣乃言其實，乾元統天之氣，是氣即是理。天之所以爲天，即人之所以爲人，人天合一，全憑養浩然之氣。直養無害，塞於天地，只是天理全而正氣葆，全受中之本然，人人所有，人人所能。乃無端謁傳，分爲三教，彼此互相訾毀，僧道妄而儒修亦非，養氣之功，無能力行，尚安能窺孔孟之門牆哉？

問：夫子言一陰一陽之謂道，不言五行，兩儀生四象，四象生八卦，亦不言五行，豈五行不足以盡天地乎？

曰：非也。天地未分，渾然一個太極，天地既分，兩儀呈象，然分者未嘗不合，天地實無日不交，即陰陽無日不合，依然一個太極。故愚嘗言，天地未分，太極在天地之始；天地既分，太極即在天地之中。乾下交於坤，而坤宮孕了眞陽，變而爲坎；坤上交於乾，而乾宮孕了眞陰，變而爲離。木乃火之父，金乃水之母，坎離二卦内即有木公金母，木火同居。天三生木，地二生火，五數也。金水爲朋，地四生金，天一生水，亦五數也。水火生數即爲木金，故東，木公，離宮也；西，金母，坎宮也，而道家所謂東王公、西王母，即此是也。坎爲中男，名曰嬰兒，離爲中女，名曰姹女，亦即斯義。六子，乾坤所生，惟坎離得乾坤之中氣。五行，陰陽消長所生，而日月獨得乾坤眞精。五行一陰陽，陰陽一太極也。天地既分而判爲人物，日月往來而後有生化，夫子言一陰一陽之謂道，繼之者善，成之者性。繼善成性，如何繼？如何成？先儒不得其解。愚《周易恒解》已詳，不贅。乾坤成列而後有陰陽，然乾坤顛倒而成坎離，則生生化化其功，全在日月。《周易·上經》首乾坤而終坎離，明乎天地之功用在坎離也，下經首少男女，著生生之義，故曰天地感而萬物化生。次長男長女，成家之夫婦也，終以既濟、未濟，仍是坎離。聖人以盡性立命教人，欲人返回先天之本然，道家所謂取坎填離，即吾儒之克己復禮。天理無人不有，無人不在陰陽中，故孔子曰：百姓日用而不知；君子之道鮮。自聖學失傳，先儒以佛、老爲異端，所謂修眞養性、明心見性，僧羽之徒又不得其實，流爲神怪，儒者斥爲邪僻，而吾儒如何繼善，如何成性，亦無人知，窮理盡性以至于命，尚奚由解哉？故不明聖學，如盲人鄙燈火耳。

問：漢昭烈偏安西蜀，關、張、孔明等從之，後人愛慕流連。竊思昭烈不過存正統而已，何以人心惓惓如此？

曰：昭烈君臣，表表千古，尊之者多，知其心者甚少。昭烈，中山靖王之後，漢景帝玄孫。黄巾滋擾，劉焉爲涿郡守，招募英雄，昭烈、關、張應募從軍，其時亦不過功名之士。暨漢室變亂，天下紛紛割據，昭烈君臣平定黄巾，昭烈僅得爲安喜縣尉，督郵苛索，昭烈鞭之，棄官而逃。此後董、曹繼起，漢室宗臣並無一人在朝，任權奸肆行，且也君綱既失，海内紛如，各據州郡，昭烈君臣飄蕩無主。吕布私據徐州，昭烈與布有舊，往依之，布使昭烈屯小沛。曹操忌吕布驍勇，恐其爲患，命陳登父子賣弄之，遂擒吕布，因昭烈英雄，攜之回朝，奏於天子，封爲左將軍宜城亭侯。昭烈君臣在朝不久，見曹操行事，知非忠藎之臣，天子闇弱無權，勢將歸於曹氏，不欲與曹久處，又恐曹操知已英雄陷害，所以深自韜晦，灌園自溷，聞雷失匕，然操假天子命，籠絡天下，昭烈既受命在朝，如何可以脱身？因曹操遣朱靈、路昭伐袁術，昭烈請於曹操，恐二人不盡心，己願監軍，曹操許之，昭烈借此出京。時操殺吕布、奪徐州，使車胄爲徐州守，昭烈至徐州，斬車胄，自爲徐州牧。蓋昭烈入朝未久，天子賜董承衣帶詔，使誅曹操，昭烈亦在其中。昭烈在朝，知操權奸非常，董承必不能成事，又恐衣帶詔事敗露，則已性命亦不能保，所以借此出京，殺車胄、奪徐州，便明明與曹操爲敵，由已受衣帶詔奉命討賊，故奪徐州棲身，曹操大怒，領兵破徐，昭烈君臣失散，關聖儒雅英雄，足以動操愛敬，操故不殺關聖，且以之歸朝，言於天子，封爲漢壽亭侯，不敢以關聖爲已私人如荀彧、許褚之輩者，知關聖必不爲已下也。漢壽亭侯與操名位相等，故操待之以禮，極意愛敬，私意欲關聖感已綢繆，久而相就，此與季桓子敬孔子命之攝相一般見識。豈知聖人易事而難説，訪知昭烈在袁紹處，在朝不能有益於漢室，只得仍歸昭烈，而操不給文憑，關聖求見之，操亦不見，關聖封金掛印而去，與孔子去魯亦一般。自此以後，昭烈君臣知操爲漢逆臣，又受衣帶詔，遂時時以討賊爲心，奈操勢已大，孫權據有江東，天下竟無駐足之處，不得已往依劉表。表係宫室，居之新野。此時，昭烈君臣幾難自保，蔡瑁等又相殘害，可不謂窮蹙之至乎？天假其緣，馬跳潭溪，邂逅水鏡，得知伏龍、鳳雛，三顧草廬，自言欲申大義於天下，大義即謂討賊之事也。劉表讓荆州於昭烈，昭烈不受，大爲失計。操聞昭烈得孔明，知劉表不久，恐荆襄爲昭烈所據，遂出師自伐新野，昭烈無奈，東歸孫權。時操勢方盛，恐江東不能自保，故表奏漢帝，保昭烈爲荆州牧。權之本意，原是借昭烈以抗操，非有愛於昭烈，而假之以荆州也，猶恐昭烈不相親附，又以妹妻之。劉表死而荆州歸操，昭烈居荆州，世俗以爲借荆州，實齊東野人之見。但荆州暫居，終非久計，因劉璋無能，既畏張魯，又畏曹操，以昭烈英雄，遣人迎之，昭烈故得入川。而劉璋臣下恐昭烈來川非吉，勸劉璋防之，璋遂不許昭烈至成都，使守葭萌關，以拒張魯，猶恐昭烈爲亂，飭關隘嚴加防守。昭烈居葭萌，不但不能有爲，且全家及孔明等均在荆州，曹操知昭烈入川，荆州空虚，欲起兵奪取，孔明、關、張等告急昭烈，昭烈求璋助以兵，歸救荆州，而璋不應，且令各處關隘，上緊隄防，昭烈進退兩難，不得已乃奪涪關，璋遣兵相拒，遂奪成都。劉焉因望氣者言蜀有天子氣，求爲益州牧，漢帝遣其子璋入川省父，焉遂留之不遣，是其父子原非純臣。昭烈君臣受衣帶詔，便以討賊爲心，未有家室，如何能行？得了西川，有家室矣。關聖遂領兵出樊城伐操。襄樊與河南接境，操在許昌，義旗直指，可以擒賊，故史云，關聖威震華夏，操欲遷都避之。操知昭烈得志，孫權必不喜歡，遂暗與權通。孫權狗賊，只知漁利，原無討賊之心，遂使吕蒙暗暗過江，奪了荆州，是故昭烈討賊之功不成，皆孫權、吕蒙瘈犬爲之也。昭烈即皇帝位，即伐東吴，人以爲爲關聖雪仇，不知權之奸惡，實爲魁首，若使昭烈有心割據，豈有即位十餘日便親征吴狗者？不幸漢室已頽，猇亭敗績，白帝歸來，空懷一腔忠義而終，故孔明北伐，《出師表》云：先帝慮漢賊不兩立，托臣以討賊。詳攷其事，昭烈君臣豈若尋常割據之徒，區區自爲云爾哉？其馨香百代，人心愛慕，而且在天之靈，赫赫如新，豈偶然也？

問：朱子將入朝，門人曰：誠意正心四字，主上所厭聞，幸勿再言。朱子曰：吾平生所學，惟此四字，舍此無可言者。而子不以爲然，何也？

曰：朱子苦學細心，然不得聖人之師，誠意正心功夫，全未體行，以一己私見爲是，發明聖人皆似是而非。今將使孔孟之道，人人知之，人人行之，豈可曲徇朱子？夫心之發動處即意也，而誠正功夫則迥不相同。聖人之學，不外静存、動察兩途，静而存養，致中也；動而誠意，致和也。孟子言：存其心，養其性，所以事天。人人皆有心性，心性近在人身，存養只是自端心性。如何便是事天？此理必實踐其功，循序漸進，到了深造自得境界，然後知意如何誠，心如何正。朱子謂心即是性，所以解《大學》虚靈不昧便是明德，不知虚靈不昧，知覺運動之心也，純一無爲乃爲性。凡人未生以前爲先天，在母胎中，心即是性，既生爲後天，嬰兒落地必大叫一聲，太極破而心性分，知覺運動之心，非復本然天命之性矣。故聖人教人復性，存有覺之心，養虚明之性，有許多功夫次第。誠意者，初存養時，於念頭動處，善則行之，惡則改之也。正心則養浩然之氣，久久而不動心，無念非天理。自聖學不傳，《大學》原本又被朱子改壞，格致誠正功夫，無明師指授，何以能知能行？又何以分别始終本末之序？有宋一代，理學始於濂溪，濂溪師壽岩和尚，以養知覺運動之心便爲養性，程、朱宗之，居然以爲聖人之道如此，而朱子則稱明道似顔子，伊川優於孟子，平生發明經籍，只以二程爲宗，將《大學》一書改竄。孔子言：此謂（之）［知］本，此謂知之至。蓋知修身爲本，則修其身而天下平，聖德王功，皆括其中矣。朱子遵伊川，將此二句删去，另撰格物一章，曰：此謂物格，此謂知之至。蓋其學從陋劣禪宗得來，謂知覺之心即天命之性，但養空空之心，便是聖人盡性之學，迨心頗虚静，靈慧亦生，而實則齊治均平許多事業不能優爲。又私心妄想，聖人經綸全備，必是從事事物物上體貼出來，於是解格物爲物物窮理，然格字自古訓至也，以窮物理爲至物，成何語耶？則轉一解曰：窮致事物之理。窮致即致知，致字之意，夫子言：致知在格物。謂存心養性之功，必屏除物欲，允執其中，至虚至静，初功然及至大成之候，亦止是定、静、安三字，做到純一境界，便與天地合德，所以止至善便是存養實功。知止故能定静安，而慮而得，慮即知也，慮而得即致知也。心純乎理，何患言行動静尚不得其正乎？故曰：苟志於仁矣，無惡也。夫子又恐人疑止善而定静安，能静不能動，且事物之理無窮，止定静安如何可了？故接言：物有本末，事有終始，知所先後。云云。上文慮即謂事物來前，心盡而理明，剖别其是非，非空空想像也。朱子等所謂盡心，止是盡知覺之心，亦不知止至善之法。至善者，人身太極之所。民受天地之中以生，天地有中，人身亦有中，虞廷執中，子思喜怒哀樂未發之中，皆此中字。止於至善，《書》言安止欽止，《詩》言敬止、基命、宥密，《周易》則明著其象曰艮止，文王曰：艮其背，不獲其身，行其庭，不見其人。背，北堂也，喻人身之中。存心養性於此，一念不生，萬理渾然，當至静時，覺自家身體亦不知道了，此爲不獲其身。離宫，此心應事之所，明堂也，庭也。洗心退藏於密，心不在明堂而在密室，故曰行其庭，不見其人。夫子傳之曰：止其所也，時止則止，時行則行，動静不失其時，其道光明。而大象又曰：君子以思不出其位。位即中也。秦漢而下，三教分門，止爲不識中之所在。老子曰：玄牝之門，天地之根。合天人之奥而言，不外乎中。儒者反以爲異端。僧羽之徒，不遇明師，隨心妄指，既無以存養其心，又安能動察善惡？故朱子所謂誠意者，後世禪學，閉目静坐，此心空空無著，至誠專一，百日便可通靈，儒者得之，遂以爲聖學如此。至正心不過云誠意之久，念頭都無不善，則心可正矣。而不知復性之功，有許多次第。復性之功，孔孟而後，儒者失其傳矣，而道流存之，所謂取坎填離者，即克己復禮。其言先了命而後了性，性命雙修，方爲大道。羽流誤解，則以絶慾保身，延年卻病爲了命，空空静坐，一絲不罣爲了性，不知了命者，即孟子所謂立命，了性者，子思所謂盡性。盡性立命，聖人所以與天通，下學所以上達。而儒者貶斥佛、老，言養氣則曰老子之異端，言盡心則曰佛之異端，除卻盡心養氣，學聖賢無從下手。萬事萬理起於心，心在先天純乎性，故曰人性皆善，心在後天雜於情，故曰性相近。人心然，天地亦然。天地未分，乾坤統於太極，闔户謂之坤，闢户謂之乾，純陰純陽者合爲一元，如人之先天，性無不善也。天地既分，乾下交於坤，坤上交於乾，而陰陽互宅，變爲坎離，坎離，日月也。天地無功，以日月爲功，天地無日不交，坎離無時不會，天地雖分先後天，而後天仍是先天。人身則不然，分者不能復合，散者不能復聚，心浮動而邪妄多，性沈伏而陰濁勝。先天乾命轉爲離情，先天坤命轉爲坎性，心性分而乾坤顛倒，所以克己復禮，必由養氣，以虚無之神，養虚無之氣，求放心而入於中宫，即止至善也。神明静安，眞陽有基，謂之有諸己。再動静交養、内外交修，久久浩然之氣充實，則周身無所不到。《易》曰：君子黄中通理，正位居體，美在其中，而暢於四支，發於事業，美之至也。孟子言：充實之謂美，即從夫子而來。充實矣，再加涵養集義功夫，則大也，聖也，神也，自然漸次而至。故存神養氣即存心養氣。宋儒避道家之神氣，止言存心，然心即人之神明，心神豈有二乎？了命者，即有諸己而充實，了性者，即大而化之。欲避佛、老盡心養氣，另説一番明明德功夫，使天下人，物物窮理，疲耳目、役心志，終身不能殫其功。不知仁字只是天理良心，謂仁難識，譬如以邦畿爲遠而不可到，不知未出井閭，殊可笑矣。而誤及天下後世，尤可慨也。《大學》實功，非實踐不知，非明師不能竟其學，此聖人之道，似乎易知易行，而實無人能知能行，誠意正心，迥不相侔。爾等篤行勿倦，久自知之，非口舌可罄也。

問：樂正子比孔門弟子，奚似？

曰：似顔子。

問：毋乃過譽？

曰：非過也。孟子言：可欲之謂善，有諸己之謂信。被朱子錯解，謂好善而篤信之。不知可欲者，言行無不合禮，人欲親近；有諸己者，所言所行皆其平生所實踐，非徒致飾於外。顔子三月不違仁，亦不過有諸己之大概，因未充實，所以短命。樂正子年壽不可考，然孟子時，大道已微，經秦火更難如舊，而孟子書先出，是樂正子以孟子之道傳授，故學者多存其書。先儒未實踐聖人之學，不知如何是善，如何是信，浮慕聖人，似是而非，不可不辨也。

問：韻學今遵沈約，核之古音多不合，將奈何？

曰：此唐人之過也。五音本於五行，天地自然之理，人身自然之性。喉、齶、齒、唇、舌，即宫、商、角、徵、羽。古人言語文字多叶韻，蓋性情自然之道，無論平仄，皆一概叶之，觀三百篇可見。周彦倫始斤斤辨四聲，沈約繼之，分爲一百零六韻。唐以詩取士，恐人各一音，不能畫一，故以沈約爲主。然約楚人，以南蠻鴃舌之音，紊中正和平之理，其罪不細。今作詩悉遵約韻，已經千年，不可革，而衡以聖人牖民之義，則不可通也。明陳第本朝顧炎武皆有著作，而儒生議論，不能挽回世俗。學者考古論今，知其理可也，豈能以一人之見，強天下從之哉？

問：詞章之學，何由而盛？

曰：曹魏也。曹丕父子，不特篡逆之事，由伊而肇，重詞章而略功行，使聖賢道義之學，從此而壞。其始曹操，欺君誑上，專權横行，以文藝愚弄士人；建安七子，後世競爲稱美，而不知其播弄文人，使皆忽於忠孝節義，不預己事，其心甚險。然天意惡之，旋爲典午所并，雖不久喪亡，而聖賢根本之學，由此斷絶。曹氏之罪，所以上通於天也。夫文章乃道德之華，夫子曰：文，莫吾猶人也，躬行君子，則吾未之有得。本躬行而爲文章，文斯不朽，有文章而無實行，犬堯耳。爾等切當戒之。

問：柳子厚謂象不仁而毁其祠，王陽明謂象化於善而新其祠，二者將安取衷哉？

曰：此皆不善讀書之過也。萬章問舜封象，而孟子言舜親愛於象之心，與《尚書》適相符合，前人不察，誤矣。瞽瞍本有虞之君，上古天子、諸侯，各君其國，各子其民，不相統屬。堯，唐國之君，瞽瞍，有虞之君，位相同、勢相敵，非堯所能治也。瞽瞍因後妻生象，欲傳位與之，逐舜在外，耕於歷山。虞，今山西安邑縣，歷山去虞纔數十里。舜所以號泣者，因不得朝夕奉親。堯聞舜之賢，以女妻之，釐降二女於溈汭。溈水出歷山，汭，溈水之支流。堯德盛，群后服命，不先告瞽瞍，直以女妻之，成婚之後，始令歸見翁姑，故嬪於虞下，告之以欽哉，戒舜夫妻好好盡人子之道也。象日以殺舜爲事，即指焚廩、浚井等事，從父亂命，欲襲有虞君位，非日日操刀向兄也。萬章述象之言：鬱陶思君爾。忸怩，曷常明明要殺其兄？象驕頑，不知其兄是聖人，可以敝屣天下，豈不能讓位與之？及舜登庸之後，相堯二十八載，夔夔齊栗，有加無已，封象有庳。有庳不知何處，必非道州之有庳。孟子言親之、愛之，源源而來，接於有庳，可見有庳去蒲阪不遠，世傳道州有庳，誤矣，想有庳地必較虞廣袤。柳子厚、王陽明之文，皆非其實。孟子言：瞽瞍底豫而天下化。以人情論之，兄爲天子，己爲諸侯，同享富貴，豈有不恭順之理？况舜大德，善化象之爲良，豈待問哉？孟子云，誦詩、讀書、論世、知人，不知古人身世實情，安能決其是？非愚所以好辯，即此一事，可以類推矣。

問：佛、老，世斥爲異端，三教並行，世俗之見也，而子從之，何也？

曰：然，非也。佛曰明心見性，即盡其心者，知其性也。老曰存神養氣，即存心養性也。徒以世俗僧道養空空之心、存後天之氣，便以爲異端，而其實養浩然之氣、不動心之義不明，眞大道之賊，則誤天下後世蒼生於無窮者也。夫人之所以生者神氣，而神氣有先天、後天之分。先天，元精、元氣、元神，合而言之便是太極，人生在母胎中，全受此理，故能生長五官百骸，太極含三，即此之謂。後天，形骸既具，知覺運動之神，汩其天命之性；口鼻呼吸之氣，耗其虛無之神。精者，神氣所凝結，非神氣之外别有精也。儒言心性，道言神氣，神、氣、精即心性也。存心養性，所以事天。如何便事天？人秉天地正理而生，理無形，寓於神氣之中，先天渾然不動者性，後天知覺運動者心。天地未分，渾然一個太極，天地既分，依然一個太極。乾下交於坤，而坤變爲坎，陰中有陽；坤上交於乾，而乾變爲離，陽中有陰；所以天地日月雖分，仍然一個太極。在人則心浮而不守，性沈而不彰，任心所爲，喪其天理，所以道言取坎填離，取將坎位心中實，點散離宫腹内陰，使坎離仍變爲乾坤，便是克己復禮了。儒者不知，反以老子爲異端，以知覺運動之心爲天命之性，宋儒執爲聖人之學，豈不可笑？乾，性也。坤，命也。陰陽統於太極，性命合爲一元。先天所以得天理之正而有此人身，十月胎圓滿足，顛倒出世，乾下於坤，而坤變爲坎，坤上於乾，而乾變爲離，知覺運動之心，汩其天命之性。存心養性，何以事天？養浩然之氣，何以不動心？千載無人知矣。乾坤無功，以日月爲功，坎離何可輕？然天地定位，輕清者上浮於天，重濁者下凝於地，天地定位，萬古不移，而日往月來，乾坤以此生化，人則流浪生死，縱其有覺之心，斲其無爲之性，反居然自負，以爲得聖人眞傳，而其實誤天下蒼生不少也。

問：有覺之心，無爲之性，何以分？

曰：上天之載，無聲無臭。老子所謂有物渾成，先天地生，吾不知其名，強名之曰道者也。太極生兩儀，兩儀生四象，四象生八卦，而萬物之生生化化，始百出而不窮。不知天命之原，人事之本，妄稱理學，錯解聖經，誤及蒼生，可乎？

問：有覺之心，人人知之，無爲之性，人不知也，究竟如何辨别？

曰：天地無爲，乾性坤命一定，萬古不移者也。日月往來，有生有死，盈虛消長、盛衰休咎，悉從此而分。克己復禮，取坎填離，使有覺之心，歸於無爲之性，所以不動心而性定，性定則與天地合德，日月合明，鬼神合吉凶，聖人知我其天，配天，皆是此理。自孔孟而後，無眞師指授，即有眞師，文人多自恃己見，所以其心三月不違仁、存心、養性、事天，無人知之，此當實踐其功，非可以口舌文字傳也。

問：儒言心性，子獨言神氣，何也？

曰：神氣者，心性之實。心在先天，純乎天理，性也；後天梏於氣質，觸於嗜慾，則心不盡性。宋儒衹知人心、道心，而不知人心、道心，一心何以有二？且不識仁字，不知仁即天理。愚四子五經，反覆詳明，皆是發明此理，毋忽。

問：性無爲，心有覺，人生百爲，全憑有覺之心。至無爲之性，聲臭俱無矣，又如何養法？

曰：心性，言理之虛明，神氣之靈，其純一者性，浮妄者心。養浩然之氣，以虛無之神，養虛無之氣，求放心而入於中田，寂然不動百日，先天神氣凝結，有諸己。更加照養之功，多行陰功德行，使浩然之氣日日充滿，謂之充實。内而常常静養，一切妄念消除，外而檢點言行，一毫非禮不作，則神氣穩於丹田，貫乎周身，粹面盎背，不言而喻，謂之充實而有光輝。始焉養其丹田，兼修德行，内外兼修，本末交養，迄乎德修而理足，先天神氣積中而發外，凡氣之所在，皆理之所在，清明在躬，志氣如神，與天地合德，日月合明，由此其選也。自孔孟而後，竟無人知，所以教人學聖人，人以爲學聖如顔子，不免於窮與短命，不知顔子未到仁人、聖人地位也，使天假之年，仁聖抑又何難？不幸短命，可歎耳。

禮意附

仁、義、禮、知、信爲五性，仁字以全體言，即天命之性，道也，德也，誠也，包萬善而爲名；以一端言，不忍一牛之死，乍見孺子而悲，即是仁，世俗所謂天理良心是也。人人有此天理，見於言行一切，太過節之，不及文之，即禮，合宜曰義，知之眞曰知，行之久且誠曰信。自羲皇至於春秋，聖神迭起，禮之明備，莫過於周，然而其本則在於仁，大司徒以三物賓興六德，曰智、仁、聖、義、中、和。至春秋而專尚繁文，禮遂流於浮華，故孔子曰：人而不仁，如禮何？禮云禮云，玉帛云乎哉？而林放問禮之本，即深喜之，聖人之意可見矣。後儒不知夫子日以爲仁望人，第言夫子以禮教人，罕言仁道，不思《論語》言仁四十八章：苟志於仁矣，有能用其力於仁矣乎？諄諄以仁望人，而聖門諸賢，問仁者不一其徒。且禮因時而制宜，三代以後，宫室、衣服、飲食、日用之事，皆與古不同，而宋儒斤斤攷究古禮，以《儀禮》爲聖人之書，穿鑿傅會，謂聖學必先如此入手。明道泥塑木雕，伊川方長不折，當時憎嫌，斥爲僞學，至有黨人之禍。其拘泥不通，生今反古，獲罪固宜，而至今學人尚以爲冤屈，且因此尊重宋儒，凡宋儒解釋經文，迂鑿不通亦舉爲定論。如《家禮》一書，本非朱子所作，而人人墨守，孔子所謂人而不仁，如禮何者不知也。愚衰老而幼子尚多，不得已乃贅言以明其概。非天子不議禮，儒生講明聖人，亦必恪遵王制，此不過言禮之意而已。

一、修身爲本也

《大學》之教，壹是皆以修身爲本。格致誠正，所以修身而成己，齊治平，所以本身而推盡人性、物性。主身者心，而心浮妄最多，何由而正？必養浩然之氣，至於充實、光輝、大而化之，方纔心無不正，然非旦夕之功也。止於至善，格去物欲，致其天理之明，物欲少了，事理是非明白了，便眞心力行，是爲誠意。誠意者，一念之動，善則擴充，惡則克治。若存養之學未到，則心之本體未純乎天理，斷斷不能正也。養氣不動心，自古聖人皆然。戰國道衰俗弊，孟子始發明之，惜乎秦火而後，遂少師傳數千年。理學名儒，止知以禮教人，不知爲仁本末功夫。至善者，中也，子思曰：天下之大本。收已放之心，入受中之地，至虛至静，止而不遷，《易》所謂艮止也，背北堂也。天地之中，在極北之地，洗心退藏於密，渾然無爲，幾不知有形體，佛所謂無人、無我、無身也。儒者不知，徒見僧道怪妄，便闢佛、老，不知佛所謂空，道所謂玄，即儒所謂宅心宥密、緝熙敬止也。此理再不發明，憧憧往來之心，有何法術制之？安能使心不動？心爲一身之主，養氣深至於不動心了，則念念天理、事事天理，身有何不修者？朱子將止至善説在事物上去了。然凡事知道至善所在，臣之忠、子之孝，而盡忠盡孝豈易能之？如何知止便定静安？是故修身先須正心，正心先須誠意，誠意先須講明善惡，以致其知，人心物欲甚多，義理甚少，必格去物欲，方可致知。此乃情理顯然，説破人人可以行、可以能者，奈何支離妄解，誤天下人乎？愚平日授徒，令其正心、修身、格物、致知，必先教以静存之法，存養此心，至誠專一，睡心於丹田，一念不生，萬緣屏絶，即是致中、止至善，人人可爲，舉念即是。若避忌佛、老玄空，遂以静養爲末務，徒向日用事爲上敬慎小心，勢必如明道泥塑木雕而後可，然而存養功夫不眞，終身不能自治其心，而拘泥穿鑿等弊叢生矣。身何由修？曰正心，心又如何正？今開列於後。

一、冠禮也

今無冠禮，童子與成人衣冠都無分别，則冠禮不必言，統於婚禮而已。

一、婚禮也

古者，男女之辨最嚴，内言不出，外言不入，叔嫂亦不通問。今則無禮至矣。而男女婚嫁亦禮之概猶存，要緊最在媒謀，良媒始無謊語，主家亦必細細訪察，不必論富貴貧賤，總以傳家有道、忠厚仁慈爲本。凡善人無有不誠敬者，故君子必畏天命。人心一念之動，無人知之，惟天地神明知之，故修身立德，必先敬天地、禮神明。文王小心翼翼，孔子知我其天，豈荒渺哉？天人同此理，一念合天理，便合天心，一念不合，便遠天心。嫁女擇壻，第一要信神。信善之人，未必便是好人，而心中有所畏敬，可以少惡遷善。世間能修身以教男女者，百無一二，只要忠厚、仁慈、恭敬、勤儉，八者兼全便好，若以勢利取人，未有不傾敗者，戒之。戒之。

一、喪禮也

人子於父母之喪，哀痛迫切，盡其誠、盡其禮，固不待言。此外，伯叔弟兄，以次而推，亦必哀禮兼至。母族外祖父母、母之兄弟，由母而推，孝其母，豈有慢其母族之人？不過外祖舅等，自有子弟，自能孝敬，女孫、外孫，以愛敬其母之心，不敢薄視外族，天理人情之至也。自漢朝外戚專權，儒者以外戚爲諱，不思三代聖王，塗山、有虞、姜姓，皆以外族而興，因噎廢食，實堪噴飯也。又有妻族，妻以我之祖宗父母爲祖宗父母，而爲壻者，乃薄視其祖宗父母，天理順否？人情通否？不過賢愚不一，擇別而將其禮意，若竟漠然視之，則爲不良。所以喪禮本宗爲重，母族妻族則輕，非輕也，母族妻族之賢聖有益於我，如太公爲武王妻父、成王外祖，豈不相得而益新乎？否則必明辨而善處焉。

一、祭禮也

古人祭禮，廟中則甚繁重，尋常則至簡陋，如飲食必祭，蔬食菜羹亦祭，臣侍於君亦祭，不過取飲食少許，置之豆間，不亦簡陋乎？然而聖人治禮之意，則欲人念念不忘所自耳。至於宗廟之祭，禮文詳密，禮經具在，可考而知。今人每食必祭，罕有行者，而當祭陳列酒肴等物，一跪拜而已，廟中三獻九獻亦易，了事所當，詳爲之制，使在朝在野，委曲將誠，以長其誠敬之心始妙。

序

聖人不以著書立説自名也，或在上，或在下，隨其職分所當爲，自修其身，間或著爲語言，訓誘人群，人競寶之，於是乎有典謨、訓誥、易象、詩、書等籍。自羲、農至文、武，聖人之制已全，生民之法已備，孔子更修明折衷之，而曾、思、孟衍其緒，範圍古今，後有作者莫能尚矣。而世儒紛紛著作，欲自成一家，遂使孔孟遺規危乎欲墜。愚無知也，因讀書多年，頗有所見，故詳釋孔孟遺書，名曰《恒解》，以其爲天之常道、地之常經、人人所知能之常事。而兒輩苦其繁也，不得已又爲《子問》《正譌》《下學梯航》《古本大學質言》四端，使其易曉。而卷帙既多，彌增之惑，乃復撮其大要，更爲此編。所以諄諄而不憚詞費者，爲家庭授受計耳，豈敢以問世哉。大雅君子尚其恕之。

咸豐四年，歲在甲寅正月　止唐書　時年八十有七

道原在乎力行，不在言語文字。因書籍太多，力行太少，不得已而爲此篇，非與前人争辨，亦非有一毫求名之心，年耄而兒輩猶稺，不得已付之以爲遺囑耳[1]。

止唐自志

① 此文原在《俗言》目錄結尾處，今移此以存其意。

俗言

自羲農至孔孟皆聖人，而其事不同者，何也？所值之時，所居之位，時俗尤不同也。聖人因時俗而爲之節文，在上則有禮、樂制度，在下則有言行，皆適得乎中正，故能裁成天地之道，輔相天地之宜以左右民。自秦火以後，書籍貴而書籍亦日多，其發明聖道者固不乏人，而支離汗漫滋之惑者尤衆，以其未得聖人之眞，徒推尊聖人，而不知聖人衹是人情物理通達之至耳。人情物理不盡合道，聖人以天理折衷之，不隨俗亦不戾俗，合乎中正，即爲時中，豈得謂世俗皆不可從哉？俗云一世人身萬劫難，與孔子曰天地之性人爲貴一理。有此人身，便要全此天理，纔算得人。尋常人説要存天理良心，天理良心即人之所以異於禽獸者也。禽獸與人之分，只争此些須，故曰幾希。庶民去之，便是禽獸，君子存之，便是聖人。下文舜、禹、湯、文至孔子，都是存幾希的人，便是聖人，可見聖人纔算得人。天理良心，人人皆有，人人可爲，則聖人個個學得了，故曰人皆可以爲堯舜。因先儒説道太恍惚了，説聖人太高了，書、傳太多，人無從問津了，故愚不得已而以俗言示子弟如左。

一、第一要敬天地父母也

《書》曰：天地萬物父母。俗云：人身一小天地，是天地父母之恩，人人都知道的，如何存心行事又不顧天理良心？父母生我之身，天地予我以人理，非天地固不能得此人理，非父母又何從得此人身？故天地父母名爲四大。自古聖賢事天如事親，事親如事天。一念之邪，可以欺堂上父母，而不能欺覆載之父母，翹首見天，俯首見地，違天理便如違悖父母一般，父母必責子不孝，天地豈不責無天理之人乎？文王小心翼翼，昭事上帝。孔子曰：知我其天。不是妄想妄言，衹是視天地如父母耳。世人不知天人一氣，謂天道高遠，神明恍惚，一念之欺，不知敬畏，久久而念念皆然，辜負天地父母生成之恩，失卻爲人正理，日淪於禽獸，而人心壞，風俗惡，天下亦紛紛多故。天理良心四字乃爲人根本，世界汙隆分界之原，不可一日而不講也。《大學》《中庸》言慎獨，言十目十手、相在屋漏，便是要人體貼天理。先儒恐人廢民義而諂鬼神，乃諱言鬼神，止説恐怕人知。然鬼神者，陰陽之靈，天地爲陰陽之宗，則敬鬼神仍是敬天地，所謂畏天命也。若任心而行，以天爲無知，鬼神恍惚，安能有敬畏之心？又如何能收放心？或疑信鬼神便要講禍福，講禍福則凡事避禍求福，當爲者亦不爲，所以先儒不言禍福，不知敬天地不是求免禍得福也。凡事由心而起，心不敬、不誠，見於言行，又安能有善無惡？心之所思，人不能知而神天知之，故一念之起，必去惡從善，方可對得頭上天地、堂上父母，然人爲天地父母所喜，又何有貧窮困苦不得其死者乎？天地主禍福之權，則免禍得福，亦其常理，故曰：惠迪吉，從逆凶，積善餘慶，積不善餘殃。天人一氣相感，由其止同此一理，而奈何以俗見妄解大道也。聖人念念克己，恐得罪天地，如不敢得罪父母一般，必如此而後可合天理，可以爲人，不因禍福起見也。而其誘掖後人，則未嘗不以禍福立教。《周易》一書，全以吉、凶、悔、吝教人，夫子更多申言其理。儒者不知天人一貫之義，不思夫子栽培傾覆之説，徒忌諱鬼神禍福，只以道理教人，而事父母如天地者鮮，事天地如父母者更鮮。本原既錯，修身立德更何處臨保帝謂，視於無形，聽於無聲耶？故欲爲人、欲無非分之災患，必以敬天地父母爲先。

一、守身爲先也

孔子言：大學之道，壹是皆以修身爲本。孟子亦言：修其身而天下平。聖人之學，除卻修身更無二道。然苟不得明師，則必錯誤，不特僧道失佛、老之眞，生許多邪妄，即儒生亦非孔孟之正。蓋修身本末之功備於《大學》，宋儒竄改《大學》，私心妄言，而人益用惘然矣。脩身必先守身，孟子曰：事孰爲大？事親爲大；守孰爲大？守身爲大。不失其身而能事其親者，吾聞之；失其身而能事其親者，吾未之聞。孔子曰：天地之性，人爲貴；父母全而生之，子全而歸之，可謂孝矣。一舉足而不敢忘父母，一出言而不敢忘父母，皆同此一理。守身之道，念念天理，事事謹愼，保身修身皆在其中，曾子之戰戰兢兢，臨深履薄，凡絶嗜慾、去聲色、崇德修慝，一切皆在其内。

用功之實，不外動静交養，本末交修。能從事《大學》，得守身之義，其上希聖希天，其次亦可希賢益壽，延年卻病。後人以爲奇異者，皆守身之義耳，故仁者壽，大德必壽，夫子所以云然，何不思之？自聖學失傳，偏於養心者，不知立命事天，偏於攝氣者，不知踐形盡性，於是僧道之徒以守心爲佛法，以運氣求長生，而儒者亦效之，又欲從而自遠之，或得其膚殼，昧其本原，不知守身之義，又安能更求誠身？夫人之受氣至不齊矣，智、愚、修、短，自古異趣，因材而篤，天固無心，然覆載深仁，不無缺憾。聖人以修身之學教人，補天地生成之憾。道故至尊至貴，學故不可須臾或離，而聖人所以爲天肖子。自先儒誤解，而聖道幾同畫餅，爲聖爲賢，無能挽迴造化矣。噫。

一、修身先須正與誠也

天地止此一理。理氣凝結，萬古不窮，以其無貳無雜、無盈虧絶續，名之曰誠。人得天地正理正氣而生，能實全此理於身，名曰誠身。誠之至者，聖人也，名曰：天下至誠。尋常人不欺心悖理，即是誠身之法，但必先講明義理是非，合義理者爲正，不合義理者爲邪。理正了，眞心去做，便是誠身。凡人心多邪妄，若心入於邪妄，更如何修身？故當力行非禮無視四句、關夫子存好心四句，刻刻奉行，久久方可去邪望正。關聖之所以爲聖人，亦止光明正大，不欺不詐耳，勉之。勉之。

一、欲誠欲正，必先戒絶邪淫也

孟子曰：人之所以異於禽獸者幾希。幾希者，天理良心也。良心天理是個總名，大凡合義理之事做了，心中安樂，便是良心不昧。不合理事勉强作了，或不知而爲，或明知而強爲，既作之後，寤寐静思，必心上不安，便是良心難昧了。者個良心不安的念頭，便是人種子未絶、爲聖爲賢的根基。趁此念頭動處，痛心改悔，以後再不如此，一事如是，事事如是，漸漸做去，久久習慣，自然喜善而惡惡矣。但別樣惡念或容易刪除，惟色慾二字，是血氣上帶來的，最容易喪心蔑理，亦最難斬斷。然爲人、爲禽獸，便在此處分界，切須發一片勇猛心，念天地神明在上，父母如在目前，人之妻女，如我姊妹一般，不看不想，何況敢亂爲。將不好念頭一刀斬斷，便不入於禽獸了，便可望爲孝子、忠臣，享富貴福澤了。世人一念不戒，喪天良爲禽獸，且因一念之差，短命絶嗣。貧窮、疾厄、困苦皆色慾所誤，所以子弟十六七歲，便當切切教戒防閑，斷了首惡，方爲賢父母師長。下文詳言之。

一、何以一犯邪淫便是禽獸也

人爲倮蟲之長，當混沌之初，人物並生，無衣服遮身，無宫室蔽風雨，不知何物可食，旱死、凍死、餓死、毒死的不知若干人。無衣服便與禽獸一般，食草木百物，遍體生毛。天生聖人制爲衣服，然後與禽獸不同，又爲宫室棲身，五穀養生，然後人得安全。因男女是陰陽正理，但容易苟合，爲之婚禮，使各有夫婦，上繼祖先，下延子孫，故《禮》曰：人道以大昏爲大。聖人教人五倫，男女曰有别，蓋禽獸亦有雌雄、牝牡，亦能生子，但無别耳。《禮》曰：無别無義，禽獸之道也。《傳》曰：男女無别，是禽獸也。《禮》曰：夫惟禽獸無禮，故父子聚麀。非自家夫婦與之苟合，便成禽獸。天地父母生我，成就一個人身，乃因一點邪慾失了人身，是爲大不孝，又何以立德立功，爲世間不朽之人乎？何面目見父母先人，何以對妻子乎？古人云：不戒邪淫，便是猪狗，必遭屠割之慘。大兵大劫，每由邪人太多，可不悚惕之歟？

一、何以一犯邪淫便要短命絶嗣也

人之所以爲人，全是天理良心四字。犯邪淫之人，只圖一時快樂，全不想我有姊妹、有妻女，如我的姊妹妻女被人點汙，我甘心否？那點汙我的姊妹妻女的人，我容得他否？就是我的姊妹妻女行路，有人注眼看他，我尚且不容他，况壞我親眷的人，我安肯饒他？恨他、殺他都是該的。把者念頭翻轉來想，我犯人妻女還是人否？天地神明肯饒恕我否？所以，犯邪淫人往往短命少亡，否則絶嗣，即或前生修得好，祖宗尚有餘蔭，勉强過了一生，而子孫斷無好處，甚或妻女子孫酬償。試以世人考驗之，便知毫髮不爽，柰何不早收心，要犯邪淫，甘心種無限禍根入於禽獸也。

一、斷絶邪淫，必從父母師友，慎所習也

爲父母者，必先明義理，正其身心，節慾修身，雖自家夫婦亦不苟言、不苟笑，閨房衽席間言語動静亦有規矩，不露狎褻。兒女七八歲便防閑之，教訓之，不許男女雜坐，外人引誘。凡有廉耻及端正、慈良、恭敬等事，細細訓導。到了十四五歲更要留心，將人與禽獸不同道理説知，古今正人君子詳示，教他實心體貼。出外從師，必選端正明理之人，不許小人同居、同遊。女子謹守閨門，親戚婦女有不正者，不許同之居處。擇壻婚男必求忠厚、仁慈、有禮義之家，不可以貧富貴賤而論。父母正矣，又教子女以正，方纔自幼習慣，久而自然。今人十六七歲便要婚娶，便要生男生女，爲父母者雖眼前日用道理亦不知道是非，如何爲父母、教兒孫，此世風所以日壞，人心所以難迴也。孔子曰：知爲人子，然後可以爲人父。子孫不肖，父母豈得辭責哉？至於師者，與君親並重，無論何業俱必有師，師不端正，雖好子弟也被他教壞了。且師既不正，則同學之人亦必不正，每日聚處，亂説亂爲，邪僻之事，一言難盡，子弟見見聞聞，被他習染，入於不肖，終身敗壞不能挽迴。爲父母者只説兒子不肖，不知其爲己過也。故凡人倫大義、修身處世、一切道理，若非明師教導，斷不能明白。而擇師必由父母，父母不正，子弟安能自擇明師。何爲明師？孝、弟、忠、信、禮、義、廉、耻八字講得明白，又能自家行得有規矩、有良心便是。是故父母、師是人生善惡禍福根子，爲父母師長者，不可不自修自愧也。孔子曰：苟正其身矣，於（正人[1]）［從政］乎何有？不能正其身，如正人何？孟子曰：身不行道，不行於妻子。使人不以道，不能行於妻子。後世君親師多侈然自是，不修己身，徒責臣子忠孝；在臣子之賢者，固甘心至死無怨，而枉屈亦已多矣。若不肖者，則爲禍不可勝言。世人習而不察，三綱不正，猶欲五倫各得其所，有是理？有是事乎？

一、戒淫根本既端，又當從事大學之道，始能以禮節情也

自古聖人以禮教人，不是全靠規矩法度，必從身心上用功。唐虞以前，書缺有間矣，孔子刪書，斷自唐虞。《堯典》篇首頌堯之德曰：欽明、文思、安安。欽，敬也。敬於内，静養此心；敬於外，檢制言行；久久志氣如神，道理明白，故曰欽明。人心不能無思，思多則妄，妄則不安。堯之欽明，心正身修矣；凡有所思，自然條理秩如，合乎時中，故曰文思。安安者，安而又安，從容中道也。此六字已將聖學言明，聖人千言萬語，其根本止在於是，《大學》誠意、正心、修身即此之謂也。春秋道衰，孔子僅私語其徒。爲君相者不知其義，遂紛紛多途，功利、刑名、詞章，博雜之學日多，大學之道將墜，孔子慮後人莫得其傳，故爲聖經一章以語曾子，曾子又恐人不知入手之要，又從誠意釋之，衍爲五章。秦漢以降，孔孟之書大行，此書知尊從者亦多，特不能深明其義耳。宋儒重此書而不得其功效之實，以一偏之見改竄原文，眞西山從而推衍之，朱子《大學》遂行於時，夫子原書反無人講求。

---

① 《十三經注疏·論語注疏·卷十三》及《論語·子路第十三》均作從政。據改之。

《欽定禮記義疏》仍存《古本大學》，誠不敢没聖人之眞也。愚爲恒解及《古本大學質言》，細細指出用功次第，但朱子改本，士人久已遵行，則見愚所言，必然詫異鄙棄。然聖人之書原是講明義理，使人有所遵循，欲學聖人者不遵依大學之道一一用功，又何能修其身？身不修了，又何能成己成人、無施不可？況聖言天，口所言莫非天理，其遺文豈可妄爲改竄？將聖人之書妄改、妄解，天下人要想學聖人，如何有用功處？愚今故特言明，將《大學》所言再細細言之，庶人知以道修身，不忝於君親。修身之道如何？格去物欲以清心也，研究義理以致知也。清心寡欲，常常静養神氣，求放心而收藏宥密，所謂止至善也。心易浮動，最難得静定，必須平時持敬，言行動静，皆求合理，不合則克治之，合理則擴充之，從一點念頭動處，便不自欺、自恕。如此久久，然後善氣多而志氣清，孟子所謂集義生氣也。曾子所以從誠意章作傳，將夫子許多言語、道理盡納入誠意中。誠意者，動察也。無事則收心於中，一念不生，萬緣屏絶，至虚至静，使神氣相依，湛然無欲，此便是艮止之功，執中之道，静存也。《書》曰安止，《易》曰艮止，《詩》曰敬止，夫子則曰止至善。至善者，天地之中。人身與天地同，識得此竅，能宅心於此，由有諸己而化神，便知天之所以爲天。子思曰：天地之道，可一言而盡。正謂此耳。而自古聖人不敢直洩者，以其爲天地之奥，恐人褻視，且非得明師言之，亦無益也。孔子於坤曰：君子黄中通理，正位居體，美在其中而暢於四肢，發於事業，美之至也。於艮曰：止其所也，時止則止，時行則行，動静不失其時，其道光明。皆止至善之義理功效。孟子曰：充實之謂美，充實而有光輝之謂大。蓋人之所以生者氣也，神爲氣之主，而心乃人之神明，所以善心難而惡心易者，氣質累之也。有氣而後有質，有質而氣亦困。心者氣血之靈，氣血不能無疵，人心安得純乎理哉？故必養浩然之氣，久久始不動心。浩然之氣不外於血氣之氣，而實非血氣之氣所同，其功用至神，孟子喻之以剛大，而曰浩然，以其功用言之耳；而其本體則無聲臭之可名，故佛、老曰：虚無，元氣；虚無言其本體，浩然言其功用，非有二也。儒者諱言虚無二字，然不顯之德同乎於穆，惟上天之載可擬，德何以不顯？所謂穆穆也，穆穆者，深遠之意，無可名狀，則虚無矣。文之穆穆與天之穆同，以其純乎天理，不可得而見者，人心也。德在於心，又如何可見？所以名之曰：不顯之德。謂心德必見於事物纔是，則夫子知我其天、人莫我知，豈非妄語乎？況養心之法，非虚無涵養，則憧憧往來者不止。《大學》所謂定、静、安三字，如何得知實際？故必知止而後能定、静、安。朱子將至善説在事物上去，然事物之至善即知得了，如何便得定、静、安？此事理之明白易曉者，柰何曲從朱子而悖孔子乎？惟知天地之中，求放心而止於其所，持其志，無暴其氣，久久而后，心始少紛擾爲定，定久而后神安氣寂爲静，静久而后身心泰然爲安，安則私欲日少，天機日生，凡窮理之事易於明辨，而后能慮，能慮則心不蔽於聞見，事不足以擾心，言行動静可合禮義，是爲能得。夫子以止至善爲《大學》之要，特地指出次第功效。如此分明而誤解之，使人逐物而求，謂物物窮理，久久便豁然貫通，心之全體大用無不明。内無養性之學，外恃耳目之明，如何便可定、静、安？又如何還要慮、還要得？即如忠孝是至善，誰人不知？而能忠孝者幾人？定、静、慮又如何説得去？課之身心不可行，使人務外無終極，聖言竟爲畫餅矣。人心難制，道理難明，非止至善則無以存心，非虚無亦無以生浩然之氣，欲去其邪心，歸於義理，斷斷不能。故欲戒邪淫，知守身誠身等事，必從事大學之道。大學之道，人人可知、可能，不外此身而求，豈專爲讀書人言哉？亦豈欲人藉此以鳴道學哉？

一、大學之道，不止是全人道之當然，且希聖希天、卻病延年、免飢寒困苦也

人得天地中正之氣，是氣即是理，理氣之元即太極也。得此太極，在未生以前，一團神氣無名無象，渾然粹然，所謂天命之性。子在母胎，本無聲臭，未具百骸，全是一團理氣，故孟子曰：性善也。及形骸已具，出離母腹，九竅開，七情發，先天中氣散而難聚，分而難合，於是渾然之性變爲紛紜之心。然其本體固存，不過氣質之欲，物感之來，引之而失其正耳。故孔子曰：性相近。聖人以學教人，格去物欲，致其天理之明，内而存養則止於至善，外而省察則誠其好惡，以存神養氣爲主。神即心也，神爲氣主，故必持其志，無暴其氣。但氣乃先天浩然之氣，非口鼻呼吸之氣，心乃知覺運動之靈，亦不是先天之性。存心養性者，存其有覺之心，養其虚無之性。此間義理至精至微，非明師不授。儒者避羽流之言，諱言神氣，不知人非神氣不能生，天非神氣不能立，但神氣有先天、後天之分，不容不辨耳。先天之神氣，即天之所以爲天，人得之以爲性。日月星辰，天之神光也，風雲雷雨，天之眞氣也，然乃神氣之散著者，其神氣之元則不可得而窺，所謂上天之載，無聲無臭。然則道在天地，至虚無者乃其本，形形色色者乃其用。人得天地之理而生，所以生者亦止神氣。心即神也，人不能自見其心，天理在心，又如何可見？存其心養其性者，一元之神生一元之氣，久久充實而漸化神，非空空無着者也。儒者不言神而但言心，然心非神乎？理非虚無者乎？

理宰乎氣，氣載乎理。離氣，理於何有？是故無聲無臭者，道之本；虛無養静者，致中之功。清淨者，天理純粹，一私不雜之意；寂滅者，寂然不動，私欲全無之謂。佛、老之眞者，何嘗外理也。僧流誤解而儒者不察，不知其爲養心之法，而以爲廢棄倫常，豈不誣哉？惟心性止是神氣之靈，故存心養性即存神養氣，神氣强固，奚不可延年？集義生氣亦非如羽流但養凡神凡氣，内而存養，外而倫常，本末交修，浩然之氣塞乎天地，乃可以當之，故壽考即在其中。夫子曰：仁者壽，大德必壽。又曰：天之所助者，順也。德行純粹，神動天隨，自天祐之，吉無不利，何至窮苦愁困，不能免無妄之災哉？孔子曰：天生德于予，桓魋其如予何？天之未喪斯文也，匡人其如予何？此理至明，惜前人不達天人之理，而必區區避佛、老之言，覺吉凶、悔吝、餘慶、餘殃等義，聖人皆爲妄言，不亦惑乎？

一、大學誠意正心，必先畏天命，故不必禁禍福鬼神之説也

天祇一理，理無形而氣有迹。理氣之靈，名曰鬼神。天蒼蒼耳，地塊然耳，其主宰理氣、變化不測者，鬼神也。人在天地匡廓之中，此心此理得天地之正，爲天地心，一念之動，合乎天理即順天心，悖乎天理即逆天心，積之久而善惡迥不同矣。順天者昌，逆天者亡，天亦何心？合理而與之親則福，不合理而天與之遠則禍。鬼神，天地之靈，主宰理氣，以善求天，如石投水，以惡求天，如水投石，自然之理，豈爲奇怪事哉？故禍福止自求諸身心，不是違理而媚禱神天。《周易》一書以吉凶悔吝教人，因畏禍求福者，人情也，以禍福之由來示之，使知吉凶生於善惡，爲善即有福，爲惡即有禍，仍是教人爲善，不是教人求福。不爲善而求福，如入山而求魚，入水而求薪，不惟無益，且必遭諂瀆鬼神之罰。世人往往求福得禍，以爲爲善無益，不知其所謂善者，非善也。譬如有人於此愛人敬人，而父母淡漠將之，不刻刻思慕父母而愛敬他人，可謂善否？輕財好義，而於兄弟卻計較財貨，分别爾我，甚且坐視其困而不救，可謂善否？知神天首重者孝弟，愛敬者人之天良，天良以父母爲根，不愛敬父母，天良已亡，又何能愛敬他人？孝子必友弟恭兄，念及父母疼念兒女，有不仁讓者乎？愛敬始於孝弟，而後推此天良，仁民、愛物都眞切不二，方纔算得是善，方算合得天理。如此而不得福者，鮮矣。但人心多妄，愛敬之心人人有之，或知而不爲，爲之而不眞、不長久者，何也？放肆懶惰也。問何以怠肆？以爲不如此亦可無妨，而不知愛敬者，人心天理之良，不愛敬父母兄弟，便没了天良，天地神明便不歡喜了，尚有何好處？鬼神司天地之功化，天地不喜，鬼神即降之殃。故君子必畏天命，一念不存天良，即刻斬除，便是事天實學。不然，則孔子所謂小人不知天命而不畏，小人而無忌憚也，尚安能正心，又安能有福哉？世人無不求福避禍，且多事神求福，而不知鬼神不取祭禱，專取孝善之人。福澤原不難求，止在正心，正心先要誠意，誠意要慎獨。《大學》《中庸》言慎獨功夫曰：十目所視，十手所指，相在屋漏，豈非敬畏天地鬼神乎？先儒一偏之論，不合孔子，致人肆心蔑理，可嘆也。或曰：夫子何以不語神？曰：夫子非不語也。凡語神必以人道實之，如云鬼神體物不遺，而以神之格思，不可度思，教人敬鬼神而遠之，必先務民義，不是說鬼神荒渺，是說鬼神止此天理。天理近在吾身，反身修德而畏天命，天地鬼神即應之，某之禱久，知我其天，即此意耳，其或邪神野鬼爲祟者，皆其人無德，而正神不佑之也。

一、道本中庸，因二字被先儒說得不明，人遂高視聖人，遠視大道，而希聖希天之學無人行矣

戰國時異端漸多，聖人之道將湮，子思乃述孔子《中庸》二字，衍以成書。何爲中？凡事無過，無不及，做到恰好處也。何爲庸？平常也。無過不及之中，人人可能，但不誠、不敬、不恒久耳。子思正恐人以道爲難、爲奇，故標此二字反復言之，柰儒者太說得精深，於是孔子、子思之心没矣。今試淺言之。所謂中者，合理而妥當耳，如飲食不可過飢，亦不可過飽，是中，亦是庸。凡事合理，做得恰好，人心是安的，便覺快活，可見中庸之理，是天生與人的。又如酒、色、財、氣四字，聖人亦不能離，但聖人飲酒不及亂，自家夫婦亦以禮寡慾，若外人子女便不看不說，並不敢一毫妄想了。凡人若知得此理，便是中庸，便是聖賢。士、農、工、商各有職業，能勤慎節儉，不肯荒惰，又能念念不欺不苟，常常顧着天理良心，便可漸漸合乎中庸。中庸之道，天理也，合了天理，上天自然保佑，何至飢寒困苦？平常二字，人每忽畧，平者如路坦平，不虚險也；常者如布帛、菽粟，不奇怪也。人生所以養生，止宫室、衣食、男女數事；所以成己成人、經天緯地者，不過五倫，人人所有，人人所同，豈非至平至常？然而宫室、衣食、男女，愚人以此喪心蔑理，入於禽獸，君子以此修己安人，參贊化育。所以然者，義理之是非。不從一念檢點則不誠意，久久習慣自然，欲不爲小人不可得矣。故人倫日用及自家身心之事至平常，理實通乎天地。時時檢束身心，謹言慎行，以忠恕心行仁義事，便可合天心，有何奇怪？有何難能哉？試更以淺近之理明之如左。

一、事父母也，兄弟附

古今言孝理者甚多，勸人孝者亦不少，而卒少能孝者，何哉？父母少教訓，長大爲物情所惑也。凡孩子能言能行，稍知事務，便要教以親愛恭敬之意，如父母尊長前不許亂説話、亂作事，尊長言語要恭敬聽從，作事要留心，不許笑談呰議，常常隨侍父母，昏定晨省，問寢視膳，出告反面。眼前道理要日日遵行，不許放肆懈怠，久久習慣自然，便有不忍遠離父母的念頭了。到了長大，又選明師教訓之，好朋友勸戒之，不許與小人相交，總要時時在父母之側，完婚之後，依然如此。明師益友將父母恩養之心細細講示，又將婚配緣故講明，父母與我婚配，是怕我外想邪淫，犯了首惡，故與我娶妻，免我胡思亂想。且男女是人生大倫，上接祖宗香煙，奉養父母，父母年老，内外操持家務，不致父母勤勞。若弟兄便是與我同骨肉的人，一樣兒女，父母是個個心疼的，若一毫不和氣，父母便心痛懷恨，便是大不孝的。凡孝子未有不愛弟敬兄的，弟兄不和便是不孝，不孝不友之人安有好處？試看只重妻子，薄父母兄弟的人，未有不子孫消滅者。弟兄不和，止是爲財爲氣，怕自己窮苦，又性燥不忍氣，遂至不和。何不思人生衣禄全靠天祖，我厚待弟兄，天地神明祖宗父母都愛我了，何愁衣食不足？就是朋友亦有千金相贈之時，如何骨肉弟兄卻忍心不顧？至於言語不合、行事不和，也是小事，外人笑我駡我淩辱我，君子且三自反，不與他較量，況自家骨肉，有何不可忍讓耶？孝弟孝友是一串事，不可分看，故言孝，必言友弟恭兄。二事認眞了，以愛敬行之，即是富貴壽考根苗，切須勉之。古來孝子只是不忍别離父母，如孩子時一般，故瞻依二字是人子大根本。作孩子時，離父母一刻，便啼哭不安，長大貪戀外事，忘了父母，孟子言慕少艾、慕妻子、慕君等，人人知之，如何卻不戒絶之？幼時非父母不生，長大不顧父母，良心天理何在？舜爲大孝，只是如孩子依親，至死不變耳，故曰：終身慕父母。若父母有難，便竊負而逃，遵海濱而處，天子也不要。孝子心腸，被孟子説完了。父母愛子，無時不罣在心頭，爲人子的，也時時把父母罣在心頭，自然瞻依父母，不忍不盡道了。父母爲兒女費盡心血，始得成人，到得兒女成人，父母已是衰老，不是多病，便是多愁，若不得好兒女服侍奉養，怎得起居平安？生我父母，該盡道愛敬，不待言了。又有過繼與人爲子者，撫我之人名曰養父、養母。凡過繼必是同宗之人，雖有親疎遠近，總是一個祖人傳下來的，我的生父生母念祖宗一脈，將我出繼，是父母的大孝心。撫我的父母因自己無子，不得已撫我爲子，那心中何等悽慘，惟恐我不孝順，便枉費辛苦了，所以能孝養父養母人，其功德更百倍。愚友張如山，其父平生孝愛養父、養母，與生父母無異，生二子，長如山由鄉貢服官至州牧，次虛堂爲孝廉方正。其他凡推愛誠之心，以愛敬養父母者，無不榮顯。可見聖人制禮，乃天心所在，不可不講明也。孝子不但得親之歡，更要諭親於道。何爲諭親於道？父母一言一行、一動一静，善則曲成之，惡則諫阻之。蓋我望父母康强福壽，還要父母自修，父母有善，天乃佑之，有不善，恐損父母之德，便損父母之福了。孟子曰：不得乎親，不可以爲人；不順乎親，不可以爲子。得親，親喜悦我，順親，諭親於道也。願父母爲聖人，又要父母歡心，二者相妨，事親之道所以難盡，惟舜得親、順親兼盡其道，所以底豫而爲大孝。世上父母喜兒子承順，兒子亦以承順爲孝，不知善可順從，不善而順從，陷親不義，反爲大不孝。所以孔子曰：惡有從親之令可以爲孝者乎。事父母有幾諫之法，即是不忍父母爲不善也。然自己義理不明，又安能諭親於道，非孝愛之至，又安得委曲周全。善用其術，使父母歡喜從諫，所以夫子言：不誠乎身，不能事其親。誠身之道，必從事大學之道，一時不能即誠，只要愛敬二字十分周到，亦必於親有益矣。

一、父母並尊，不可輕重，父一而母不一，孝父自然孝母。前人誤解禮經，不可不明辨也

父母，天地也，地統於天，故母統於父。然屈於夫，斷無屈於人子之理。猶地卑天尊似有低昂，然天生地成，地生天成，生成萬物，實天地同功，可分彼此輕重乎？前人誤解夫死從子、父在爲母服期年之語，致世人重父忽母，犯不孝之罪者甚多，愚於四子六經嘗辨之，今更贅説於此。婦人無外交，言不出於閫，雖正位乎内，亦與正位乎外同功，而外應總非婦人所得應酬，夫死則外事安得不屬於子？然從子者，謂不能身任外事，非謂不得與聞也。爲子者必當稟命於母，不得遂自專主。或夫亡子幼，則外事亦母主之，不過不身自越閫，其主持家政，養教兒女，必兼父道而行，古來賢母甚多，皆由此選。近世不孝之子，父没妄爲，母不能禁，旁觀亦以從子之説爲憑，不罪其子，甚或致母吞聲飲恨，愁怨終身，豈非言禮者貽之咎歟？孔子曰：父母之喪無貴賤一也。安有父三年而母止期年者哉？蓋古人父母之喪常服衰絰，飲食起居俱異於常，期而小祥，始不常服衰，除去首絰、練冠、縓緣，始食菜果，然要絰仍不除，不食稻衣錦、不作樂。若父在則小祥，衰絰皆除，衣食起居不純用喪禮。所以然者，父爲妻服期，小祥則父服除矣。雖夫妻情重，亦可漸漸忘懷，若人子仍以喪服侍側，必觸動父之哀情，飲食不甘、起居不適，反爲不孝了。故聖人制禮，父在子不純素，以便侍養於父，即笑語承歡亦可從權，非忘母也，爲慰父之心不得已也。然不在父前，則哀念於母，食旨不甘、聞樂不樂，仍盡其心喪。是故父在爲母期年，乃恐傷父之心，豈薄母而厚父哉？聖人不止體人子之心，使得盡禮於父，亦且禁父私情，不許傷人子之意，故古禮妻死夫服雖止期年，而必俟人子三年喪畢，然後繼娶，亦體人子之心，子尚居喪而即繼娶，恐子思母而增悲也。且父行吉禮，子何得不從吉禮，豈有吉禮事父事繼母而尚爲守三年喪禮者乎？先儒不知而妄解，以貽名教之害，不可不辨。是故父母一也，罔極之恩同，禮制安得不同？生母不待言矣，其他凡爲父妻妾者皆母，即皆當盡孝。繼母繼吾母而育我，其同母不待言，庶母亦母之倫，其侍父也，母所爲者代之，母所未爲者亦爲之，愁勞更倍於母。子不云乎：父母之所愛亦愛之，父母之所敬亦敬之，父母器物且必珍重愛惜，而況庶母乎？禮有八母之稱，推孝父母之心以及於諸母，有愛敬之天良者，斷無不在在盡道爲民上及爲親，爲師者，其可不明以示人本身以立教哉？

一、事君也

君親並重而君更大於父母，蓋無君則弱肉強食，難保身家。尚無父母，何有於我哉？然事父母自幼至老不離，事君則擇君而仕，待時而出，何也？事君者，分君之勞，非徒爵祿，君代天理物，臣代君治民，亮天工而安海甸，豈爲安榮利祿哉？若有德有才，君不知我，即或知我而不信任，則雖仕無益君民，寧別求執業亦可，何必竊位而誤國誤民，良心抱愧也。自古聖賢不肯輕仕，或已仕而君不倚任，禮貌或衰，稍有疑貳，即見幾而作，如孔子燔肉不至，孔明三顧始出，豈自重而慢君上哉？信任不專則不能行其道，久且有意外之虞。孔子曰：以道事君，不可則止。孟子曰：無罪而殺士，則大夫可以去。故已仕者不當苟祿，未仕尤必審幾。一官有一官之事，一事有一事之理，自揣勝任然後致身，則上不負君，下不誤民，不然，甯貧賤可矣。如或亦有才德而不盡優爲，則必虚己下賢，求人自輔。周公吐握、孔明集思是其前師，否則自矜自用，誤國誤民，其咎更重。古人詢事考言，論定然後官之，任官然後爵之，隨其所長而授以職。士亦自量其才，所以無棄才，亦無廢事。後世不然，以詞章取士，已不能知其平生矣。一登仕版，事理多疏，而凡夤緣瞻徇，苟且之徑尤多。朝廷難以收得人之效，士子不復修廉正之行，何望郅隆乎？夫子不克家，必壞父母之事，臣不忠君，豈是天澤之宜。忠君者一片肫誠，惟恐一毫欺貳，恪恭將職，此心必自事親時力行，然後可以移孝作忠，至於體用之學皆全。爲大臣則格君心之非，小臣則隨事盡職，蓋非可望於庸人，又在君相平日培植之功。《大學》一書果人人踐行，庶修己治人均可不愧，但不可從宋儒改本，轉入歧途耳。

一、出處大節，士與取士者皆必以此爲先，乃有眞才也

聖賢之學，成己即欲成人，豈不思濟世、徒尚孤高哉？然而非有知音，必不苟仕。非自高也，相信不深，則必不專心委任，君子豈肯苟圖利祿？後世喜恭順之臣，實能致身盡職者未得，而諂媚之流進矣。人主喜其易於驅使，而不知其身家念重，欲求精白乃心，固已不能，且取士不慎，薦舉則或誤信僉壬，科條則但防干進，束縛之，馳驟之，以不肖待君子，聖賢豪傑遯於山陬，以榮名誘士林，無識淺夫競爲弊竇，是上不知氣節爲忠孝之本，高尚多骨鯁之流也。至於學者，束髮受書即以位祿爲榮，第知肥其身家，罕有眞愛君國者，且並無實學，才德經濟不堪自問，而僥倖求進，使之佐理，不特無功，且必僨事。老萊子云：可榮以爵祿者，可隨以刀鋸，凡富貴利達之徒，未有能忠君愛民至誠不變者也。高尚之士不一，有志趣清高不樂仕進者，有慕清高之名一意肥遯者，皆非中庸之道。惟實有道德如孔、孟、伊、吕，乃實能自修其身，亦惓惓於天下，必使君爲堯舜之君，民爲堯舜之民，如或不遇，則甘心樂道，不枉己以徇人，視萬鐘如敝屣耳。若非賢君，則必以爲孤高自恃，而不知其忠愛之誠，悲憫之志，有百倍於常人者，如孔孟未嘗干進，用世切切於懷。蓋有聖人之道者，自然不遺其親，不後其君，爲上者安可不逾格優崇也。人主知此，必重育才之道，士人知此，必少苟賤之行，吾是以揭而言之。

一、三綱不正，則五倫亦不正，故爲上者當自修也

道在五倫，五倫以三綱爲重。重之者，非重其名分，重其責任也。惟天子兼君親師之任，其尊如天，其於民如父母，愛養之、裁成之，故師道亦在其中。上天愛民，不能自爲養教，乃亶聰作后，使代其功，爲人君者，可侈然自足、不體上天之心哉？孔子稱堯則天，非但譽堯明爲君，必心如天、道如天始可也。天子而下，百官皆分天子之任，即皆有君親師之責，若但享榮祿、負君恩，即得罪於天，所以明良交泰，乃成祥和。世之爲父母者，第知責子不肖，而不知積德貽後、又善誘教，乃爲盡父母之道。孔子曰：子也者，親之後也，(可①)［敢］不敬歟？祖宗有積累之仁，然後子又生孫。不

① 可，《禮記·哀公問第二七》作敢。

念父母之恩，徒以己爲父母，便可責望於子孫，其小，言行心術，無以爲法，其甚，蕩檢踰閑，多生罪咎，而乃侈然紛然責備於子，豈知己先得罪於父母乎？故孔子曰：知爲人子，然後可以爲人父。不慈便是不孝，此理罕人知之久矣。孟子曰：中也養不中，才也養不才，故人樂有賢父兄也。如中也棄不中，才也棄不才，則賢不肖相去，［其間①］不能以寸。身不行道，不行於妻子；使人不以道，不能行於妻子。爲父母者，其亦思之否乎？夫婦爲人倫之首，孔子曰：有夫婦，後有父子、君臣、上下。男女正，天地之大義。人道以大昏爲大，故禮必冕而親迎。子思曰：君子之道，造端乎夫婦。自古聖人莫不有賢配，夫子刪《詩》，二南首列后妃，詩至五篇之多，餘亦多婦女之什，其訓世之意可知。而後儒誤解經義，謂《易經》抑陰扶陽，婦人惟酒食是議，不知陰陽相濟乃成造化，造化之功用莫大於五行，而天生地成，地生天成，互爲其功。地道無成而有終，無成者，承天而時行，非坤元資生不如乾元資始也。斯干之詩，作室落成，祝居者攸芋、攸甯，生男生女，男君王而女柔順，嫁夫得其人，宜室宜家，無有非議之事，亦無俟威儀文飾，但時以酒食相樂，乃頌禱之詞耳，豈謂婦人但議酒食而一切家政俱不與聞哉？果爾，則聖人正内、正外、陰教、陽教之義又何以通？自儒者誤解此詩，令後世人民貴夫賤妻，或身不修而暴虐其妻，或妻本不賢而無以教化，上則無以事父母，中則無以和兄弟，下又何以成家教子孫哉？間有重伉儷者，又徒以情慾相親，不問義理之是非，遂牝雞司晨，百爲乖舛，其害尤不勝計。夫婦女生長閨中，不聞外事，安得皆聖賢之徒，全賴丈夫爲綱，有以整齊教化之，賢者敬之、不賢者善教之，必在我者一言一行皆可爲法，徐徐漸染而化導之。如愚悍不法，則屏斥之，毋使得與家政而已，否或另置賢妾，或竟歸之母家，無可歸者亦置之别所，養之如舊，以終其年，萬不得已而後出之。使夫果仁賢，不能變化者亦少，是在人之自勉而已。至於師者，所以輔五倫、維風教，凡忠孝、仁義等事，必需明師導之。故曰：父生之，師成之。民生於三，事之如一，烏有心性倫常之理，無賢師而能臆測者乎？自古聖人皆必有師，自先儒謂聖人爲天授，不須師承，而學者諉資質以自安，視師道爲易事。爲師者，德行道藝未必信心而侈然自足；爲弟者，人倫日用俱不力行而但務文字，其他百工技藝，身心不端而妄居師範者更不少，世安得有全材哉？故就臣、子、妻與弟言，則君、親、師與夫，即未必賢，亦不可一毫非議；而就君、親、師與夫言，則必求問心無愧，然後倫紀修而

① 其間，《孟子·離婁章句下》原文有其間二字，今補之。

人才出。此名教之大關，世運汙隆之根本，不可不察，不可不勉也。

一、君相不可不以聖人自命也

生民之始，人物雜居，無宫室、無衣服飲食等制，與禽獸無異也。天生聖人爲之君相，使人别於禽獸。唐虞以前，其君如今酋長，各居其土，各子其民，有德如堯、舜，則人乃歸之，然亦不過羈縻統屬而已，故曰：天下歸往謂之王，亶聰明作元后，元后作民父母，惟天惠民，惟辟奉天。不體天德以爲德，不體天心以爲心，何以能代天理物，化民成俗哉？故孔子表堯則天，以爲世法。而堯、舜體天以治世，且不以天下爲私，必擇賢而與之，非矯也，知君上非聖人莫能勝任也。顧聖人不常有，而國不可一日無君，於是乃有世及之典，其父爲聖人，則必能以聖道教其子孫，即或久未必然，而有賢臣夾輔，亦可匡扶乂安，如禹之有啟，湯武有伊周。其創業者本無利天下之心，天亦從而護佑之，繼世不能，即有桀紂，且培德深厚，作育有方，此三代所以享國久長也。後世以天下爲利祿，有德而民歸之者固已寥寥，又不知體天愛民，選賢圖治，徒欲鞏固河山，长保宗社，然而德既不厚，臣亦罕良，安得不禍生旋踵？夫天生蒸民，爲之君長，必非無故而誕降，然聰明首出，亦必藉乎善教。從古聖王，本身作則，已可爲後人倡，而諭教世子，必選大賢，如周之文武以聖人之資而有聖人之父，慮無不率家訓而紹先型矣，然且以鬻熊、太公爲師，咨虞訪虢，周、召、畢、榮，賢俊濟濟於廷，其後嗣亦安得而不賢智哉？故開創之君，固當積功累仁，旁求名世；繼體之君，亦必省身寡過，虚己求賢。昊天子天子，天子子天下，事天如事親，愛民如愛子，天人有不翕應者乎？至於人臣分君之職，亮天工而撫元元，亦與君同其責備。未從事大學之道，誠其意，正其心，則雖有才能，必多遺行，況不以天親視其君，不以仁義治其民，而竊位苟祿，甚且奸欺百端，世何以臻於蕩平？天豈不降之大戾乎？

一、培植人才，禮賢下士，有國有家者，皆當急務也

爲君無不望有良臣，爲父無不望有賢子，而不能者，培植之道不講也。培植之道安在？修身而已。修身之道非一，以忠恕之心，行仁義之事，念念不忘誠敬而已。天理良心爲仁，行之而善爲義，仁義始於孝弟，推諸百爲。凡一念之起，必求於心安、於理順，以至於念念皆然，事事不苟，則德懋矣。即未能然，知時時檢點心術，恐於心不安，於理不順，亦可以久久而成德，傳教子孫。爲君者，有裁成天下之權，其易培植人材不待言矣。爲父者，養教子孫，木本水源，亦可自主。本身立德，必求一毫無愧於心，尤必力行仁義，愛敬至誠，虚心集益，自返無愆，已足爲後人模楷矣。而又交遊俱善，子弟目見耳聞，如入芝蘭之室，久而自化，豈患其越畔哉？自古及今，生而不肖者無多人，蓋爲君爲父者不知此義，故家不成其爲家，國不成其爲國，是以不得已而揭言之耳。周家后稷教稼育民，功配彼天，自公劉以下皆聖人，寬仁厚德如大王遷岐，文王服事，其大著者醞釀祥和已久，而本成己以成人，至於中林野人，俱爲干城腹心，若非文王壽考作人，武王、周公封建八百，安得許多賢士而用之？孟僖子稱夫子曰：吾聞聖人有明德者，其後必有達人，今其將在孔某。即此二端，有國有家者之由來可推，不然而欲求忠孝、賢聖，必不可得矣。

一、道在日用倫常，而能盡道者希。分心性、事功爲兩途，世俗、聖賢爲不相合也，當明辨而力行之

日用者何？一切言行事也。人生所賴以生者，不過宫室、衣服、飲食、男女四事，而常人以之蔑禮喪心，聖人以之事天立命，何哉？以禮節情，不離俗亦不徇俗，即妙矣。宫室可蔽風雨，衣食可免飢寒，男女承先啟後。端其心術，修其職業，以天理良心爲主，四者即可如意，不至困窮，此天人感應一定之理。若縱欲無度，非理營求，則反致災患。世人於此處關鍵不明，所以無者妄求，有者傾覆，可嘆也。五倫之事即在日用間，但道各不同。君友以義合者也，子曰：以道事君，不可則止；忠告善道，不可則止。故此二倫只好自盡其心與道，難以期其必相投合。若父母、兄弟、夫婦，則人人有之，不能外此而生，外此而有道。夫子繫《易》曰：父父、子子、兄兄、弟弟、夫夫、婦婦，而家道正，正家而天下定。家正耳，何以天下便可定哉？無人不有三倫，能各盡其道，各正其家，天下更有何事？自古聖王亦不過本治家以治國，日用倫常，安能外此而爲道？但父子、兄弟、夫婦，至親至邇，而其常變順逆情事萬有不齊，欲盡其道，必須明其分誼之當然，竭其天性之自然，勿任其心情，善全其事變，而後可以無愧。父母者天也，竭誠盡慎，奉養瞻依終身，不待言矣。尤當明善誠身，諭親於道。蓋人子欲親福壽，仍須父母自修，若言行心術，一有不合，即爲父母之累，故得親、順親，必兼盡其道焉。兄弟手足，同以父母爲根本，想到父母愛子，個個一般，未有兄弟不相愛者，故孝友、孝弟一串而言，不友、不弟，即是不孝，縱有他事好處，根本先虧，神天祖先亦不眷佑，戒之。戒之。爲兄者如舜、爲弟如王覽便得法。凡兄弟不和，爲財、爲氣、聽讒言三事而已。天要我窮，怎得飽暖？天要我富，怎得飢寒？然天何故愛我？必死守天理良心，乃合天意而得福也。銀錢原是公共使用之物，朋友相好，尚且千金贈之，何況弟兄。我憐愛弟兄，惟恐其受飢寒，天地、神明、祖宗、父母便多喜歡了，安有尚窮餓之理？試看天下人，寬讓踈財者，未有不昌達，刻薄弟兄者，未有不銷亡，柰何不急急回頭。至於義理是非，辨明之者以修身也，弟兄之間則斷斷不可講理，只以相親相愛和睦爲主，即有不是，亦徐徐勸化，不可驟發，不可執固。若平日相處，一分別是非，便起争競了。或兄或弟言語行事不合，以痴聾待之，慢慢再勸化，不可化亦寬讓，勿記於懷。如此責己、仁讓，則妻妾及外人讒言，自然不入耳了。夫正其綱，善教妻子，勿貪色慾，勿不修身，勿虐使其妻，一切言行不愧，方纔可以爲人夫、爲人父，切勿侈然自足，不正其身而徒責妻子。如此則父父、子子、兄兄、弟弟、夫夫、婦婦矣。人倫之道修，日用一切事爲自然俱當乎天理。世俗不踐人倫之道，而徒求嗜欲養生，富貴名世，固非義矣。儒者高談性命，而不從世俗之事使人切近奉行，誠敬孚之，遂致言理入於空幻，言道不屑世俗，豈知心性倫常，内外一原，必本末交修，隨時處中哉？自古聖人德同而事不同者，隨其時俗爲之節文也，外世俗而言道，談性命而無事功，於道何當？於世教何裨？戒之。勉之。

一、教必先養，而後世養最難興，必因時制宜，其權在君親師也

聖人治世亦止富、教二字，人人免於飢寒，人人爲善去惡，天下有何事哉？惜人心難治，俗云：飽暖生淫慾，飢寒起盜心。窮則邪僻，富又驕淫，人心難治，將柰何哉？周制人皆有田，士皆學道，可謂周密矣，然而世官世祿，久遂驕横，兼并虐下，在上已然，在下者人人有田，無飢、困、流離之憂，亦久而放縱。至春秋時，便有許多不堪之事，廢井田，去封建，雖商鞅之爲，亦豈非天意哉？人心易肆，非經一番困苦，罕有能自淑者，即曾經困苦，一旦亨通，尚多奢縱，況生長富貴乎？爲君上者，嚴爲立法，善爲裁成，宫室衣食，一切制度，齊民不得等於士大夫，士大夫非有德不能倖進，以大學之道育士，以六德六行登賢，凡民多財無所用之，則天下可群趨於仁義矣。爲士者，農、工、商、賈各執一業，但能端心術、修品行，以勤儉持家，亦何患不免飢寒？是在君親師善爲養教之，不然而苟求富貴，不循天理，得則欣欣，失則戚戚，吾未見有能久者也。朝無貴而不德之人，野無不義而富之士，則庶幾焉。

一、君親之責固重，而師尤爲先。非行大學之道，師固難求也

《禮》曰：師無當於五服，五服弗得不親。大學之道，詔於天子，無北面。所以然者何哉？父母不盡聖賢，有聖賢之師而後知道、行道，全乎爲人之理。及其成功，事親必孝，事君必忠，凡成己成人之業無不可爲。即爲君、爲親，亦必有師而後成德，所以與君親並重也。自古聖人無不有師，黄帝師廣成、帝堯師務光、文王師鬻熊、武王師尚父、孔子師老聃。孔子師老聃，儒者不以爲然，下贅言之，兹不贅。若王季、文王，皆聖人也，而必有師以誨其子，豈故謙下哉？身心性命之理，日用倫常之道，至平、至常，至精、至粹，非親炙聖師，朝夕追隨，亦趨亦步，豈易精微畢貫？以聖人爲天授，不待於師，此不知道之言，彼於天人性命一以貫之之義，固未實踐漸臻，故以一得之知，謂爲止境，而使後世學者高視聖人，輕視師表，謂資稟不逮，謂道可憑心臆測，其爲害可勝言哉？夫子曰：吾聞老聃博古知今，則吾師也，吾將往而學焉。從老聃助祭，聃呼其名，臨别稱爲猶龍。子夏對魏文侯曰：仲尼師老聃，竊比於老彭。即老子也。朱子初註亦以爲老子，後因人闢異端，改爲商賢大夫，然商賢大夫即老子矣。在商爲守藏史，名錢鏗，在周爲柱下史，因長年恐惑人，故屢改名。百工技藝皆有師，何况聖人之學，立命事天，繼往開來，爲孝子，爲純臣，襄皇猷，明教澤，其道至大，其用至宏，而其功夫次第，尤非可以一朝盡，豈容無師而能知之、行之哉？但師有聖人之德者，曠世難逢，其次品端心正，實踐倫常，不欺不苟，亦已可矣。又其次優於才學，稍知敦品，否則才藝可以節取。然苟大本不修，則無以造就人材，俾家有賢子，國有忠臣。夫子溫故而知新，可以爲師。人罕知者，姑附識於此。故者，天理也。天理無所不包，凡人倫日用以及天地民物，無小無大皆是，而其原具於心性，此理人獨得之於天，與生俱來，故名曰故。聖人教人爲學，全是欲人葆此天理，果能復其天命之初，則心純乎仁，行合乎義，盡人性、物性，皆由己性而推。溫者，如火暖物，喻時習之功，内有以固其神明，外不稍惰其志氣也。以養氣言，則孟子所謂有諸己而充實浩然之氣，睟面，盎背，四體不言而喻。孔子秋陽以暴之，子思云形著動變，溫溫恭人者，外著之形神，太和翔洽者，内存之德行。《中庸》言凝道功夫，特述孔子之言，非養浩然之氣至於充實而有光輝，未易知溫故之義，又安知如何知新，可以爲師哉？道流言溫養亦此意，惜爲後世所亂，喻神爲火，喻氣爲藥，以神養氣爲以火練藥，持其志曰武火烹煉，毋忘毋助、聽其自然曰文火溫養，實則存神養氣之别名耳。人之神氣與天地通，聖人與天合德，止是心純乎天理，但凡人之心多妄，則不得爲天性。聖人盡性，心

純乎天，即與天合，而究其實，則志氣如神，浩然者塞乎天地。心即神也，爲氣之主，氣，人身所以生，言理而不言神氣，空空言心性，心性何所寄哉？性乃天理，稱爲元神、浩然之氣、乾元之氣。知覺之心非性，以口鼻之氣爲氣，力避佛、老而不知全祖。告子已失聖人之眞，不得於言，勿求於心，或知其非，不得於心，勿求於氣則不知矣。天命之性是理即是氣，理氣之宰曰神，豈容外視哉？不明孔孟之道而欲爲師，孟子所以嘆人之患，在此耳。

一、有聖賢之師，自多聖賢之徒。聖賢固非甚難，先儒過爲高遠，使後學畏阻而廢，切勿爲所誤也

孔子言：生、安、學、利、困、勉，惟困而不學，民斯爲下，果能學、問、思、辨、篤行，雖愚必明。孟子言：人皆可爲堯舜。因道止是天理二字，人人有天理，則人人可爲聖賢。天理者何？良心也，性也，明德也。如木果之有仁曰仁，性爲全體之仁，義、禮、智、信，皆所以行仁。孔子諄諄以仁望人曰：苟志於仁，無惡；有能用力於仁，未見力不足者。以良心天理，人人易知而易行也。修身以道，修道以仁，仁者，人也。孟子曰：仁也者，人也。合而言之，道也。聖賢成己成人，除卻此四字無道，不合此四字便爲異學。自漢儒錯解子罕言仁章，宋儒因之謂仁道甚大，夫子罕言，然則《論語》所記門人問仁，夫子言仁不一而足，其義何居？謂孔子以禮教人，然夫子曰：人而不仁，如禮何？禮云禮云，玉帛云乎哉？又是何意？弊由錯解禮字，謂孔子之禮是寸步不離成法，而不知夫子動容周旋中禮，乃仁熟而義自精，從心不踰矩，凡一言一行，一動一静，莫非天理之自然，即莫非事物之當然，非拘拘文武周公之制也，故曰無可無不可。動而世爲天下道，言而世爲天下法，行而世爲天下則，豈必墨守前人規矩始爲禮哉？後儒誤認《儀禮》一書爲聖作，並拘牽漢儒諸禮書，是以不得孔孟眞詮而生反，反古迂窒之患興矣。觀子路與祭大反前事，而夫子稱之曰：誰謂由也而不知禮乎？則子之時中，可見一斑。況三代下，一切法制均非古人，而以古禮教人，如泥塑木雕，始爲儒者，豈不謬哉？故禮者，天理之節文，本天理良心而節其過、文其不及便是禮。守王制亦學聖賢，純儉可從，拜上不可從，無一定，亦未嘗不一定。仁熟自然義精，無智愚皆可能，則皆可以修身教人也，師道亦何患不立哉？道之大者在五倫，其理皆自心性而具，從事大學之道，格去己私，致其本體之明，先從誠意、慎獨、去惡、遷善，再止於至善，静養天性，内外交養，本末交修，即不能十分純全，亦可免爲禽獸。夫子所謂：苟志於仁，無惡。有能用力於仁，未見力不足也。自先儒將《大學》古本改壞，希聖功夫模糊，影響千有餘年，更從何處有明師乎？孔子曰：有教無類，雖愚必明。今則謂聖人爲天授，讀書學道亦難希聖。孔孟之後，僅數人知道耳。嗟乎。人皆有天良，聖人亦不過全乎人理，而謂凡人不可爲聖、爲賢，必如某某道學規模，豈不冤哉？天地所以生人，聖人所以教人，人之所以異於禽獸，一概抹殺，試平心思之，可乎不可？

一、道不外人情物理，故人人可能，但須以天理權衡之，即合時中矣

亙古此人，亙古此心理，故聖王不易民而治。人情嗜好不同，然所以養生，止宮室、衣食、男女四事，不足者營求，既有者貪侈，而蔑理喪心種種邪妄作矣。聖人治世，所欲與之聚之，所惡勿施，有以養其生矣。即於所欲所惡之事，爲之禮制，人情樂而趨之，習久安於固然。故人情物理外生人便無生理，聖人亦無事功，但人情物理不盡合乎中正，必以天理爲主，折衷棄取，不合乎禮，即斷斷不爲。禮衹是人情物理之事，不太過，亦不不及，不是一定拘拘要行古人之制。先儒不識天理良心四字便是大道，教人循循古禮，至於大反世俗，顯悖王章，方斤斤焉以爲理學，是以人迂而置之、畏而遠之，中庸之道遂不明矣。王安石屢謁濂溪而不得見，忿然曰：吾獨不可返而求諸六經乎？司馬公卒，程伊川治喪，用冒籠束全身，東坡曰：尚少一事。伊川問：何事？曰：當書字一幅，題曰：右公文一角仰閻羅大王開折。朱子慢客，客曰：斗酒隻雞，山中未爲乏也。遂來僞學之禁。明儒拘《禮記》，男子不死於婦人之手，屏絶妻女，身死而家人不知其何時。故不通人情物理而言道遠，不特難以施行，且阻人以學聖，是以必當明辨而體行也。

一、人情物理不離世俗，切勿是古非今，薄視俗人俗事也

五帝殊時，不相襲禮；三王異世，不相沿樂。時勢不同，人情風俗變易多端。生其時，從其俗，酌人情物理而合中正，凡聖人皆然也。孔子曰：斯民也，三代之所以直道而行。吾非斯人之徒與而誰與？純儉可從，拜上不可從，曷嘗外時俗而别爲道哉？但去其非、存其是焉耳。是故隨時處中，人人可能，如夏本炎熱，大雨亦必加衣矣；冬本嚴寒，日暖亦或減衣矣。由是而推，凡事皆然，不外乎理，不過乎中即是。後世風俗人情迥殊，前代儒者徒讀古書，高言古禮，不知變通，以之修己治人，無一可者，是以孔孟之言等於畫餅，而修齊治平難望咸宜矣。大學之道，衹是教人正心術以敦人倫，其功夫人人可能，無古今之異，而果得其理，即隨時可以處中，無如被先儒改壞古本，遂莫能知所從事矣。

一、格致便是内外交養之功，説向外去，教人物物窮理，便有知無行，逐末忘本矣

聖學不外静存動察兩途，本非難能之事。凡人應酬萬變，皆賴此心，而心不盡善，以人心私妄太多也。人心何以多私？有此氣質，便有耳、目、口、體之欲，此欲是人所以生，即人心也。人不能外氣質之欲而生，安能去人心而可以爲聖？然聖人竟與人異者，何也？曰：人心皆聽命於道心耳。道心者何？曰：性也。性豈在心之外乎？曰：否。然則一心何以二名？曰：心之所以靈者氣，氣之稟於生初者無不純，故曰：人性皆善。得天地之理氣而爲人，以其分天地之正氣而有性。性存於太虚之中，人得其光英之照，父母以形交，而理氣以虚無混合有此身，有此心，此實而可驗者也。而性之本於虚無與天地通，爲理氣粹者，豈可名言哉？大學之教，使人静養其未發之中，以清其源；動審其中節之和，以善其用。非静何以知動？非浩然之氣有基，又何能力持其動？故格物而志氣清明，致知而是非不惑。其格物也，去人欲而葆清明也。其致知也，學問思辨而別是非也，故爲内外交養之功；誠意者，一念之起，即辨是非，是則擴充，非則克治，動察之一端耳。然人心私妄，最是難盡，若非養乾元之浩氣，必不能去氣質之疵累。孟子養氣不動心，乃自古聖人實功，因世益衰，乃不得已而揭言之。不知其理，安知《大學》格致誠正之義？先儒未解道心、人心之由來，又不識養氣何以不動心，而中庸之道，康莊變爲荊棘矣。讀書學道，欲爲聖賢，無如人心何，安得不視聖賢如天人，隨世俗而湮没哉？

一、養氣不動心，即大學之正心。此理不明，故闢佛、老者，以其僞，罪其眞，而明心見性、修眞養性一概抹殺，心與氣之相關，正與誠之迥異，無人知矣

三代以前，無異端之名，以君上作則於上，師儒教授於下也。周制大司徒以鄉三物教萬民，而賓興之六德、六行、六藝，自天子至庶人，皆同此學術，知仁、聖、義、中、和。後世所謂萬難之事，而當時萬民咸肄習之。蓋其理本人人所有，則其學亦不患不能行耳。周衰，禮教漸湮，夫子乃有攻乎異端之歎，然當時所謂異端者，不過不遵六德、六行之人。其實，子之最惡者，在上則鄙夫，在下則鄉愿耳。至佛在孔子之前，老子與夫子同時，且從而學禮，未嘗謂爲異端。秦皇無道，金人破戶使往西方求佛，老子則青牛西隱。中夏之尚佛、老也，以儒修不正，奸亂日生，人厭惡之，避而趨清淨耳。漢興，民苦煩虐，以淡樸爲安，故蕭、曹爲相，有畫一清淨之歌，而説者遂以爲黄老。然黄帝垂裳，德同堯舜，老子知禮，贊以猶龍，曷可謂爲異端？佛自秦時肇起，兩漢猶鮮僧徒，魏、晋以下篡亂，大道將湮，佛教始盛，而達摩東來，示以眞諦，亦恐傳之太譌，誤世亦誣佛耳。不料數傳以後，果失其宗，雖高明之士亦有得眞詮者，而俗僧異術，日以益多，學老子者亦然。佛之明心見性，即所謂盡其心者，知其性也，而但學其空空，以心爲性；老之修眞養性，即所謂閑邪存誠也，而以爲别有奇怪之術。不知心性外無聖人，又安有佛、老？而必痛加排斥者曰廢人倫，然佛有妻、有子；廢人倫者，四裔舊俗，非佛導之。中華僧寺以養窮民，不得不禁蓄妻子。老子之不廢人倫彰彰矣，趙宋始禁道士娶妻，則以廢倫罪之亦不可。凡僧道之僞妄者，皆愚民惑衆求新，無不身罹法網。禁其僞者，存其眞者，以庵觀寺宇，養無告之窮民，蓋理勢不得不然者矣。必貶斥佛、老，謂道止日用倫常，而不知其理必由心而發，存心養性清其源，日用倫常習其事，聖人然，佛、老又何獨不然？佛曰一切佛田不離方寸，老曰多言數窮，不如守中，是内而存心養性同也。度盡衆生，方得成佛，堂上父母，兩尊大佛，三千陰功，八百德行，人道盡而仙道始立，是外而日用倫常實踐也。僧羽之妄，豈可以罪其本始哉？今將静心則曰禪也，將養氣則曰玄也，避禪與玄之名而不從心性用功，欲踐倫常，斷斷不能。夫是以反復而贅言之，若忌虚無玄空則養氣而心憧憧，持志之義不明矣。

一、萬事起於心，萬理統於性，存心養性，然後倫常克踐。佛、老之正者，不外心性，闢之而並失其存養之實，非也

天止一理，人得之以爲性，聖人不過盡性。佛曰明心見性，道曰修眞養性，則知其所謂空與玄者，只是養性之時，一私不雜之意耳。致其中而渾然無物曰空，悦諸心而天趣陶然曰玄，豈謂廢人倫日用哉？今天下僧流所謂禪定者，六祖《壇經》也，以養知覺之心爲性，慧悟者亦多，然實非佛之全功。周濂溪得其法於壽涯，程、朱衍之，遂以爲聖學，而又必闢佛、老以附於孔孟。天資之優者，心中私欲較少，静坐之久，便覺智慧明通，亦可立身立業，爲世名流。質之鈍者不能也，去而之他，反不如僧道猶多守清規，甘澹泊，則以不知虚無清淨四字，乃養心之法也。除卻四字，放心必不能收，止至善而定静安亦不得其解，大學之道，功夫次第，無從踐行，徒攘斥佛、老，何益哉？蓋後天之心不純乎性，存虚無之心，乃生乾元之氣，氣充實後，内外交修，大而化神，然後可不動心也。

一、心性之功，乃人倫日用根本。錯解《大學》格、致、誠、正，故不知佛、老之正者亦同於儒，而歧雜多途，異端紛起。經不正，庶民何以興也

道莫大於五倫，五倫止是天理，人人皆有天理，如何罕有忠孝仁義之人？只因心中私僞難除。凡耳目口鼻四支之欲，隨感而動，逐物而遷，雖千牛難挽，久久習爲固然，入於禽獸亦不復顧，以禮束之，以法禁之，視如無有。古今事變不忍言者，皆自人心不正爲之也。若非急急力行大學之道，將如何靖人心而敦五倫哉？先儒只知闢佛、老，尊聖人，而實未踐行聖人之學，教人不過静心而已。常常省察克治，便欲氣質之私不行，則原思何以不得爲仁？凡事物物窮理，求其明白，則聖人一貫又何以不由多識？聖人心性之功、次第淺深，一概不知，而曰上繼孔孟、維持大道，其心是，其人是，而其所學不是。《大學》古文一改竄，而心性之功無從入手矣。無正心修身之功，古今來亦有名臣宰輔、忠孝節義，然大抵皆天資高明，至性不同流俗，所以慷慨激發、從容就義者，不一而足，孔子所謂仁人志士，孟子所稱豪傑之士，其争光日月，維持人倫，天間世而一生，不欲正氣遂泯耳。若由下學而上達全德者甚少。父師作則，示以静養其中，動履其和，上者即可入於聖神，其次亦不至無仁無禮，欺君親而禍民人，所以聖人云：有教無類；知之一，成功一。自先儒以心爲性，覺義理不能貫通萬事，改竄《大學》，以物物窮理爲要功，使人疲耳目，役心志，窮盡天下之物，無益身心，而不遺其親，不後其君，反少人知之。曰：道不易明，心不易正，而不知其所以存養心性者，無本也。孔孟後，非無眞傳，被文人自恃闢盡，不知萬事萬理本於心，而但知日用倫常。日用倫常之理何一不本於心？心不正，意不誠，求名求利，嗜欲紛紜，曰：此日用倫常也，而不知任心而行，徇欲悖理，往往皆是名利薰心，忠孝不能實踐，而徒斥佛、老，是名爲不廢人倫亦虛耳。佛、老之僞者誠爲亂民，其正者未嘗無清高絶俗之士。古今所傳，不可誣也。柰何不辨黑白，混而同之，鄙而棄之。佛、老有妻子室家，不廢人倫，其教人曰：一切佛田不離方寸，多言不如守中。是以心性爲主矣。又曰：度盡衆生，方得成佛，三千陰功，八百德行，是修道以仁之義，不外日用倫常而修身矣。舉世隱忍不言，若再無人言，其誤世何極？故愚特違衆而饒舌也。

一、忠孝固德行之首，而古今錯誤亦多，必以孔孟之義爲主，然後死不徒死，忠孝全其大美也

凡事皆以聖人爲師，而况人倫之大乎？君親當忠孝，人人知之，不忠不孝者無足道，已知忠知孝而不得其中，則亦不合聖人，雖無傷於忠孝，然人争效之，則反誤後來，如洩冶之忠，申生之孝，豈得謂其非哉？而人之多辟，無自立辟，君子已爲洩冶傷之。爲吴泰伯不亦可乎？狐突早爲太子勸之，即情勢萬難挽迴，君親欲其死，亦當審於義理之安，况奸人陷害，君親一時被欺，宗社所關，徒死有傷祖德，豈可不慎？孔子曰：以道事君，不可則止。曾子芸瓜被斥，孟子不枉道而仕，言孝則曰得親順親兼全，言忠則曰格心陳善。故殺身成仁，必其勢已窮，君父死而義不獨生，或受重寄而不終其事，乃必死耳。若謂忠孝必以死爲貴則非。微、箕、比干皆貴戚之卿，與國同休戚者也。而微子遠遯，箕子佯狂，不與比干同死，孔子皆以爲仁，則比干之諫非欲其死，而特出於不幸也。焚廩揜階，舜可以死而不死，卒底豫而全大孝。死而無益，於君親徒死何爲哉？且君親一時之怒，安知其不悔心，留其身以有待，或君親憬悟，忠孝以終，豈不妙乎？或被斥逐，君親危亡，以身赴救，而安之尤妙，若不能救，君親亡而己不獨生，此時一死豈不可貴？君親同恩同尊而出處不同，未食君禄者不必死徇，然亦不事二姓。若子道則必先諭親於道，或親不從而至危亡，必以身徇，間有不必徇者，無後及宗社無人，或當雪耻者也。故死忠死孝，人生大節，當死而盡善者亦難，非力行大學之道至於仁熟義精，安能辨哉？徒以死爲貴，或陷親不義，無益君親，且君親悔悟，恨其無及，豈不貽憾九原乎？所以聖人之行，孔孟之義，不可一日而不講也。

一、求忠臣必於孝子之門，而史冊所載忠或不孝、孝或不忠，必明辨之，始免人疑忠孝之相妨也

忠孝之所以通者，爲其天良真切，不欺親，自然不欺君也。但父母生我養我，自幼至老終身與父母相依，非若事君必擇君而事。有世受禄養者、有世托宇下者、有初委贄、有膺特達之知及委任大小職分不同，孟子言所就三，所去三之類，或出、或處、或止、或速，有許多斟酌，非可苟且而就。故觀臣者，必觀其事父母何如，能竭誠盡慎，不欺、不苟，則必亦不欺於君，不苟於仕，此所以求忠臣必於孝子也。君有嚴威，令人可畏，君有爵禄，令人可貪，故事君而恭敬者多，事親而誠敬者少。愛親愛君之心至者，其敬恭服事出於天性之自然。且事親必諭親於道，乃爲大孝；事君亦引君當道，乃爲良臣。孝而又忠，毫髮無疵者，非上智不能也。事父母終身在膝下，事君則必自揣其才何如，始可受職。若爲貪而仕，抱關擊柝，可以免饑寒已足，否則爲苟祿。凡才德兼優者，雖江湖亦不忘君，而又斷不枉道徇人，豈薄視君哉？仕則以身許君，有死無二，雖父母亦不能兼顧，然忠於君即是孝於親矣。所以受君之祿，必君實能信任，可以有益君民而後可，此乃伊、葛之流，非可以望於尋常之輩。三代下仕宦者大半好爵是縻，非實有致君澤民之略，又言揚行舉雖取士之成法，然有言者多，有行者少，文章華國，以吏爲師，在上者，無由知其修於家者若何，又烏知其心於君者奚似？是故忠與孝分途，出與處異致，而忠者未必孝，孝者不能忠，所以同原者晦矣。古之孝子惟知有親可樂，雖天下亦如敝蹝，曷嘗欲舍親求榮？而苟君信用之，亦必一毫不欺，故忠臣必先不遺其親，未有忍違親而猶效忠於君，欺其君而猶能篤孝者也。世變日甚，大學之道不明，忠孝兩全之道，知者甚希，則史冊所傳或忠或孝，取其天性之過人、捐生之苦志可矣。然古今之事，有忠孝至誠，哀感行路，而其君其親若罔聞之者，則大道不明，人倫不正，又豈獨臣子之咎哉？

一、直道不明，鄉愿太多，自古國家亂亡必由乎此，宜亟正也

子曰：人之生也直，枉之生也幸而免。斯民也，三代之所以直道而行。臯陶九德，以直爲先；孟子直養無害，爲養氣根本。此一字，人往往忽略，遂使義理是非，顛倒混淆，爲國家大患，治日常少，亂日常多，可歎也。直非偏直、剛直、孤直、峭直、一切不明義理、任性施爲者可託。所謂直者，秉天理而行，是是非非毫無枉屈，亦非負氣孤行，不諧世俗。夫子之言達也曰：質直而好義，察言而觀色，慮以下人。以直爲直，如木有幹，天理是非辨之明、守之定矣。而又不敢自恃，博採義理，虛心從善，則理雖直而處世酬應，溫、良、恭、儉、讓全焉，所以爲盛德之至，無施不可。世俗所謂直者，大都義理不明，悻直自用，或稍有所見，便抹卻衆人，或出或處，僨事賈禍者不一而足。於是人以直道爲諱，曰：敬讓者立身之本，和光同塵，君子之道，而似是實非，鄉愿遂接踵於天下矣。不辨義理是非，不問事理輕重大小，一概以摸稜行之，恐得罪於君父，阿意曲從，則忠愛之心日薄；恐得罪於權貴，則承顏望色，莽、操之勢以成。推而至於居家處世，在在惟恐得禍，具臣所不從者亦從，販豎所不屑者亦就，天下尚安得有正氣哉？詩曰好是正直，斯爲靖共神聽，錫福必由乎此，豈非以天理民彝、是非之公，不可一毫枉屈哉？直必以正，非正不得爲直，正直二字不行，則忠孝目爲僉壬，權奸推爲儀範，其弊何可勝言？孟子言孔子思狂狷，惡鄉愿，而終之以反經則無邪慝。解者謂邪慝楊墨之徒，而不知孟子所指乃鄉愿也。楊墨之弊，識者猶多不爲，若鄉愿則外託於謙恭，内習爲柔順，同乎流俗，合乎汙世，衆皆悦之，君父不察，以爲忠孝，群衆不察，以爲賢良，而不知是非顛倒，直道全亡，新莽奉以伊周，曹魏居然禪讓，非不直之人附和，安得而成簒逆乎？孔子曰：舉直錯諸枉，則民服。罔生爲倖免，目鄉愿爲賊，示人以不直，即宜死亡賊害人心，莫此爲甚。惜乎世情好諛惡直，甯使是非不明，不肯得罪宵小也。

一、大學之道包一切，掃一切，易知易能，在上以此立教，在下人人共行，天下無事矣

自聖人之師罕有，儒者所學淺而欲語高深，紛紛妄説，致人以學道爲難事，以聖人爲天生，而康莊化爲荊棘矣。不知天下古今，雖萬有不齊，而其要止在人心。人心一正，則無論何事，天理良心不壞，則一切禮、樂、法、制俱易知能，俱爲有用實學。若人心不正，任百般才能，必用之不得其正。心如何而正？實行大學之道而已。格物，格去物欲；致知，致其義理之知也。欲寡則心清而義理易明，又以學問思辨之功致其知，凡日用倫常、動静語默之理，俱細細講明是非，明白了則篤實行之，是爲誠意。誠意者，從一點動處，便檢點是非，非者即刻斬除，是者實心去做，不忍爲不仁，不敢爲不義，不欺、不苟、不怠、不肆，由一念以推於念念，一事以推於事事，善日積而惡日消，則本原清矣。而由是澤之以詩書，廣之以聞見，父母督率之，明師友裁成之，行之至眞且久，上焉者可以希聖希天，其次爲君子、爲善人，即至下亦不肯爲昧良心事。所以大學之道，爲聖人輔相裁成大用。且人生無論智愚，所欲者不過飽暖安全而已。飽暖安全，其權操於天地，賞善罰惡，餘慶餘殃，天理萬古不變。能行格、致、誠之功者，必畏天命、守天理，便與天意合了，而又不縱情恣欲，凡保身養生之術，亦必能行，孟子所謂守身爲大也。大學之道，守身、誠身並行，愚前已言之，人人可知，人人可行，壽世仁民，即此其道，柰何本邇而求諸遠，本易而求諸難，使人人失其固有，逐於歧途也。

一、道惟時中，人人可能，高視而貽害於家國，古今皆然，可歎也

孟子以孔子爲聖之時，後人遂謂時中止有孔子，大誤也。自羲農至孔孟皆聖人，而事業不同者，何哉？五帝殊時，不相襲禮，三王異世，不相沿樂。孔子曰：堯授舜，湯放桀[1]，武王伐紂，時也；君子而時中。凡君子皆時中，何獨孔子？因聖人而不得位，自孔子始，人罕知之，故孟子極力推崇孔子。孔子一介布衣耳，言行事業無異常人，而實綜括前聖，恰得時中。孟子表其爲聖之時，使人學孔子，豈謂孔子一人時中，五帝三王皆不然乎？且時中二字，並非難知難行者，如暑天忽涼則加衣，寒天忽熱亦易服，凡起居飲食，隨時增損，不一而足，愚夫愚婦皆知，何至學聖人而遂高視二字？甚至於治國治家，亦不知時，父子濟惡，紹聖貽殃，曷勝浩嘆。夫一家之中，父耕桑而子簪組，子匹夫而父公卿，遭遇亦惟其時，但能立德修身，則窮達雖殊，皆爲作述之美。自王安石變法禍宋，後人遂以變法爲諱，不解三年無改之言有爲而發，且不思道字之義。夫子因有父善而子不善者，故特言無改於父之道，若父不合道，則子必速改爲孝，成親之美，始爲大孝，豈以阿意曲從爲孝哉？雖聖人之法，亦無久而不敝，所賴隨時匡救，以道維持，歸於至當。古聖賢幹蠱者不具論，如文武同德，非有可革之政也，而夫子稱武周爲善繼述。凡先人善言善行，固宜不愆不忘，而時異勢殊，亦有當變通之處，况非純善無疵。而斤斤守舊，至於流弊昭然，危在旦夕，尚不更張，其害彰彰在史冊中，但非有修身立德，碩輔名賢斟酌，盡善不可耳。明太祖不許宦官干預，而燕文設錦衣衛貽禍子孫，已以親藩篡位，制親王不許典兵，而末季子孫罹福祿酒之慘。不當變而變，當變而不變，均爲非宜，有國有家者，當如何培忠厚、育賢才，以爲久遠乎？堯舜不以天下私其子，選賢而與，子孫與三代相終始，愛子者無如此矣。周武王不以天下爲私器，封建而使各自爲治，後世無人謀其子孫之位，永世亦莫加於此矣。時中二字，小有小效，大有大效，要在人善爲審慎行之，非有賢父師誨以大學之道，未易言也。但以時俗顯然之弊而論，更張不難，亦必不可緩，而狃於不敢變法，馴至不救，不能不爲長太息耳。

一、文以載道，道敝於文，必本躬行而著爲言語文字，道乃不蕪也

自書契興而斯文闡，人倫庶物，無事不賴文字，夫子亦曰：斯文在茲，匡人其如予何？則文之重可知矣。然而才智之士，學不深而逞私見以妄作，反爲害道，夫子已有不知而作之歎，則無實德而務虛名，欲以詞華見者，其來久矣。孟子曰處士横議，若非秦火一炬，洙泗遺文豈能敵異端邪説之多乎？焚書、禁書、不許讀書，奇事奇聞，自古未有，然由後而觀，未必非文

① 堯授舜，湯放桀：《禮記・禮器第十》原文爲：堯授舜，舜授禹；湯放桀，武王伐紂，時也。此處缺舜授禹句，特注之。

字蕪雜，天心惡之，假手於秦皇。經毒焰之凶殘，壁中絲竹乃貴。斯文興廢，關係世道人心，孔孟之學大行，實由秦火之故。自漢至今，書籍日繁，而惑世誣民之説亦日衆，又理學、儒林、文藝等各標一幟，文與道若不相蒙，知與行不必兼到，天人性命之學，日入於渺冥，日用倫常之事但趨於浮雜，而文日多、道日晦焉。朱子云讀書便好，然書豈可盡讀哉？即聖人之書，亦豈徒誦讀求榮哉？大道不過倫常，智愚皆可知行，孩提知愛，稍長知敬，賢父母善養善教，毋使失其天良，明師益友更加切磋，則不忍其親之心日長而日堅，推之兄弟宗族無不然，忍悖其君者寡矣。篤敬其長之心日增而日慎，推之於州里蠻貊無不恭，敢慢其君者又何有乎？孟子曰：親親，仁也；敬長，義也；無他，達之天下。蓋人皆有所不忍，達之於其所忍爲仁，人皆有所不爲，達之於其所爲曰義，此豈難能者哉？讀書明理，明此而已，爲文闡道，闡此而已。士人讀聖賢書而天理良心忽焉不講，凡名利所在，即忘身以徇之，求不忍爲不仁、不敢爲不義者寥寥。而著爲文則居然義理，遂使聖人明倫察物之意竟成虚文，而以之名世者不乏，是文字反爲大道之蠹，豈不可傷哉？有志維風者亦欲自張一幟，不入窠臼，而實踐未深，名爲衛道，實乃晦道。如王通僭經，子雲擬《易》，人知非之，而孔子之書亦不闕疑，任意改竄，則不可解矣。聖人之言皆天理，故畏聖人之言，即是畏天命，外天理而有言，外聖人而立説，自以爲得，實似是而非。聖人之道不明，豈非文字多岐乎？夫文章者，道德之華，凡可以經理人倫庶物、有益民生者，皆爲不可少之言，否則蛙鳴聒耳，使人心風俗日趨於浮僞，而身心性命之理、日用倫常之道，不實力體行，且内外交養、本末交修，分爲歧途，貽誤來學，文亦何貴也？

一、有情世界四字，人所共知，但須明辨而力行之。不然，則大悖道也

性情二字，天地人神皆有之，不可忽也。情統於性，性者理也。天理之無聲無臭者，不可窺而成象成形，著爲萬象，則天地之情可見。人心之存主者不可測，而喜、怒、哀、樂發爲言動，則邪正之情亦了然，故情字不可輕視。然情者性之用也，而亦性之賊也。其幾在乎正與不正之間。夫人之情亦安得而遂正哉？非養性之功已純，中有所主，七情統於一性，安能有正无妄？常人欲正其情，必學、問、思、辨以明其理，篤行以誠其身，知止於至善。静存有主矣，又於一念之起不欺、不苟，一言一行必誠、必敬，始而勉強，久而自然，然後邪妄日少，好惡之情可正，豈曰任意而行、快心悦體即爲有情世界之正哉？人生適意之事，不過衣食男女數事，聖人亦不能外，而凡事義理節文之，故情正而性亦日堅，若一失其正，則情蕩而性又何存？故惟聖罔念作狂，聖人亦必允執厥中。情七而性則一，以性節情，不可任情亂性，孟子所謂旦晝、梏亡，違禽獸不遠者，豈不由於七情之妄乎？君君、臣臣、父父、子子，五倫各有其道，以至誠行之，曲盡其道，則至情所鐘，即至性所存，推之於仁民愛物，本一心以通億萬人無不攸宜，爲有情世界之實義。自大道罕行，世人以嗜欲之私爲性情之正，凡可以快心志者無不爲，而天性日薄，倫理日乖，甚至詩書中人，蕩檢踰閑，自不知咎，反演爲詩文、雜説，自詡風流，所以一二愚民厭而旁趨，求一清淨之方，於是學爲僧羽之出家矣，惑於邪學之神怪矣。使詩書中人皆服習中庸之道，内而正心，外而飭紀，不入於風流放浪之行，天下人則而效焉，何患異端邪説易以炫亂乎？故情之一字正而心無不正，安得人人皆踐格致誠正之道哉？

一、聖人千言萬語，止是一理。理者，天人所共也

天地人神一氣相通，以其本一理相貫。人爲三才之主，盡人合天之學，只是全其爲人之理，不愧於天地，又何愧於父母乎？乃歧視天地人神，致人以中庸之道爲身外之物，豈不可歎、可惜？聖人亦人耳，孔子何以曰知我其天？文王何以同天之於穆？孔子曰：人者，天地之心。孟子曰：萬物皆備於我。天地一父母也，人道全是天道，盡人道，合天道，與天合德，如兒子學父母，與父母一般聖賢而已，非奇怪事。在天爲天理，在人爲良心，天理良心人人有之，念念不離四字，大則希聖希天，小亦全忠全孝，所以讀聖人書，學聖人之行，畏聖人之言，止是要全此四字，方不愧爲人。柰先儒支離其説，高自位置，謂道非常人所能，遂使聖道如烟霧矣。天地人一貫，神明之正者，皆天地正氣之靈，司天地之功化，爲民生之主宰，儒者一概斥爲誣罔，則夫子體物不遺之義皆妄矣。且俗儒謂鬼神荒渺，然則祭如在，祭神如神在。孔子亦是愚人，可乎？不知天地無心、無言，而夫微之顯，誠之所布濩者，鬼神明著其幾，如大風拔木，驚霆騰空，豈得以爲不見不聞者虚誕乎？及風霆寂然，萬籟無聲，前之震驚駭聽者，歸於何處？豈非微之顯、費而隱者歟？乃闢虚無二字，止就見聞、事爲上言理，豈知不顯之德，潛雖伏而亦昭，與上天之載同夫無聲無臭者，所謂於穆也，不顯之德，文王之德之純也。天道然，人道亦然，所以天人合撰。此義不明，佛、老之正者以邪視之，而學佛、老者，悖佛、老以求奇，異端邪術，紛然並作，儒者極力攘斥，而卒不能禁，豈非儒修之實未得其眞，修己治人亦不得其反經之義哉？

十三經恆解

箋解本

卷之十 附錄二

錫良奏折

國史館本傳

施維◎整理

錫良奏折

四川總督臣錫良跪奏：爲故紳學行可風，懇恩宣付史館立傳，以勵儒修，恭摺仰祈聖鑒事。

竊據四川在籍紳士翰林院編修伍肇齡、胡峻、庶吉士顔楷等呈：稱已故國子監典簿劉沅，四川雙流縣人，生秉異姿，幼承禮訓，蜚聲黌序，早登拔萃之科；振藻藝林，旋列賢書之薦。道光六年，選授湖北天門縣知縣，不願外任，改國子監典簿。廉退本於性成，孝行孚於鄉里，裁成後進，親炙者數千人；著作等身，手訂者百餘卷。優游沐德，純固葆真，念懿行之宜彰，懼遺書之就失。謹呈該故紳所著易、書、詩、三禮、春秋《恒解》暨《四書恒解》《孝經直解》《古本大學質言》[①]《史存》等書共十一部，計一百四十三卷，並開具事實清摺呈請，具奏前來。

臣覆查該故紳劉沅，至性純厚，内行篤誠，編纂羣經，歷耄年而不倦；楷模多士，育英俊以成材。允足標示夫儒風，宜荷褒揚之令典。合無仰懇天恩俯准，將已故國子監典簿劉沅遺書事實，宣付史館立傳，以勵潛修。出自鴻施逾格，除將該故紳遺書事實清册咨送國史館查核外，理合恭摺具陳。伏乞皇太后、皇上聖鑒訓示。謹奏。

光緒三十一年十月二十四日奉硃批：着照所請，該衙門知道。欽此。

中書科中書臣劉根文　敬刊

① 原本如此，當作《大學古本質言》。

國史館本傳

劉沅，字止唐，四川雙流人。乾隆五十七年，由拔貢中式舉人。道光六年，選授湖北天門縣知縣。安貧樂道，不願外任，改國子監典簿。尋乞假歸，遂隱居教授。博覽羣書，過目不忘，人咸服其淹洽。兄濐，嘉慶元年進士，由庶吉士改工部主事，屢書趣其北上。沅曰：顯揚之事，兄已遂矣；犬馬之養，願得身任之。母向氏遘疾困瘁，沅求索醫藥，不遠千里，齋戒請禱，朝夕弗遑。母病尋愈。其事親敬養兼隆，克諭於道。兄弟之閒，力行仁讓。兄没，撫猶子如己出。姪婦孀居無子，急爲立嗣，飲食教誨，勞怨不辭。宗族鄰里，助其昏嫁喪葬者，不一而足。

先是，沅幼羸善病。父汝欽，精易學，洞澈性理，謂河出《圖》，洛出《書》，聖人則天，實天啟聖人以明道化，不僅在數術也；伏羲主乾南坤北，文王主離南坎北，即先天後天所由分；且《連山》首艮，《歸藏》首坤，艮止坤藏之義，即《大學》止至善、《中庸》致中和之學；文王之緝熙敬止，成王之基命宥密，胥不外此。沅因仰承庭訓，更求存養之功，内外交修，久而知愚必明，柔必強，仁者壽，大德必壽。聖人窮理盡性，神通造化，非若道流欺世之談也。讀《左氏傳》至劉子曰，民受天地之中以生，所謂命也。稱其言至爲精粹。於四子書中極爲發明，如以集義爲養氣之原，斥修士爲襲取；以反身而誠、欲仁仁至、必有事焉、勿忘勿助長等語，爲治心之本，殊釋子之頑空。又謂喜怒哀樂之未發謂之中，發而皆中節謂之和，積中以求和，則可寡尤悔，以底於純粹而無欲。且能知行合一，以身教人，故師取者多此理。其解經，盡除門户之見，不苟異同，務求當於經義，乃至語氣抑揚之閒，必悉脗合。論史事，如湯武放伐，其先本自爲一國，不過以小事大，并非以臣伐君。夷齊叩馬，不見經傳，《史記》但因采軼詩而記之，然謂當取信於六藝，則史公固不信此事，故引孔子求仁無怨之言以駁之。其他所發明多類此。又以老子書每多誤解，明瞿曇氏亦有人倫，謂學者但學孔氏而釋道之真者即不能出此範圍，僞託者不得藉口以爲世害。成都南郭外漢昭烈祠墓傾圮，沅鳩率修治，因撰《明良志略》，闡蜀漢討賊之義，以正《三國志》之誤。

平日裁成後進，循循善誘，著弟子籍者，前後以千數；成進士、登賢書者百餘人，明經貢士三百餘人；薰沐善良，得爲孝子悌弟、賢名播鄉閭者，指不勝屈。咸豐中，侯官林鴻年爲雲南布政使，至蜀，得沅書，讀之驚喜，求問。時沅已死，因受業於沅弟子内閣中書劉芬，盡購其書去。及罷官歸，遂以其學轉相傳習，閩人稱沅爲川西夫子云。所著書有《周易恒解》六卷、《詩經恒解》六卷、《書經恒解》六卷、《周官恒解》四卷、《儀禮恒解》四卷、《禮記恒解》十卷、《春秋恒解》八卷、《四書恒解》十卷、《大學古本質言》一卷、《孝經直解》一卷、《史存》十六卷、《槐軒文集》四卷、詩集二卷、《約言》一卷、《拾餘四種》二卷；又有《蒙訓》《豫誠堂家訓》《保身立命要言》《下學梯航》《子問》《又問》《俗言》等篇，皆言顯理微，足資啟發。咸豐五年卒，年八十有八。

沅先無子，六十後連舉八男，皆能傳其學。長子崧雲，咸豐二年舉人，沅是科重宴鹿鳴，儒者榮之；椅文，拔貢，小京官，同治庚午舉人；桂文，光緒丁丑進士，歷官編修、御史、梧州府知府；棟文，順慶府訓導；梖文、檍文，生員；孫咸榮，拔貢；咸焌，舉人；咸燿、咸燡，俱生員。